U0494640

父母教子不可忽视的101个误区

李书峰 编著

好父母应懂得怎样与孩子沟通技巧

当代世界出版社

图书在版编目（CIP）数据

父母教子不可忽视的 101 个误区 / 李书峰编著 .—北京：当代世界出版社，2010.7

ISBN 978-7-5090-0654-2

Ⅰ.①父… Ⅱ.①李… Ⅲ.①家庭教育

Ⅳ.①G78

中国版本图书馆 CIP 数据核字（2010）第 103946 号

书　　名：父母教子不可忽视的 101 个误区
出版发行：当代世界出版社
地　　址：北京市复兴路 4 号（100860）
网　　址：http://www.worldpress.com.cn
编务电话：（010）83908400
发行电话：（010）83908410（传真）
（010）83908408
（010）83908409
（010）83908423（邮购）
经　　销：新华书店
印　　刷：北京忠信诚胶印厂
开　　本：787 毫米 × 1092 毫米　1/16
印　　张：20
字　　数：250 千字
版　　次：2010 年 8 月第 1 版
印　　次：2010 年 8 月第 1 次
印　　数：1—10000 册
书　　号：ISBN 978-7-5090-0654-2
定　　价：35.00 元

如发现印装质量问题，请与承印厂联系调换。

版权所有，翻印必究；未经许可，不得转载！

前 言

当代家庭不少父母总是责怪孩子不成器，殊不知，孩子身上存在的众多问题，其根源正是来自父母，正是他们的一些错误的家教方法，导致孩子失去了上进心，从而在畸形中成长。

在许多家庭中，父母与孩子正在共同经历着一场惊险而艰巨的考验，一些父母由于“望子成龙、望女成凤”心切，在教育孩子的过程中犯了许多不应该犯的错误，致使孩子承受着巨大的压力。下面一些错误做法都是普遍存在的：

对孩子过分溺爱，为孩子安排好一切，结果导致孩子缺乏生存能力，扭曲孩子的心灵。过分看重孩子的考试分数，忽视对孩子的全面素质教育，导致孩子高分低能，不利于将来真正成才。对孩子期望过高，与现实情况严重脱节，对孩子施加巨大的压力，一旦孩子达不到父母的期望，会严重挫伤孩子的自信心。过分重视学业，忽视孩子的心理健康，损害孩子的心灵，而且还可能导致孩子产生心理障碍。从小让孩子高消费，忽视对孩子勤俭节约的教育，导致孩子铺张浪费、攀比斗富，使孩子养成一些不应有的恶习。父母不能以身作则，失去对孩子的表率作用，这样的父母没有资格担任孩子的第一任老师，从而无法正确地引导孩子成长。对孩子的指挥和命令过多，忽视与孩子的心灵沟通，使孩子与家长之间产生隔阂、矛盾和冲突，不利于孩子成长。夫妻失和殃及孩子，父母之间无休止的争吵、矛盾，甚至离异，毫无疑问给孩子的心灵带来创伤，给他们的童年留下永不磨灭的阴影。

父母教育孩子的出发点是好的，虽然有时候的言行是不经意的，但是他们的错误家教方式所产生的不良后果却往往是极为严重的。在我们一味谴责学校教育、社会教育不尽如人意的同时，我们的家长、我们的家庭教育也有着不可推卸的责任。作为父母，作为孩子的第一任老师，我们有必要深刻地反省一下

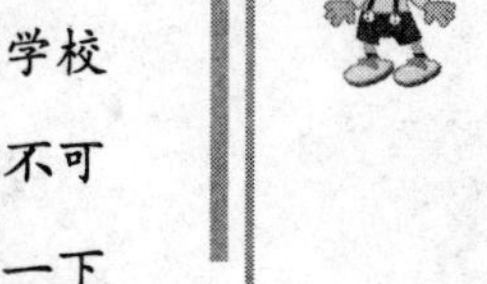

我们对孩子的教育了。

为了使家长付出的心血得到积极的回报，更为了让千千万万个孩子在良好的教育环境中健康成长，我们根据生活中的大量真实案例，从解决当前父母教育孩子最棘手的若干问题出发，约请了北京有着多年教育经验的老师和学者，结合中国家庭的实际情况，编写了这本针对性强、实用性高的家教读物。本书列举了家长教育孩子时最容易犯的众多错误，对它们进行一一剖析，透视原因，论证危害，说明道理，提出忠告，从不同角度向广大家长提供科学有效的教子方法。

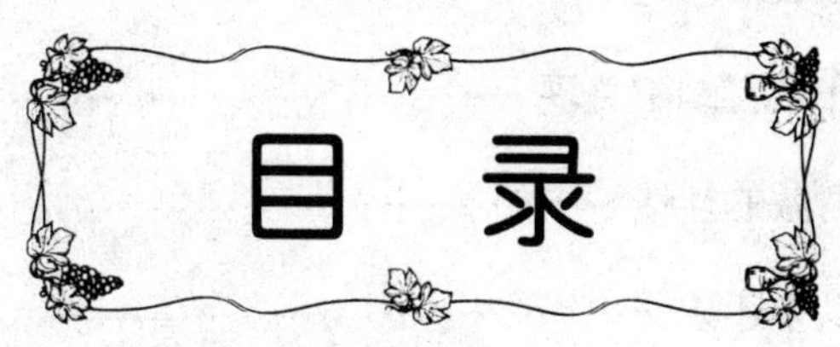

目 录

第一章 脱离实际，期望过高

——在学习方面的教子误区

第二章 自私自利，只为自己而活

——在道德方面的教子误区

第三章　忽视孩子创新意识的培养

——在创新方面的教子误区

第四章　动手能力培养的缺失

——在实践方面的教子误区

第五章　身体没病就是健康

——在心理方面的教子误区

第六章　任凭孩子滥发脾气

——在情商方面的教子误区

第七章　全方位为孩子规划一切

——在个性方面的教子误区

第九章　限制孩子与陌生人接触

——在交际方面的教子误区

第十章　实行宽松的“货币政策”

——在钱财方面的教子误区

第一章　脱离实际，期望过高

——在学习方面的教子误区

在这个市场经济的年代，知识水平对每个人来说都至关重要。现实生活中生存的压力，迫使每位家长把关注的重心放在了孩子的学习上。孩子的重点应当是学习，这是无可非议的。但是我们今天要说的关键是如何让孩子爱上学习、主动学习。关注孩子学习，不只是让孩子加班加点，也不是用分数说明一切……

1. 阻止孩子对课外知识的涉猎

很多家长认为学习好就是吃透课本知识，孩子看教科书以外的书籍就是不务正业，不求上进。所以，他们只许孩子“啃课本”，课外读物一律不允许孩子接触。殊不知，单调地死啃课本必然使孩子觉得枯燥无味，使孩子走进死读书、读死书的死胡同中。

情景案例 QINGJINGANLI

镜头一：在某高中，有一位学生王伟，进校时成绩优异。但他本

人特别在乎课本里的东西，其他的生活方面知识一概不去过问，杂书更是从不翻阅，因此他的知识体系单一，导致其学习成绩渐渐下降。虽然学习刻苦努力，但还是未能摆脱高考失败的命运。

镜头二：在一次考试中，有一道关于《水浒传》中人物的题目。而在这个班中，能做出答案的只有区区两名同学，剩下的四十多名同学中有一半甚至没有听说过这本名著，更不用说阅读了，而这两名知道答案的同学正是平时有着良好的读杂书习惯的同学。

镜头三：新雅在为儿子整理床铺时，从枕头底下找出一本书。拿起来一看，又是一本希腊故事小说！

最近这些日子，她发现儿子常拿着这样的书看得津津有味，连最喜欢看的动画片都放弃了。有几次甚至把这样的书藏在作业本下面，假装做作业，其实是在看闲书。新雅说他，儿子振振有词地说："你知道什么呀，这是现在最流行、最畅销的科幻小说系列，特有意思，特刺激，我们同学都看。我们大家各自买几本，然后换着看，要是不抓紧时间看，就又给别人拿走了，就看不上了。"

新雅趁儿子睡着时把书偷拿来翻了翻，发现内容荒诞、怪异，有些简直就看不明白，她真不知道为什么这么吸引孩子们。而且，孩子们买的明显是盗版书，错字、别字、病句、语句不通的问题比比皆是。第二天新雅明确地告诉儿子，以后再也不许看、更不许买这样的书了，要把心思用在学习上，有时间多做些习题，多看对学习有用的书。儿子迟疑一下，也讪讪地答应了。现在看来，他只是嘴上答应了，却还是在暗地里偷偷地看。

晚上新雅把这事告诉了丈夫，丈夫一听就急了，下令对儿子采取以下措施：整理儿子的房间，没收全部闲书；减少每周给儿子的零用钱，削减其支付能力；给儿子买来一摞课外习题，用家庭作业占据他的课余时间。

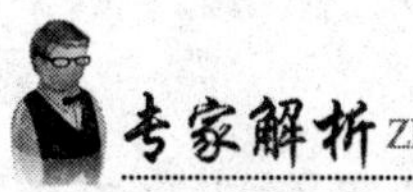

专家解析 ZHUANJIAJIEXI

在孩子的耳边常常会有这样的话："一天就知道不务正业，学点有用的。""别抱着那些不三不四的书不放，看这些书有什么用？""老是看闲书，考试就能考好了？"

从上面这三个例子中我们可以发现一个问题，就是在孩子的学习过程中该不该读杂书？对于这个问题，很多家长采取了极端的方式——坚决不允许孩子阅读课本以外的书籍，防止他们不务正业。其实，孩子在业余时间阅读一些健康的具有科学性、文学性、历史性的，符合他们思想和知识水平的课外书，不仅不会妨碍对正课的学习，而且对正课学习大有帮助。最直观地说，孩子大量阅读课外书，可以巩固学到的字、词，还能够学到大量的字、词汇，并运用这些字词来扩展视野，丰富知识，是应该有很大收获的。

2006年全国中学生调查结果表明，在中学生中能坚持读杂书的同学只有8.32%，当然整天沉沦在武侠、凶杀、艳情、暴力书籍的除外。这仅有的一部分同学，他们平时成绩都很不错。由此看出，读杂书是一种可以养成的习惯。这样的习惯可以使孩子学到更多的东西，同时，也会让孩子在日常学习中受益。

其实，一个人并不要求上通天文、下知地理，更不苛求天上的知一半、地上的全知。但是，只要他能有意识地去读杂书，就说明他对知识有着强烈的渴求欲望，这也是要求上进的体现。在对自己知识储备不满足的情况下，应当根据自身情况来选择书籍，培养良好的读杂书习惯。一个人书读得越多，他的文化背景知识就越广阔，文化底蕴就越深厚。

教子指南 JIAOZIZHINAN

下面是一些家长如何引导孩子养成读书习惯的方法，各位家长不妨借鉴一下：

1. 支持孩子读杂书

在阅读课外书方面，家长应该给孩子更多的支持，应该鼓励孩子养成读杂书的习惯，使孩子能在多方面发展，知识体系的多元化更有利于孩子的全方位健康发展。

2. 帮助孩子作出选择

孩子毕竟是孩子，他们的年龄还小，对书的判别会出现这样那样的问题。家长应给予适当的帮助，帮助孩子寻找一位富有激情的导师，给孩子作出正确的选择。这会使他们看到，世界那么的大，而属于自身的东西还很少，使他们产生一种对知识强烈渴求的欲望，从而养成读杂书的习惯。

3. 要有耐心，找到孩子需要的东西

孩子往往缺乏耐心，或许在他们养成了读杂书习惯的时候，已经走进了误区。因此，家长要教导孩子，在对自己需要的东西的选择上一定要有耐心，不能盲目。读正书也好，杂书也好，有目的地读，收益才大；寻求一时趣味，于身于心都没有多大好处。

2. 眼睛只盯在分数上

古往今来的所有父母无不希望自己的儿女有出息、有作为，但是许多家长对成才的理解相对片面和狭隘，认为只有孩子学习好将来才会有出息，把对孩子的亲疏、宠爱与考试分数挂钩，逼着孩子去为分数而学习，结果很不利于孩子的身心健康发展。

情景案例 QINGJINGANLI

镜头一：《人民日报》曾经报道，一位不满15周岁的初中女生，期

中考试成绩不好，为了逃避爸爸的可怕毒打，离家出走了整整一年。孩子离家出走以后，父母才醒悟，追悔莫及……

镜头二：学校今天将要公布期末考试成绩。

刘洋洋一只脚刚踏进家门，妈妈就迫不及待地问："儿子，怎么样？考了多少分？"洋洋一边脱下鞋，一边说："妈，还好，就是……"妈妈的脸一下子晴转多云了，转身坐在沙发上，打断了儿子的话："我不要'就是'，我的要求不能低于95分，现在马上告诉我结果！"

洋洋立刻显得不安了，躲闪着母亲严厉的目光："除了英语，每门都考到95分以上了。就是英语题目太难了，我只考了88分……这还是我们班的前十名呢，我们班还有几个人不及格呢……"

母亲火了："就知道和下面的比，怎么不和比你考得好的学呢？一点上进心都没有，你们班有没有考到95分以上的？"洋洋点了点头，妈妈更加生气了："人家能考到，你怎么就不能呢？不都是在一个班级里听课的吗？你说题难，人家做就不难了吗？要我说，就是你自己不努力。我告诉过你多少回了，想考名牌大学，就必须努力学习，知道吗？每门功课不能低于95分，你给我记住了！"

洋洋小声嘟囔着说："不是我自己说英语题目难，同学都是这个看法，老师也这么说。谁说我不努力了，老师都夸奖我进步了呢……"

"你还敢狡辩！"妈妈气急了，一个耳光打在了儿子的脸上："我告诉你，我不管题目难不难，我只要求你每门成绩都考到95分以上，这个假期哪里都不许去，在家里复习英语。"

专家解析 ZHUANJIAJIEXI

很多家长把教育子女的重点放在狠抓子女学习成绩上。在这种情况下，子女的学习成绩即分数成为一些父母评价子女的一个主要标准，甚

至是唯一标准。分数本来是对孩子学习情况的一个检验，是老师、家长和孩子自己获取反馈信息的一种渠道和手段。考试分数的高低不仅与孩子的学习态度和努力程度有关，而且还和试题难度、考场心理以及评分标准等诸多因素有关。但在考试竞争日趋激烈的今天，在分数高低决定着孩子的升级、升学、就业的现实情况下，分数由手段变成目的，变成了孩子、家长、老师追逐的唯一目标。

人所共知的《世上只有妈妈好》这首歌，被孩子们改了歌词："世上只有高分好，得高分的孩子像个宝，爸妈见了高分笑，幸福享不了；世上只有高分好，不及格的孩子像根草，爸妈看到不及格，打骂少不了……"为什么他们会改歌词？因为这是他们真实生活的写照，改歌词反映出了孩子们的真实心声，读完这首改过词的歌，家长们的心灵是否会有所触动呢？

一名中学生说道："考，考，考，老师的法宝；分，分，分，学生的命根；测，测，测，老师的对策；抄，抄，抄，我们的绝招。为了高分，为了向家长交代，我们已经不择手段。多少同学因为压力而焦虑、烦躁、脆弱，甚至自杀……我们现在最需要的是健康——身体健康、心理健康，而不是什么分，分，分！"这简直就像是笼中困兽的绝望呐喊！据调查，孩子在上小学三年级时对学习感到焦虑以及厌烦的有 12.5%，而到初中二年级时竟达到 60.97%。也有人作过一次问卷调查，有个题目是："你最想向爸爸妈妈说的心里话是什么？"有的孩子说道："爸爸，妈妈！请不要一看到我考试的分数不高就骂我、打我。我尽力了还挨打受骂，太委屈了，有时我真想离家出走！"

今天的家长必须明白的一点是，分数不是判定孩子各方面发展情况的唯一标准，分数只是对孩子知识掌握中可以量化方面的一种描述或记录，而对于一些不能量化的方面，如个性特征、身心发展、意志品质等却无法描述，这些方面的健康发展对孩子的一生而言意义非常重大。如果家长只关心孩子的分数而不关心孩子的非智力因素的培养，最后也只

能造就出高分低能的孩子。另外，如果父母只关心孩子的分数，也会给孩子造成过多的压力以及不正确的学习动机，孩子会把学习当做一项沉重的负担，而不会把学习当成一件快乐的事情，当然也不会引发内在的学习动机。结果只能是事与愿违，适得其反。

教子指南 JIAOZIZHINAN

作为父母，不能仅以分数作为评价孩子学业水平的唯一标准，还要关注孩子的非智力因素，如：意志品质、道德品质的发展情况。更重要的是，要以一种平和的心态对待孩子的考试分数：孩子考好了，不妨进行精神鼓励；孩子考砸了，帮助孩子找出原因，并鼓励孩子迎头赶上。这样孩子才会情绪稳定，自信心增强，身心各方面才会健康发展。

3. 素质与成绩盲目挂钩

目前，许多家长走入了一个教育误区，他们固执地认为，孩子的学习成绩越好，能力自然就越高，素质也就越全面，成绩与素质是相辅相成的关系。所以，他们千方百计地让孩子看书、学习，不断地参加考试，不断地获得高分，以为这样孩子就可以在以后激烈的社会竞争中胜出，找到好工作，谋得好职位。其实不然，家长的这种教育方式只能培养出“高分低能”的孩子，无法适应社会，最终往往得不偿失。

情景案例 QINGJINGANLI

当别的同龄人都已能起居自理的时候，小王还沉浸在妈妈为她梳头

叠被、爸爸接送上学的幸福之中。直到有一天与同学吵架，小玉才知道享受这种幸福也需要付出代价。同学讽刺她说："六年级了还不会梳头，不敢自己回家，上学还要你爸爸接送呢，真不害羞！"成绩在班里排名第一并且一向自负的小玉哪受过如此刻薄的言辞？但父母长期的溺爱娇惯使她养成了腼腆、懦弱、不善交际和表达的内向性格，在这种情况下竟不知用什么办法来保护自己，只是气得把书包一拿，哭着往家跑，还没到家就在半路上碰上了骑车接她的爸爸。爸爸看见女儿泪水涟涟，慌忙下车心疼地问："乖乖，谁欺负你了，快告诉爸爸，爸爸去找他。"小玉愤怒地甩开爸爸。

爸爸看着一向温顺听话的女儿今天火气这么大，便停下车子，走到她面前说："你是爸爸唯一的女儿，你一个人上学回家，爸爸妈妈怎能放心得下，假如你在路上碰上坏人怎么办……"在爸爸的恐吓之下，小玉低着头乖乖地坐上了自行车，继续做起听话的"好孩子"。

就是在如此的家庭庇护下，小玉只知一心一意学习，交际圈子被爸爸控制得很严，没有什么知心的朋友；放学按时回家，从不敢在外面逗留；除了成绩好之外，其他能力几乎为零。

就这样，到小玉大学毕业，她来到人才市场谋职。面对那些拿着学士、硕士毕业证书的年轻人，面对那些口若悬河的求职者，面对其他同学的自信和勇敢，言语笨拙、举止呆板的她感到自惭形秽。

小玉壮着胆子到一家用人单位的招聘台前应聘时，一位主管先生拿出她的对口专业卷子让她做。在学校里一向成绩很好的小玉做这张本不深奥的试卷自然驾轻就熟，没一刻工夫就做好了。那位主管欣赏地点了点头，然后问道："你对这项工作有什么见解？你将如何做这项工作？你的目标是什么？"面对陌生人，面对这些小玉从来不需要考虑的问题，她涨红了脸，也没能答得出所以然来。那位主管看到这种情形，抱歉地对她说："我不得不承认，你的业务水平很好，但我们单位需要的是业务能力和其他能力兼备的一专多能的复合人才，我们不能录用一个对工

作没有主见的年轻人！”这些话像一盆冷水从小玉的头上倒下，使她一直冷到脚底。

外面正下着蒙蒙细雨，小玉一个人走在清冷的大街上，脑海里回想着应聘的尴尬情形，思索着应聘失败的原因。

爸爸妈妈，既然你们知道人生之路是我自己来走的，既然你们真的爱女儿，可为什么不早点让我走自己的路呢？这一切仅仅是我的错吗？

专家解析 ZHUANJIAJIEXI

“爸爸妈妈，为什么不早点让我走自己的路”的沉重呼喊，无疑代表了大部分孩子的心声。上文中小玉的情况在现实生活中大量存在，在人才市场随处可见这样的现象：戴着厚厚近视镜的年轻人抱着自己曾经引以为傲的学历证明一片茫然，他们不知道怎样与陌生人交谈，不知道怎样去展示自己的能力，甚至连基本的交际礼仪都一无所知。究其原因，正是由于家长对他们的教育走进了误区，使他们从小除了看书就是学习，除了考试就是分数，因此“高分低能”的现象屡见不鲜。

事实就是这样，我们有些为人父母者错误地以为“一好百好”，孩子的学习成绩好了，其他方面的能力和素质也会相应提高，因此他们对孩子百般溺爱，包揽一切，使孩子失去自主自理、自护自强的能力。结果，孩子成为只会背书考试的“机器”，除了成绩好以外，其他能力几乎为零。这样的家庭教育不仅泯灭了孩子的创造精神，还扼杀了孩子的实践才能，养成了孩子懦弱、自卑的性格，不自觉地毁灭了孩子的美好前程，使众多朝气蓬勃的少年成为“问题孩子”。这种偏执和极端的教育方式，难道不应该尽早地摒弃吗？

教子指南 JIAOZIZHINAN

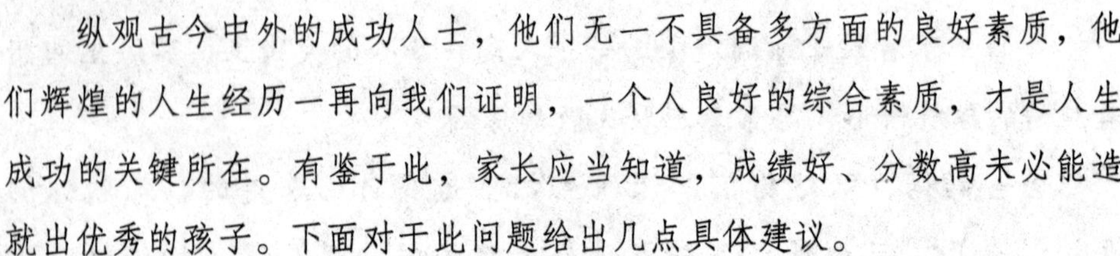

纵观古今中外的成功人士，他们无一不具备多方面的良好素质，他们辉煌的人生经历一再向我们证明，一个人良好的综合素质，才是人生成功的关键所在。有鉴于此，家长应当知道，成绩好、分数高未必能造就出优秀的孩子。下面对于此问题给出几点具体建议。

1.培养孩子的艺术天分

就长远来看，具有独立性格、幽默特质、艺术修养或其他特异天分的孩子，往往可以取得辉煌的成功。

2.加强体育锻炼

对于家长来说，想让孩子全面发展，培养学习成绩只是一方面，身体素质也是不可忽视的。俗话说得好:“身体是革命的本钱。”由此可见，家长也要在培养孩子身体素质这方面给予重视。

4.盲目给孩子请家教

大多数家长之所以为孩子请家教，是因为发现了孩子在学习上的偏差。假如孩子在考试中的某一门成绩出现了偏差，家长们希望能够通过请家教这一便捷通道，让孩子尽快把成绩赶上来。但是，由于孩子的自身情况不同，在学习方面表现为他们既有智力方面的差距，也有非智力方面的差距。那么，什么样的学生适合请家教呢？家长对此问题应该有所了解。

情景案例 QINGJINGANLI

镜头一：一位家长自述：“从儿子上小学起，我就给儿子请家教，

听说哪个老师教得好，不管花多少钱也要把他请回家来，让他给儿子补习。儿子从小学到高中这段期间，我给孩子请过许多家教，假期也给他报过很多辅导班，可是基本都没什么效果。一年的费用要几万块，这钱算是白扔了。本来想不管他了，让他自己学吧，但是转念一想，不请家教又不行。现在请家教，孩子的成绩都不好，如果不请家教，成绩还不知道要退到哪里去呢！”

镜头二：天空（16 岁女孩）：“我成绩挺好，不用请家教。我们班有些同学请了，可没听他们讲过半句家教老师的好话，而且大多都不是自愿请的。如果我成绩很差，我宁愿多向同学、学校老师请教，也不愿意请家教。提高学习成绩主要是靠课堂听讲，不是课后恶补！再说，如果你在课堂上是认真听讲的，成绩怎么会跟不上来呢？家长给我们请家教花的都是冤枉钱！”

镜头三：我是一个小学五年级的学生，从我刚接触英语这门课的时候，妈妈就给我请了一个本市名校英语系高材生为我补习。她每天都定时来我家给我补一小时的英语，风雨不误。妈妈说是帮我理解消化老师当日所讲的内容，但是她给我讲的所有内容我已经在课堂上听懂了、学会了，所以当听她再重复的时候，我就感觉是在听她念经。我自己认为，我在课堂完全能够听懂老师所讲的内容，根本没有必要再给我请个家教，这不仅没有帮助我提高成绩，反而有的时候使我讨厌上英语课。但是妈妈总是说我小，什么都不懂，我对妈妈的做法感到很无奈。

专家解析 ZHUANJIAJIEXI

每个家长都望子成龙、望女成凤，但对大多数家长来说，最让他们头疼的莫过于孩子那让人惨不忍睹的成绩。许多家长认为，请家教是提高孩子成绩的制胜法宝。请家教现象成了当今社会家长为孩子在学习上“开小灶”的一股潮流。

有些家长根本就不考虑孩子的实际情况，不征求孩子的意见，以自我为中心，把自己的意愿强加在孩子身上，最终结果不是没效果，就是孩子对家教产生依赖性。根据我们多年的经验，家长认为请个家教就能解决成绩问题是一厢情愿。有些学生学习成绩差完全是因为学习习惯不正确，如果得到有经验的家教及时纠正，是完全可以及时转变的。但是些学生在学习上很吃力，自身却不肯下工夫，家长为这样的孩子请家教是没有必要的。不仅对孩子的学习毫无帮助，而且还可能导致孩子上课时注意力不集中。

因此，家长不要盲目地去为孩子请家教，应详细了解孩子在课堂上的学习情况，做到有的放矢，提高效率。

教子指南 JIAOZIZHINAN

1. 不要随大流

有些家长并不考虑孩子现实情况，也不考虑孩子是否需要，看到别人为自己的孩子请家教就随大流。这只是家长单方面的想法，而忽略了孩子的感受。家长应该走出这个误区，不要人云亦云，随波逐流。

2. 征求孩子的意见

家长给孩子请家教，一定要征求孩子的意见。学习的主人是孩子，如果家长不顾孩子的实际水平和自身的潜能，硬性安排家教辅导，而且期望值过高，很可能会造成孩子升学考试心理压力过大而达不到预期效果。

3. 针对孩子的成绩需要

对于面临中考或高考的学生家长来说，孩子“缺什么就补什么，不需要滥补”。家教的学科不能过多，应根据孩子的学习情况和个人要求，重点选择两科、最多三科进行家教辅导。千万不能所有学科全面开花，不给孩子一点休整时间。否则，个别的学生会出现“家里请家教，课上睡大觉”的现象。

4. 选择家教的对象

家长切记请家教时一定要请有经验、有时间的家教老师。最好是教过同年级且能明显提高学生学习成绩的家教老师，他们对所辅导科目的教材、大纲和考试要求掌握得比较准确，能达到事半功倍的效果。

5. 家教辅导内容与孩子课堂内容同步进行

家长为孩子请家教也不能盲目，能产生立竿见影效果的方法是要求家教老师辅导的内容和学校的内容同步。有针对性地进行点拨和复习，备考资料以本地考试大纲为主，不需要随意扩展知识的深度。

6. 正视孩子之间的差距

家长应正视孩子之间的差距，承认孩子自身确实存在差距，并应该善于观察自己的孩子，根据其自身的长处、弱点，帮助孩子学会利用课下的时间消化和吸收所学知识。

5. 超前谋划孩子的发展方向

当今社会的竞争越来越激烈，每个家长都在担心孩子跟不上时代的步伐，在激烈的社会竞争中被淘汰，所以在孩子心理生理都尚未成熟的阶段，就灌输了一大堆他们根本无法理解和接受的知识，过早地进行定向培养，不惜一切代价让孩子参加培训班、特长班，希望孩子将来成为舞蹈家、歌唱家、作家、书法家等等。事实证明，这种教育方式不利于孩子的健康成长。

情景案例 QINGJINGANLI

镜头一：家住武汉市的王女士为她的儿子感到非常骄傲，孩子刚满周

岁，王女士就开始指导孩子认字，几个月就陆续认识好几百个字，亲戚朋友都夸王女士的儿子是“小神童”，夸她教子有方，听到别人对自己和儿子的赞赏，王女士感到特有面子。可是最近一段时间王女士却感觉儿子再也不像以前那样喜欢“认字”了，而且每次教他认字，他不是没精神，就是双手乱动，坐立难安。时间长了，王女士感觉这种现象越来越严重了，以为儿子得了什么病，就赶紧带儿子去医院看医生。武汉市妇女儿童保健中心主任医师说，王女士儿子得病的罪魁祸首是因为过早地识字。由于家长教育引导不当，过早让孩子读书认字，导致孩子心理负担过重，出现心理问题，如果不及时治疗调整，孩子长大后很可能会成为智障儿童。王女士没想到自己过早地定向培养孩子，竟然给孩子带来如此大的影响。

镜头二：北京某著名儿童医院心理科多年临床经验统计表明，一年之中来就诊心理科的学龄患童中有70%存在因过早地定向培养而产生的心理问题，其中多动障碍占25%、注意力障碍占45%，而导致孩子出现上述问题的根本原因在于家长对孩子过早定向教育。换言之，是家长不懂如何教育孩子。很多家长都费心费力教育孩子成长，每天忙着让孩子上各种各样的培训班、特长班。对此，儿童专家认为，对孩子的早期定向培养是不可取的，要注重对孩子自身特长的挖掘。同时培养孩子健康的心理和身体素质也是不可忽视的。

专家解析 ZHUANJIAJIEXI

俗话说得好：“人生有涯，知识无限”，一个人不可能学完天下所有的知识。定向培养对孩子的成才固然重要，但是家长们也要适当选择培养点，这样才能更好地发挥个人才能。这个定向只有在基础知识上扎扎实实下工夫，才能一步一步迈向成功之门。如果家长过早地把子自己的意志强加在孩子身上，就会抑制孩子的思维发展，甚至扼杀孩子的创造力，导致孩子向偏科方向发展。即使孩子一时突出，基础却不牢固，注

定走不远。而且一旦定向培养未能如愿，基础知识的底子又差，将会毁掉孩子的美好前程。

从上面的案例和医院调查报告中我们也可以看出，过早地定向培养对孩子是有百害而无一利的，具体危害主要表现在以下几个方面

首先，家长对孩子过早的定向教育，只会导致将孩子的思维固定下来。那么孩子从小受到的教育也就只有对与错，没有可不可以、行不行。因此过早的定向培养会使孩子丧失解决问题的能力、面对挫折的能力、应对发展中存在的问题的能力。

其次，人都是不确定性的动物，包括我们的孩子。如果父母过早地为孩子确定发展方向，那么在其他方面发展的机会几乎为零，所谓的天才白痴就是这么产生的。此外，还没定性的孩子的兴趣是不稳定的，因此请家长们慎重地对待这个问题。综上所述，家长不要过早地对孩子进行定向培养，下面对于此问题笔者将给出几点建议给广大家长做参考。

教子指南 JIAOZIZHINAN

1. 顺其自然、因势利导

家长应该把孩子作为一个单独的个体，给孩子自由选择的权利。他们年龄虽然小，但是有自己的兴趣、爱好、愿望和理想。要按照孩子的想法顺其自然、因势利导地发展孩子的兴趣爱好。

2. 早期教育要适度

父母对孩子早期智力开发必须适度，要以孩子认知能力为基础，不要想一步登天。人的成长是有自然规律的，孩子对新事物的认知能力需要一定的时间和过程。

3. 了解孩子的天性

家长要明白孩子还小，兴趣爱好根本固定不下来，可能今天喜欢钢

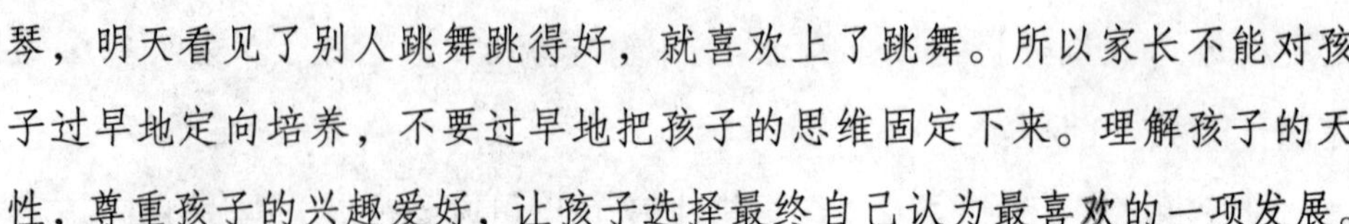

父母教子不可忽视的101个误区

琴，明天看见了别人跳舞跳得好，就喜欢上了跳舞。所以家长不能对孩子过早地定向培养，不要过早地把孩子的思维固定下来。理解孩子的天性，尊重孩子的兴趣爱好，让孩子选择最终自己认为最喜欢的一项发展。

6. 限制孩子的兴趣和爱好

"天生我材必有用"的意思是说，每个人都有自己的优点和长处，我们完全可以将这句话用在孩子身上。但是，孩子毕竟是孩子，他们的天性还是贪玩好动。在这样的情况下，家长就应该因势利导，注意发现孩子的优点和特长。但恰恰相反，有一些家长在教育过程中无视孩子的优点和特长，强行剥夺孩子的兴趣和爱好，束缚了孩子的正常发展。

情景案例 QINGJINGANLI

镜头一：她往那儿一坐还没开口说话，你已经能看出她是一位学生干部。她给你的感觉是一个自律很强很慎重的女孩儿。就是这样一个女孩儿，也对父母有意见，说父母亲不尊重她的选择。

3岁开始，妈妈就把她扔在了钢琴上，她是摸着这些黑色白色的琴键长大的。她把自己童年的欢乐与梦想都融进了这叮叮咚咚的琴声里。钢琴成了她生命的一部分。她对音乐很有天赋，一级一级地考试一直到六级，而现在却面临着考重点中学，妈妈要她把钢琴课先放一放，一心一意地温习功课，争取考上重点中学。而她却对此建议持不同看法，她说："功课不能误，钢琴也不能放，悠扬的琴声能使我放松心情，增加自信。临时拼搏虽然很重要，但更主要的还是要靠平时的积累。"

"你是学校的大队长，若考不进重点，太丢人。"父母口中虽说是这

样劝她，心中也很有几分为自己的脸面着想。他们坚持要女儿放弃弹钢琴，延长温课时间。

女儿是通情达理的，她并不愿意为这样的事情太伤了父母感情。她放弃了自己的主张。在这一段迎考的日子里，她加班加点地复习功课，为免受诱惑，她用一块蓝色的大窗帘，遮住了那架钢琴。累了，至多在钢琴椅上坐一会，用手指关节敲敲钢琴的木架，而不是琴键。紧张的应考状态使她心力交瘁，心神恍惚。而钢琴在关键时刻却不能为她放轻松心情。她的功课反而没有平时好。在重点中学揭榜时，竟然没有她的名字。这使她大惊失色，她的父母亲也沮丧万分。也许，是他们给予了女儿太多的压力，反使她不能正常发挥应有的水平。

镜头二：小华从小就非常喜欢小动物，而且非常热衷于研究小动物的生活习性。他初中时常常因为观察小动物而弄得浑身是泥。父母对此非常生气，觉得他不务正业，于是就想方设法阻止他去外面玩。父母希望他学钢琴，以便将来中考时加分。开始，他总是趁着父母不注意偷偷地跑到附近的公园里做自己喜欢的事。有一次，他把一个黑色的蜘蛛带回家后，父母大发雷霆，训斥他不应该把这么脏的东西带回家。爸爸还一脚踩死了蜘蛛，妈妈竟然摔烂了他积累了好几年的装着各种标本的“百宝箱”。那一刻，小华愣住了，回到自己的房间默默坐了一个下午。

从那以后，他的学习成绩一落千丈，变得沉默寡言，父母为此非常发愁，甚至怀疑他是不是智力有问题。

专家解析 ZHUANJIAJIEXI

家长从来没有想过其实孩子在玩的时候也会体现出他们特有的优点，每个孩子的兴趣和爱好也是不一样的，他们也有不同的想象力和创造力。家长应该从每一个贪玩的孩子的动作中仔细观察发现孩子的优点，而不是一味地指责。有些家长没有做到让孩子发展优点和长处，反而采

取强迫压制的办法逼着孩子去学一些他们不喜欢的东西，结果往往事与愿违，给孩子的健康成长带来以下后果：

1. 失去判断能力

家长对孩子优点特长的过分干涉会使孩子对自己的优点产生片面的认识，认为自己没有眼光、没有本事，进而否定自己对事物的判断能力，越来越没有自信。

2. 产生逆反心理

家长忽视孩子的优点特长，不听孩子的解释，不从孩子实际出发去真正了解孩子，这样做既不能满足孩子的需要，还会使孩子觉得父母不能理解、尊重他，而产生逆反心理。这对孩子的成长是相当不利的。

3. 产生厌烦心理

曾有一位伟大的教育家说过："特长是指引孩子发展最好的老师，有了优点和特长的孩子就会学得更轻松、更快乐，也非常愿意去做自己喜欢的事，而且不知疲倦。"如果家长不考虑孩子的优点和特长，而是强加给孩子父母认为应该学的东西，会使孩子失去发挥自己才能的机会，最后使孩子产生厌烦心理。

家长对于这一点要认识明确。但遗憾的是，有的父母根本没有认识到这一点。他们大多不愿承认自己孩子的优点和特长，其后果可想而知。

教子指南 JIAOZIZHINAN

1. 不要用成人的标准要求孩子

孩子有孩子的天真，越是爱玩的孩子越是聪明。家长千万不要把大人的思想强加在孩子身上，要尝试去发现孩子的优点。

2. 家长要发展孩子的优点和特长

即使孩子的优点和特长与家长所期望的有一定差距，但是只要是正

当的非不良嗜好，家长就应该学会尊重孩子，并帮助孩子发展自己的特长或优点，激发孩子的潜力。这样不仅可以维持好亲子关系，还可以让孩子发挥创造力和想象力。

3. 家长在尊重孩子的同时，需要给予指导和帮助

很多孩子可能因长期沉浸在自己的爱好中，而影响了正常的学习和生活，家长要及时帮助孩子认清两者之间的关系，保证孩子的优点和特长能够正常发挥，也利于健康成长。

7. 在学习上不让孩子有喘息的机会

孩子需要学习的科目繁多，知识量大，如果不善于调节，一味增加压力，不仅学习的效率无法保证，还有可能给孩子带来意想不到的危害，甚至损害孩子的健康。对孩子而言，休息很重要，选择适合的休息方法更重要。好的休息方式，有时效果比学习更好。

情景案例 QINGJINGANLI

镜头一：一位初中生诉说道："我的家庭环境十分优越，我有属于自己单独的房间，有各种参考书、英语磁带、电脑，甚至还有高级的倾斜式阅读书架。只要我一坐到写字台边，爸爸妈妈就马上关电视、送客人，家务劳动更没让我插手过。怕影响我学习，妈妈洗碗的时间都尽量缩短，家里人说话的声音也压得很低，很少听到爸爸妈妈的欢声笑语。可他们哪里知道，就在这坟墓般的宁静中，我内心背负着多么沉重的包袱！我怕自己成绩不好，对不起父母；我怕考试，一接到试卷手就哆嗦。我特别想放学后跟同学踢踢球，然后回家安静地看一晚上电视，再美美地睡

上一觉，而不是呆坐在写字台旁边……”

镜头二：有一位母亲为了让女儿读书成才，家里的电视很少打开过。每天晚饭后，稍事休息，便催促女儿进房间学习，自己也随即坐到了女儿的书桌旁，看着孩子一笔一画写作业，不让女儿有丝毫的松懈。有时她也心疼女儿学习辛苦，主动给女儿端来热茶，甚至为女儿煮夜宵。可是，女儿的学习成绩却没有因为她的殷勤陪伴而好起来，恰恰相反，女儿对学习越来越厌倦，对妈妈越来越反感，学习成绩一路下滑。

专家解析 ZHUANJIAJIEXI

现代社会工作的节奏是“快四步”，人们不仅感觉身体疲劳，精神也疲惫不堪。适当的休息，就好比军队刚刚打了一场恶仗，休整一下，以利再战，是非常必要的。同样，孩子的学习又何尝不是如此呢？“三点一线”的学校生活，整日面对黑板、课本的单调“风景”，成绩提高的同时消磨掉的东西也不少。但是很多家长只关注孩子的学习成绩，为了达到取得好成绩的目的，只是一味地让孩子学习，不让孩子参加任何劳动和活动，这样将给孩子带来以下不良影响。

首先，对孩子身体上的影响。最重要的是损害他们宝贵的视力，由于孩子经常伏在案头写字算题，长时间得不到休息，视力就会慢慢下降。近视在当代中学生中已经是非常普遍的情况了。再者，孩子的背是否已经在读书的时候习惯性地驼了下来，严重的还可能导致颈椎病。另外，他们对美的那份敏感与细腻，也被淹没在了公式、数字与很多不知所云的词句里。

其次，孩子每天只是一味地学习，没有得到适当的休息，孩子的大脑完全得不到放松和释放，时间长了，就算学习成绩再好，孩子也将会成为一个书呆子。除了读书，其他什么事情都不会做，失去动手能力，将来一旦离开了家长的照顾，就难以生存下去。

因此，孩子们需要休息，需要一个完整香甜的睡眠、一段轻松舒缓的音乐或者一份精致可口的饭菜……

教子指南 JIAOZIZHINAN

1.关注孩子的精神状态

当父母发现孩子出现走神、精力不集中、疲劳等状况时，最好叫他立刻放下课本，休息一会儿。这样，既能让孩子觉得父母关心自己，又会在休息后更加投入学习，效率一定会更好。

2.与孩子交流，查找孩子的问题

可以用和缓的态度陪孩子闲聊，问他新学了什么，哪些有意思，哪些的兴趣差一些。孩子兴趣差的地方，往往就会成为学习中的漏洞，需要有针对性地进行弥补。可以和孩子共同讨论用什么方式，来保证这些内容不拉学习的后腿。

3.在休息时鼓励孩子

孩子休息时，经常会有心理压力，认为自己在耽误时间，越想心理负担就越重。这时，父母的鼓励会让孩子重新树立自信，恢复得更快，以更好的状态投入到学习中去。鼓励的方法，通常是引导孩子发现自己的优点，让孩子知道，他在父母眼中永远是最棒的。

4.每天陪孩子锻炼

孩子用脑强度大，需要适当的运动量。父母可以和孩子约定，每天学习疲倦后,和父母一起去跑跑步,或做一些别的锻炼。共同锻炼的过程，既有助于孩子的放松，增强孩子的体质，也能增进双方的感情，更能帮助父母了解孩子的真实想法。最好不要把时间规定得太死，孩子什么时候需要休息，父母就什么时候陪他锻炼。

5.帮助孩子调节情绪

孩子的学习压力大，负担沉重，尤其需要父母来帮助他调节情绪。

休息时，父母可以用乐观的态度，聊一些轻松愉快的话题，一定要从态度中体现父母真心希望孩子快乐。只要每天能有一点温暖和快乐，就足以支撑孩子走过艰难的书山题海。

6. 为孩子做按摩

当孩子过于疲劳时，父母可以为他做些按摩来缓解压力，按摩时要说一些鼓励的话，帮助孩子放松。每天睡前，也可以为孩子做一次按摩，这可以让孩子体会到父母的爱和关心。

8. 艺术教育为学习让路

受智育一极化的片面观念影响，一些家长认为学习音乐、绘画、书法等美育课程不能使孩子考出更高的分数来，所以并没有用，于是也就根本不重视这方面的训练，有的家长甚至阻止孩子参加这方面的训练。

情景案例 QINGJINGANLI

镜头一：小雯今年上小学二年级，成绩一直处于中等水平。但是她很喜欢书法，字写得很漂亮，终于期末考试顺利结束了。小雯想利用这个假期参加学校组织的课外书法小组，而爸爸却以上学期期末考试语文成绩未考一百分为理由而一口回绝了。小雯缠着爸爸，硬要参加，爸爸先是对她说教，后来爸爸生气了，就对小雯吼道：“看看你现在的学习成绩吧！前十名都没考到，还练什么书法？学习这么紧，哪有闲工夫去学什么字？书法学习是书法家的事，小女孩儿想当书法家？”就这样，小雯的正当要求被爸爸无理拒绝了。小雯感到很失落，整个假期在爸爸的监督下每天都学习，但是她的脑袋里一直想着去书法班这个事情。经

过一个假期的恶补，小雯的成绩却丝毫没有起色，父亲因此感到很困惑。

镜头二：王伟读初三了，学业相当紧张，每天都在书山题海里作战。除了学习，他还特别喜欢唱歌，因此总想在学习之余，看看电视里他喜欢的明星的演唱会，或是自己播放买来的CD，里面的MTV更让他沉醉。但有一点让他很郁闷，那就是父母在家的时候，绝对不允许他坐在电视机前，否则就会挨揍。实际上王伟很有唱歌天赋，音乐老师也曾选他参加学校的卡拉OK大赛，还拿了个二等奖呢。但是，当他把这个好消息告诉给爸爸妈妈时，他们不但不替他高兴，还说他不务正业，整天催促他学习。现在只要他一哼歌，妈妈就会大嚷："你乱叫什么？难听死了，做作业去，看书去！"每次听到妈妈这样说，都会使王伟如冷水浇顶，全身透凉。

有一回，王伟在家里情不自禁地边做作业边哼起歌来。妈妈听见了，猛地冲过来给了他一耳光，并且不由分说把他存了好几年的歌本撕得稀烂。这一次彻底伤了王伟的心，从此他在家里变得少言寡语，再也不唱歌了。

专家解析 ZHUANJIAJIEXI

孩子提出参加课外兴趣小组，父母不但不支持，反而打击孩子的积极性，长此下去，势必会扼杀孩子的学习积极性。小雯想要学习的书法是艺术学习的一种，父母应鼓励和支持孩子在完成学习任务以后，利用业余时间学习书法、绘画、弹琴等，以培养孩子的艺术欣赏力和艺术创造力，这对孩子的成长是有利而无害的。而她的父母片面地认为学了书法、绘画、弹琴势必影响学业，其实这是一种错误的观点。

同样，在王伟的事例中，父母固执地认为孩子唱歌会影响学习，已是初三，不知努力，如何进取？实际上，孩子唱歌只不过是偶尔唱唱而已，并没有因唱废学，父母没有理由让沉重的书本学习占据孩子的整个生活空间。另外，王伟的家长把音乐与知识学习完全割裂的做法也是不可取的，且不说音乐陶冶人的情操，提高人的艺术修养，它同时也可以

启迪人的心灵，让人在音乐中获得生活灵感。不少科学家、哲学家、文学家都曾在音乐的海洋里受到过启迪，获得了灵感，像爱因斯坦、马克思、歌德等就非常看重音乐的作用。

因此，父母不要割断孩子和艺术世界的联系，不仅不要扼杀孩子的爱好，还要帮助孩子建立对健康、自然、向上的艺术的爱好，提高孩子的艺术欣赏水平。这样，不仅不会影响孩子的学业，还对孩子的学业有积极的作用。

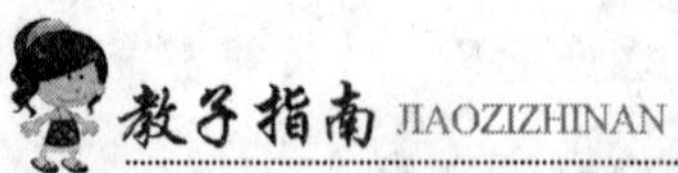

1. 正确认识艺术的重要性

家长应该充分认识到，艺术教育能够扩大和加深孩子对客观世界的认识，陶冶孩子的情操，使孩子树立创新生活的理想，提高思想品德修养，进而开发智力，发展能力，也可以促进孩子积极参与实践，体验“艺术来源于生活”，使孩子得到全面发展，成为现代社会需要的人才。

2. 为孩子选择一门感兴趣的艺术

不同的孩子有不同的天性，但是大部分孩子都会对一门或者两门艺术感兴趣。家长要根据孩子的兴趣爱好，主动为孩子选择一门艺术，让孩子在课余时间学习，这样就可以做到全面发展。

3. 带孩子去听音乐、看展览

在周末，家长可以带孩子到音乐厅听音乐，让孩子接触高雅的艺术，让孩子在这样的气氛中感受艺术的灵魂；带孩子去看画展、艺术展、古董展等等，不仅能开阔孩子的视野，让孩子了解到古今中外的艺术作品，丰富孩子的课外知识，还能让孩子感受到艺术的魅力，从而对某一项艺术产生浓厚的兴趣。

4. 正确对待孩子的兴趣和选择

当孩子表现出对某一门艺术非常感兴趣的时候，家长不要抹杀孩子

对艺术的追求。要尊重孩子的兴趣爱好和选择，因势利导，让孩子继续发展下去，孩子很可能因此在这一方面有很大的造诣。

9. 不切合自身情况，盲目套用他人学习方法

在学习中，有一部分孩子总是不爱自己动脑筋，喜欢拿别人的作业本大抄一气，宁愿相信别人，也不愿相信自己。这种现象同样也出现在家庭教育中，比如有些家长引经据典、想方设法地给孩子照搬一些学习经验和方法，让孩子照着自己事先设定的路线走，以为这样就可以使孩子的成绩迅速提高。结果呢，事倍功半，甚至适得其反。

情景案例 QINGJINGANLI

镜头一：自从电视上报道了哈佛女孩刘亦婷的故事以后，晓玲的妈妈就一心想把自己的女儿也培养成为另外一个哈佛女孩，所以整天捧着《哈佛女孩》这本教子心经潜心研究。一有空就跟在女儿屁股后面，不厌其烦地读给女儿听。女儿根本不喜欢妈妈这样，也不喜欢哈佛女孩那样的学习模式，她有自己喜欢学习的东西，所以孩子越来越讨厌妈妈。她在日记中写道："我痛恨妈妈，我痛恨哈佛女孩，我根本就不想读哈佛大学，我喜欢做自己的事情。如果妈妈再这么逼我，我终究有一天会选择死来解脱。"

镜头二：邻居家的儿子红利今年考上清华大学了，这个消息在村里传开了，他是村里的第一个考上名牌大学的孩子，所以备受瞩目。乡里乡亲纷纷前来道贺，并向红利的父母请教教育孩子的方法，红利的父母很开心地给乡亲们说："我们从小就只让他学习，其他的农活都不让孩

子做，所以孩子的精力都用在了学习上，自然就学好了，考上清华大学也在我们意料之中。”乡邻们都拿红利父母说的话当“圣经”一样，不让孩子做其他的事情，但是很多孩子在高考的时候还是名落孙山。那些家长这才着急了，孩子将来可怎么办啊？书没读好不说，农活也不会干了，以后可怎么生存啊？

专家解析 ZHUANJIAJIEXI

曾经有个关于高考的“黄冈神话”，它有许多稀奇古怪的版本，最典型的要属关于水桶和鞋子的故事。因为黄冈这地方，山多蚊虫也多。据说，学生们每天复习到深夜，为了避免蚊虫叮咬，于是一人一只塑料桶，把腿泡在水桶里。“黄冈状元”都是这样熬出来的。又据说，黄冈的经济不很发达，农村学生居多。老师为了激励学生上进，在每间教室里摆两双鞋子：一双皮鞋，一双草鞋。老师说：“你们要努力呀，考上了大学就穿皮鞋，考不上大学就穿草鞋。”“黄冈状元”都是这样逼出来的。

虽然黄冈中学副校长董德松已经一再重申这是无稽之谈，但是有些学校已经开始效仿了。这样生搬硬套的行为有时并不只是发生在遥远的地方，也发生在一些为人父母者身上。例如，有的家长看到学习好的同学使用一本什么参考书，就千方百计也想要弄到手，而不看看自己孩子手头的作业多少；还有的家长只注重贴出来的广告或是书的装帧，东一锄头西一棒子地将孩子“覆盖”，而不理会孩子的考试是否可以应付得过来；在高考前，总是有许多书商针对同学最后一搏的心态，出版大量的题库书籍，还美其名曰“××天见效”，许多孩子对此敬而远之，而家长则不然，急于买之而后快，根本不考虑孩子是否有时间去做。

因此，别人的经验生搬硬套要不得，愚昧的是那些急功近利、弄巧成拙的家长，而倒霉的却是无辜的孩子。

1. 了解孩子的具体情况

不同的孩子，生活环境不同，自身的智力水平、性格爱好和学习方法也不同。家长应该做的是站在孩子的角度，根据孩子的喜好找到适合孩子的有效学习方法。这对于孩子来说也可以使学习达到事半功倍的效果。

2. 对别人的经验方法作出选择

每个家长都想找一条捷径去培养出一个好孩子，借鉴别人的教育方法固然好，但是需要注意的是，在借鉴时一定要作出适当的选择，不是所有好的方法都适合自己的孩子，要做到具体问题具体分析。这样借鉴别人的教育方法才能达到立竿见影的效果。

3. 将经验方法与孩子的实际相结合

俗话说："一母生九子，九子各不同。"这话足以说明每个孩子的性格特点都是不同的，家长想要教育好自己的孩子，就必须先了解自己的孩子，了解孩子的生活习惯、性格爱好等特点，而不能盲目效仿、生搬硬套别人的教育方法。要做到理论和实际相结合，只有这样家长才能找到最合适教育自己孩子的好方法。

10. 对孩子作不切实际的过高要求

"可怜天下父母心"，这个世界上没有一位父母不希望自己的孩子不同凡响、有所作为。父母希望自己的孩子各方面都优秀，这种心情是可以理解的。但对孩子的期望过高，有可能反而成为孩子前进的阻力。

情景案例 QINGJINGANLI

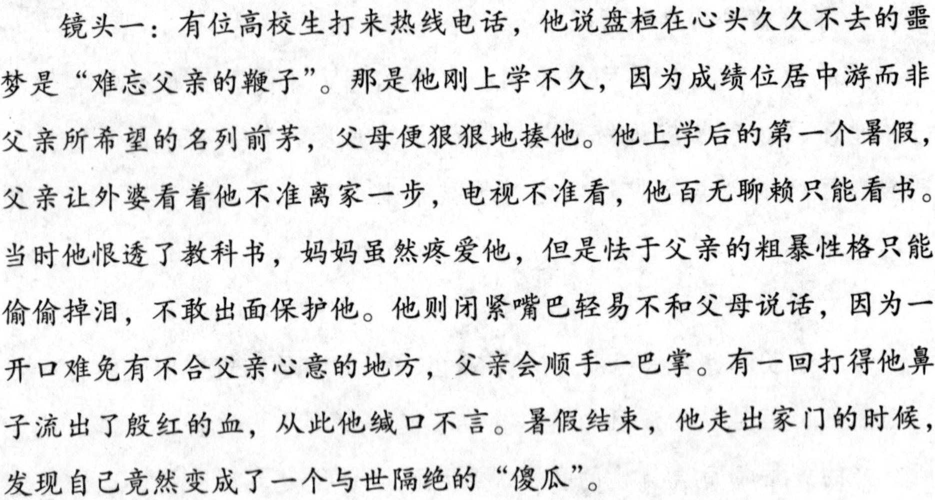

镜头一：有位高校生打来热线电话，他说盘桓在心头久久不去的噩梦是“难忘父亲的鞭子”。那是他刚上学不久，因为成绩位居中游而非父亲所希望的名列前茅，父母便狠狠地揍他。他上学后的第一个暑假，父亲让外婆看着他不准离家一步，电视不准看，他百无聊赖只能看书。当时他恨透了教科书，妈妈虽然疼爱他，但是怯于父亲的粗暴性格只能偷偷掉泪，不敢出面保护他。他则闭紧嘴巴轻易不和父母说话，因为一开口难免有不合父亲心意的地方，父亲会顺手一巴掌。有一回打得他鼻子流出了殷红的血，从此他缄口不言。暑假结束，他走出家门的时候，发现自己竟然变成了一个与世隔绝的“傻瓜”。

镜头二：1992 年 11 月 16 日这天，位于中国南部某城市的一个小镇上发生了个小女孩自杀事件。死者叫芳芳，她的父亲是国家干部，上世纪 70 年代末由学校分到这个小镇工作，与本镇一农村姑娘结婚后，生下一个女儿——芳芳。农民出身的他，深知在这山沟里干农活的艰苦和得到好工作的不易，要跳出“农门”的出路除了读书还是读书。夫妻俩把所有的心血都倾注在女儿的学习上。芳芳爱学习，接受能力强，在父母的辅导下，还没进校门就已把一年级的课学完了。一年级到三年级，成绩在班上稳居第一，年年被评为三好学生，还担任了班干部、少先队中队委。芳芳成了这个家光宗耀祖、跳出“农门”门槛的唯一希望，也成了父母在人面前炫耀的“金牌”。为了让这块“金牌”继续发出光芒，达到父母的目的，父母给她定了严格的“家规”：考试成绩必须每科 100 分,下午放学 4 点 20 分到家。年年还得评上三好学生。达到这个“标准”不容易，哪能每次考试都是满分呢？为此挨打也是常有的事了。在这样的情况下悲剧发生了。

专家解析 ZHUANJIAJIEXI

提到对孩子的期望，父母们总有说不完的话，这位父母希望自己的孩子将来功成名就，那位父母希望自己的孩子能够学业、事业双丰收……但不是每个孩子都能成大器。每一位父母都对自己的孩子抱着无限的期望和幻想，在孩子成长过程中每时每刻都用语言和行动推着孩子朝既定目标前进。

生活水平和教育条件的不同，以及孩子的心理、生理、智育的发展水平等方面的差异，决定了个人的努力也表现为有限性。家长要承认孩子客观条件的差异性，不能脱离实际，这对孩子的进步和健康成长都有一定的影响。

每位父母都希望自己的孩子出人头地，但是假如父母的期望过高，远远超出孩子的努力极限，即使孩子尽了全力也达不到预期的目标，父母总会免不了对孩子责备甚至惩罚。这样会给孩子造成无形的压力，孩子的精神总是处在一种高度紧张的状态下，终日惶惶不安，会严重影响孩子的心理健康，甚至会把孩子逼上绝路。

家长对孩子的期望值过高，会影响孩子的性格和适应社会能力的发展。在高标准的驱使下，家长对孩子的好坏要求会严重失衡，家长这样做不仅会给孩子在学习上造成严重的精神负担，还会使他们丧失学习的兴趣，影响孩子身心的正常发展，损害孩子的身体健康。

在这里要提醒家长的是，一定要考虑孩子的性格、爱好、情感、意志等内在因素和家庭环境等外在因素，对孩子提出正当合理的要求，能让孩子从内心认同父母，在孩子没有达到预期目标的时候也不要轻易惩罚孩子。否则，不仅对孩子的健康成长极为不利，而且可能导致家长和孩子之间的代沟越来越深。

综上所述，家长对孩子的要求过高、不切实际，对孩子的健康成长是极其不利的，所以家长要引以为戒。对此笔者将给出几点建议。

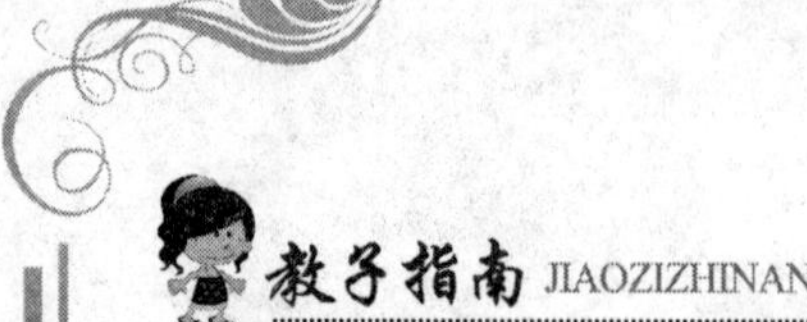

教子指南 JIAOZIZHINAN

1. 只要孩子在原有基础上进步了就要鼓励

为人父母的家长们根据孩子的客观实际，只要孩子努力过，在原有的水平上有所进步了，就应给予表扬和鼓励，不要苛求孩子一定做到完美，做到最好。要了解孩子的实际水平，想方设法不断地让孩子增强自信心，正确地引导孩子向好的方面发展，培养他成才。

2. 家长不要拿自己的孩子和别人家的孩子比较

很多家长喜欢拿自己的孩子和别人家的孩子比较，很多家长都犯这样的错误。家长不要看到别人家的孩子在哪一方面比较出色，就要求自己的孩子也要达到这个高标准，要根据孩子的客观实际水平提要求。

3. 树立正确的成才观和人才观

每个孩子都有自己的天分，家长不要用自己的高标准要求孩子。要知道成才不只限于一个方面，俗话说得好："三百六十行，行行出状元。"

第二章　自私自利，只为自己而活

——在道德方面的教子误区

无论是成年人还是孩子，不管智商有多高、情商有多高，缺少道德就不可能在人生的旅途中画出一条闪亮的轨迹。美国作家詹姆斯曾说过："人生有三样东西最重要。第一是善良，第二是善良，第三还是善良。"由此可以看出道德对孩子能否成就未来，起着至关重要的作用。

11. 轻易侵犯孩子的隐私

每个人心里都有不愿意告诉他人的秘密，这就是隐私。每个人都会有自己的隐私，孩子也不例外。随着孩子年龄的增长，不想让父母知道的隐私会越来越多。如果父母采取强硬的手段，侵犯孩子的隐私，不顾及孩子的感受，会带来很多负面影响，甚至会带来意想不到的严重后果。

情景案例 QINGJINGANLI

镜头一：敏敏是某校一名初二学生。有一天，她刚到学校，突然想起作业放在抽屉里忘记装进书包，于是急忙走出教室向家跑去。当她拿

钥匙打开门时，却看见妈妈正从她的房间走出来，目光不敢正视她。敏敏推开门走进自己的房间去拿作业本，眼前的一幕让她惊呆了，她看见自己的抽屉敞着，日记本、信件、礼物……一片狼藉。

敏敏非常生气地质问妈妈："你为什么进我的屋子，随便翻我的东西？"

没想到妈妈还理直气壮地说："怎么了，不行吗？妈妈看看女儿的东西有错吗？"

"但是你应该经过我的允许才能看啊！"敏敏很愤怒地回答妈妈。

"小孩子知道什么，有什么允许不允许的，别忘了我是你妈，好了，赶紧上学吧，一会儿迟到了！"妈妈满不在乎地对敏敏说。

母女俩一直争吵不休，晚上孩子把自己所有的日记烧掉了，并且吞下了一瓶安眠药，敏敏就这样结束了生命，母亲后悔不已。

镜头二：女儿渐渐长大了，自己经常把自己关在房间里。一天，妈妈走到女儿房门口刚好听见女儿在打电话。于是她停下来想听听女儿在和谁通话，说些什么。突然，她听见女儿大叫起来："妈妈，你为什么偷听我打电话？"女儿很不高兴地冲母亲吼道。

"我是来帮你收拾房间的。"妈妈急中生智说了这样一句话，又不顾女儿的抗议，开始打扫房间。

"请您以后不要随便进我的屋子！要进来也应该先敲门！我的房间自己会打扫。"女儿不耐烦地对母亲说。

"你这孩子，怎么这样和妈妈说话呢？"

"我现在不是小孩子了，你以前就总是偷看我日记，现在又偷听我打电话，你不能这么不尊重我！"女儿吼道。

母亲很生气地走出了女儿的房间。第二天一早，母亲看见女儿房门贴着一张警告，内容是："请勿打扰，进门前请敲门，没事不要靠近我房间……"看着看着，母亲的火气上来了，扯下门上的字条撕了个粉碎，一场争吵又开始了。

专家解析 ZHUANJIAJIEXI

孩子为什么会反感父母偷看他们的日记、私拆他们的信件呢？又为什么总爱为自己的抽屉上一把锁呢？

孩子终究是要长大的，心中的秘密不想告诉别人是孩子成长的表现，尽管孩子的想法不一定正确，但毕竟是一种思想成熟的体现。父母要充分尊重孩子的隐私，注意孩子态度和行为的细微变化，旁敲侧击让孩子明白什么是对什么是错，万万不可随便偷看孩子的日记。

研究表明，孩子到了一定的年龄后，都会拥有自己的隐私，不希望被人知道，这是孩子独立意识的一种体现。随着年龄的增长，这种独立意识会逐渐增强，他们渴望被尊重，特别是父母的尊重。同时，随着生活领域的扩展，孩子的内心会逐渐变得敏感，感情细腻，会产生很多自己的想法，他们不想和父母倾诉这些隐私，而会把这些内心感受写到日记里。

有的家长为了了解孩子的成长情况，找时机偷看孩子的日记，这种做法侵犯了孩子的隐私，家长没有意识到孩子内心正在走向成熟，原来毫无顾忌的心扉已经逐渐关闭了。父母总认为孩子不应该有秘密，所以毫无顾忌地侵犯孩子隐私，自认为是关心孩子的成长，为了避免孩子误入歧途。但是这样做往往会导致一些严重后果。

1. 割裂亲子关系

其实大多数孩子的日记里根本就没有什么不可告诉人的秘密，家长紧张过度，偷看孩子日记，侵犯了孩子的隐私。一旦被孩子发现会产生很大的矛盾，损害亲子关系，家长想再了解孩子的情况就会难上加难了。

2. 伤害孩子的自尊心

随着年龄的增长，孩子有自己的思想，希望有自己单独的空间。如果家长不尊重孩子的隐私，就会造成孩子沉重的精神压力，导致孩子自尊心受到严重伤害。

3. 打击孩子的自信心

孩子长到一定的年龄段就会有一定独立思考的能力，他们不希望自己的心灵空间受到侵犯，即使做错了事也不想和父母说，宁愿自己偷偷地把改过的决心写在日记里，自己鼓励自己的自信心。家长侵犯孩子的隐私一旦被孩子发现，会严重打击孩子的自信心，甚至使孩子一蹶不振。

教子指南 JIAOZIZHINAN

1. 和孩子平等地交流

如果家长想要了解孩子的心理特点，就要放下自己的尊严，以平和的态度和孩子平等地交流。要完全抛弃偷看日记、监视等方法。

2. 尊重孩子的隐私

只有家长尊重孩子的隐私，才会让孩子学会尊重别人的隐私。这样不仅让孩子相信父母，融洽亲子关系，也会让孩子养成尊重别人隐私的良好习惯。

12. 不肯向孩子道歉

很多家长都信奉“棍棒底下出孝子”的传统教育观念，习惯了以“我说的话就一定有道理”自居，将孩子视为自己的私有财产，时不时对孩子摆出一副冷面孔。强行要求孩子按自己的要求做事，即使错了，也不容置疑。为了保全所谓的面子，从不开口向孩子道歉。家长的这种做法不能达到教育好孩子的效果，更会导致亲子关系疏远。

情景案例 QINGJINGANLI

“六一”儿童节来临之际，小冰和小清一早就穿好衣服，吃过早饭，带着父母的千叮咛万嘱咐兴奋地奔向学校。两个孩子走到半路，想起老师让每个同学带三个空瓶子，用来做篱笆美化校园环境，于是急忙返回家里，向母亲说明了情况。

当时，早晨吃过饭的锅碗瓢盆都还没来得及收拾，孩子脱下的脏衣服又堆成一座小山。当日要上课的教案还没来得及背，母亲听到孩子说这话心里就很烦。于是，她冷言冷语地对孩子说：“你们俩也不是不知道，咱家从来没人喝酒，哪有什么空瓶子啊，给你们老师说说别交了。”

当母亲看见两个孩子低下头不敢说话，又站在原地一动不动，又赶紧说：“好了，我去隔壁王阿姨家给你们找找。”当她敲开邻居家门的时候，发现门口堆了很多空瓶子，母亲这才意识到原来孩子的要求只是举手之劳而已。

当天下午，儿子小清因为玩水将衣服弄得很脏，她没好气地将儿子拎回家，劈头盖脸地教训了儿子一顿。然后呵斥他换上干净衣服，将儿子拖进房间让他自我反省。

母亲大发雷霆后，静下心来想想，知道自己这样做不对，但是为了维护自己面子，不情愿向孩子认错，对孩子一直保持强硬态度。家里的气氛因此变得沉闷，家庭关系失调。

第二天，女儿又对母亲说：“妈妈，老师今天让带一盆花，给儿童节表演节目布置舞台。”母亲振振有词地说：“没有，今天带这个，明天带那个，过几天把家搬学校去了。”女儿失落地走出了家门。晚上回来时，她看见女儿掩面哭泣。原来，班里的同学都按时交了花，只有她没带，受了老师的批评。孩子自己躲进屋子里，再也不和妈妈说话了。

母亲仔细想过以后，意识到自己错了，是因为自己的独断专行，让女儿在同学面前没面子，给孩子心灵带来了伤害。但是就是没勇气对孩子道歉。

专家解析 ZHUANJIAJIEXI

一位伟大的教育家曾经说过这样一句话："孩子一旦懂得了尊重和羞辱的意义之后，尊重和羞辱对于他的心理便是最有力量的一种刺激。这种刺激将刻骨铭心，难以忘怀。"仔细想想，又有几个家长能做到明知道给孩子带来了伤害，这时候能放下家长的面子心平气和地跟孩子道歉呢？可以说，这样的事情十分罕见。

家长之所以不向孩子认错，是因为已经习惯了对孩子说"我说的就是对的,你必须按我说的去做"。从来不尊重孩子,不考虑到孩子的选择，总是把孩子看成是自己的附属品，强行要求孩子去实现自己为孩子制定的目标。根本不和孩子沟通交流，有时明明知道自己错了，也不愿承认，即使明知道孩子是冤枉的，为了保全面子也不容孩子辩解。家长的这种做法，将给孩子带来哪些不良影响呢？下面我们来具体分析。

首先，人无完人，家长也会犯错误，但是很多家长为了面子不向孩子道歉，从不向孩子认错，直接影响家长在孩子心目中的美好形象。家长拒不认错，还将直接导致亲子关系疏远。

其次，由于家长没有给孩子树立正确的榜样，久而久之，孩子耳濡目染，在成长路上不管做错什么事也不会主动承认错误。如果孩子形成了习惯，不仅家长难以管教，还直接影响孩子健康成长。

由此可以看出,家长应该适当地向孩子道歉。那么具体该怎么做呢?下面笔者根据此问题给出几点具体建议。

教子指南 JIAOZIZHINAN

1.和孩子交朋友

家长应该放下家长的架子，让孩子把父母当成生活中无话不谈的朋友，无论发生什么事都轻声细语地和孩子说话，不要不问青红皂白就加

以训斥。

2. 勇于承认错误

当家长事后知道自己对孩子做错了事，要主动向孩子道歉，这样不仅不会失去面子，反而会树立家长的威信，孩子将更加相信父母，使亲子关系亲密无间。

3. 学会向孩子道歉

家长不要总认为孩子还小，就可以忽略孩子的感受。当知道自己因一时情绪失控伤害了孩子的自尊，就要找个适当的机会向孩子道歉，保护孩子的自尊心不受伤害。

4. 和孩子平等交流

家长要学会和孩子平等交流，孩子会在这种平等的交流中感受到父母的关爱。

13. 帮孩子找理由推卸责任

当今城市家庭大多数都是独生子女家庭，家长都拿孩子当宝贝，捧在手里怕掉了，含在嘴里怕化了。孩子做错了什么事情，有些家长不但不给予指正，反而护短，帮孩子找理由开脱。久而久之，孩子会形成一种依赖心理，不管自己做错了什么，家长都不会责怪，甚至还怕自己受委屈，为自己找理由推卸责任。父母的这种做法不但不利于孩子的健康成长，还会让孩子养成一种做事不计后果的坏习惯，甚至导致孩子误入歧途。

情景案例 QINGJINGANLI

镜头一：因为爸爸妈妈工作忙没时间带孩子，所以小明从3岁起就

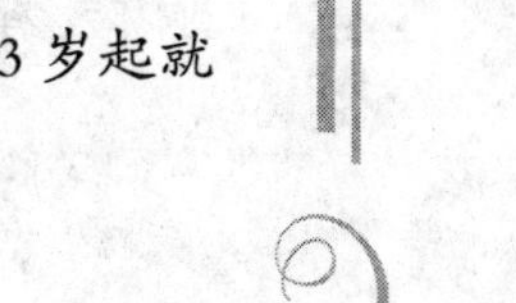

一直跟奶奶生活在一起。奶奶今年六十多了只有这一个孙子，所以对小明倍加疼爱。小明是老人心中的太阳，平时不管小明怎么任性，老人都倾其所能满足这个孙子，甚至为孩子推卸责任。

所有的孩子都爱玩，但都应有一定的限度。唯我独尊的小明玩起来却毫无节制，也没有人能管得住。上初中时，小明的心越来越野，整个学期都不做作业，到考试时就逃学。老师找到奶奶询问情况时，奶奶推说孩子没有来考试是因为孩子那天病了，正好去医院打针，一时着急没来得及和老师请假。

在外面玩时，小明看到别人大把大把花钱，心理很羡慕。虽然奶奶也会给他一些零用钱，但根本无法满足他金钱方面的需求。钱不够花了，小明想到去偷。刚开始偷同学的钱，老师发现了就找到小明的奶奶，奶奶却说小明的钱都是她给的，并不是他偷的。一天晚上，小明偷了一辆摩托车，卖了一千多块钱。当他把这些钱挥霍完后，又去偷车卖。就这样，小明在一个月的时间里偷了几辆摩托车。在他最后一次偷到一辆摩托车时，被民警逮了个正着。他被送进了劳教所劳教。

镜头二：公司同事王姐有个10岁的女儿，王姐和我说她这个女儿经常忘记带东西，因为这个事情她不得不为女儿开脱。女儿6岁的时候，有一次要去少年宫学画画，她提醒孩子不要忘记带画笔和彩墨。女儿随口答应着却不以为然，女儿到了少年宫门口发现自己忘记带画笔了，可是时间不允许她再跑回家取了，只好打电话给妈妈。妈妈此时正在上班的路上，又急匆匆地赶回家给女儿拿画笔。当王姐赶到学校的时候，老师已经讲了一半的课了，她向老师解释说，是自己上班着急，错把女儿的画笔装进了包里，所以给老师带来了困扰。

王姐说："本以为孩子小，长大后自然就改了，可是现在孩子已经10岁了，还是这样丢三落四的，一有事就打电话给我和她爸爸，一点长进都没有，这都是从小我为她推卸责任的结果。"

专家解析 ZHUANJIAJIEXI

现实生活中，孩子是家里的太阳，家长为了不让孩子心灵受打击，经常在孩子犯了错之后，找各种各样的理由为孩子推卸责任，甚至自己为孩子承担责任。这种做法不利于孩子的健康成长。

首先，俗话说："吃一堑，长一智。"每个孩子在成长过程中都需要经历这样一个过程，但是很多家长明知道孩子犯了错，还备加袒护，为孩子找理由开脱责任。这孩子虽然"吃了一堑"，却没有"长一智"，最终导致孩子不能正视错误，不敢勇于承担责任，逃避责任。

其次，家长应该知道，孩子因年纪小，智力和心理发展都不完全，所以犯错是在所难免的。但让我们费解的是，有些家长只是单纯地在事前提醒孩子，事后却做不到让孩子承担责任，还千方百计地找各种各样的理由为孩子开脱。结果不仅大人没有为孩子做一个好榜样，反而让孩子觉得很烦，下次该错还错，一点儿长进都没有。

出现这样的结果该怪谁呢？责任当然完全在于孩子家长。家长没有严格要求孩子，反而为孩子开脱甚至为孩子承担责任，孩子就会产生无所谓的心理。这种习惯一旦形成，孩子的性格就会随之形成，长大以后对所有的事情都会马马虎虎，做错事情没有勇气承担，最后导致一事无成。

家长不要为孩子据理力争，推卸责任。孩子的习惯是在父母的教育下养成的，父母不要为孩子代劳一切，要培养孩子勇于承担责任，鼓励孩子勇敢地面对困难和挫折。只有这样，孩子长大后才能出类拔萃，成为一名优秀的人才。

综上所述，家长应该很清楚地看到，据理力争、为孩子推卸责任对孩子的健康成长极其不利。所以家长要引以为戒，在现实生活中，家长要避免此问题出现，可以尝试如下做法。

1. 让孩子正视错误，及时改正

孩子由于自己粗心大意或者其他原因犯了错误，家长不要姑息，更不能为孩子推卸责任，要鼓励孩子正视错误，及时改正。

2. 不要插手孩子的事

家长让孩子自己做自己的事情，并明确告诉孩子出现什么后果都要自己负责。父母不要插手孩子的事情，就算出现什么错误，家长也不要承担责任，为孩子开脱。久而久之，孩子自然而然就养成了勇于承担责任的好习惯。

3. 培养孩子的责任意识

家长要在生活中锻炼孩子独立思考问题的能力，鼓励孩子面对困难和错误要勇于承担责任，让孩子能“吃一堑，长一智”。

14. 轻视孩子撒谎的问题

人的一生会经历许多的真真假假，很多孩子都会有说谎的行为，家长不要对孩子偶尔的撒谎掉以轻心，要千万注意孩子的这种不良行为。家长一旦发现这种现象要及时指正，寻找出孩子说谎的根源，为孩子播撒诚实的种子。否则，这种习惯一旦养成，对孩子将来的成长有百害而无一利。

情景案例 QINGJINGANLI

镜头一：威廉现在已经16岁了，可是他一直有爱说谎的习惯，经过老师苦口婆心的教导，他终于说出了他开始说谎的原因。

5 岁的时候，有一次我怒气冲冲地冲进妈妈的卧室，向妈妈抱怨说：“我不喜欢奶奶，我恨她！”妈妈听了大吃一惊，回答说：“不，威廉不恨奶奶，你是爱奶奶的，对吗？一家人是没有恨的。况且，奶奶很爱你，经常送你上学，给你买好吃的，还带你出去玩，你怎么能说出这么可怕的话呢？”

尽管妈妈这么说了，但是我还是坚持说：“不，我就是恨奶奶，我永远也不想再看见她了。”这下妈妈很生气，打了我。

我看见妈妈凶神恶煞的样子，哭着说：“我不恨奶奶，我很爱奶奶。”妈妈这回抱起我，说我是个好孩子。

从此以后，我知道了说谎可以让妈妈开心，长大后知道了说谎的习惯不好，但是习惯已经养成了，很难改正了。

镜头二：6 岁的江明打碎了妈妈送给他的一支新玩具手枪，他吓坏了，把碎片都藏在床底下。当妈妈打扫房间时发现残片时，就去问了江明几个问题，最后她没有追究孩子说谎。

妈妈：“你的新玩具手枪呢？”

江明：“在玩具房吧。”

妈妈：“我最近怎么没看见你玩它啊？”

江明：“那我也不知道它在哪里了。”

妈妈：“去找找，我想看看。”

江明：“可能手枪被隔壁小朋友偷走了。”

妈妈：……

妈妈觉得孩子很可爱，怕被惩罚不敢说出真相，自己也就睁一只眼闭一只眼好了，不要因为一个玩具把孩子吓到了，想到这里，又去忙自己的事情了。但是从这以后，孩子就经常撒谎。妈妈想管的时候已经晚了。

镜头三：一学生读小学时就说谎成习，甚至骗同学的零用钱。老师多次教育，都是徒劳无功。后来，老师和家长沟通得知，孩子之所以会说谎是妈妈惯的。从小孩 4 岁开始，做错事就经常说谎掩饰，出现这种事，

一般家长都不会与小孩儿斤斤计较。爸爸管教时，妈妈就说：“孩子还小，说点小谎有什么紧张的，长大自然就知道了。”没想到长大了开始诈骗了。

专家解析 ZHUANJIAJIEXI

孩子在成长过程中存在说谎的习惯是常见的。孩子说谎并不可怕，可怕的是家长对于孩子说谎置之不理，任其发展。家长要培养孩子诚实的品质，不要以为孩子偶尔说谎没关系，一旦孩子养成了习惯，家长就会后悔莫及。孩子为什么会说谎呢？主要体现在以下几个方面：

1. 说真话会受到惩罚

孩子用谎言去掩饰事实真相以求自保。拿上述实例分析，孩子在无意中损坏了玩具，就和家长撒谎说“不知道”或者“不是我”。当然，这些谎言是很容易被家长识破的，有些父母认为这样的谎言不值得追究，但一旦放过，孩子就可能逐渐形成说谎的恶习。

2. 用幻想来弥补现实生活的不足

孩子因幻想而形成说谎的习惯，家长不能掉以轻心。一旦发现孩子有这样的毛病，应及时加以制止，并给孩子改正的机会。家长不要责骂孩子，不当的责骂、惩罚会让孩子产生恐惧心理，使孩子闯了祸或者做错了事情不敢承认，又开始说谎。家长会防不胜防。

3. 为达成愿望说谎

孩子常常希望得到自己喜欢的东西，但由于孩子的智力和心理发育不完全，思维发展受限制，就会向家长说谎话希望达成自己的心愿。

孩子偶尔撒谎是一种恶习的开始，一个从小撒谎的孩子，长大了很难让他不撒谎。所以，对孩子偶尔撒谎的问题，教育是非常重要的。当孩子把撒谎作为一种逃避自己责任的方法时，在他的脑袋中会慢慢地建立起一条方便之路。之后，一旦他感到责任和压力时，或者想获得什么时，他就自然而然地撒谎。同时，会为自己找许多理由来说服自己和别

人，这是一种很深层的心理活动。一旦撒谎成为习惯，就非常难以改正。撒谎是变坏的开始，家长如不及时制止，会导致孩子从偶尔的撒谎走向犯错误的道路。

教子指南 JIAOZIZHINAN

1. 为孩子做榜样

家长在孩子面前任何时候都要说到做到，在孩子犯错误的时候，家长不要说“如果再犯就把你舌头割下来”。这本身就是一个谎言，即使孩子真的犯错家长也不会真的这么做。家长要杜绝孩子说谎话，首先要给孩子树立一个好榜样。

2. 给孩子安全感

孩子说了谎话，家长就会给予惩罚，但不当的惩罚只能让孩子缺乏安全感。家长要和孩子交流沟通，让孩子明白说谎是不对的，让孩子变得诚实起来。

3. 获得孩子的信任

家长需要做的是，在生活中做好孩子的思想工作，让孩子做一个真诚的人。让他们感觉到父母是最值得信任的人，即使做错了也愿意向父母坦承一切。

15. 向孩子轻许诺言却不兑现

常言说“一诺千金”，家长在教育孩子时，免不了会对孩子许诺。家长在许诺时，一定要考虑清楚自己能否实现诺言。如若不能实现，就不要随便向孩子许诺，乱开“空头支票”，否则会深深伤害孩子。家长

说到便要做到，如果做不到，便不要轻易向孩子许诺。许诺的分寸如果掌握不好，会适得其反，带来不良后果。

情景案例 QINGJINGANLI

镜头一：曾经有这样一个故事。一天，一位妈妈去赶集，儿子哭着闹着要跟去，妈妈便说："你听话在家里呆着，等妈妈回来杀猪炖肉给你吃。"儿子信以为真，不吵也不闹了，让妈妈走了。妈妈回来后，看见儿子乖乖地等她，也没在意，就去忙自己的事了。晚上吃饭的时候，儿子知道妈妈并没有给他炖肉吃，哭着说："妈妈骗人，以后再也不相信妈妈了。"

镜头二：中午吃饭时，儿子看见了上回给他买的一本书的封面上画着一个小朋友脖子上挂着一个哨子。他一直拿着那本书爱不释手，一直指着上面的哨子跟父母要。因为他在幼儿园看见其他小朋友吹过这种东西，也许那个时候他脑袋里已经有了这个念头。无论我们怎么岔开话题，他就是哭着喊着要。被他闹得没办法，我就随口说了一句："下次你考试考到一百分我就给你买，好不好？"他这才肯罢休。

事情过了很久，他再也没有和我们提起哨子的事情，我估计孩子忘了，也可能是再没看过那本书的缘故。一天孩子放学回来拿着一张考了一百分的试卷给我。我不喜欢孩子吹哨子，所以周末我带孩子去游乐园，玩旋转木马、激流勇进……希望以此让他忘记哨子的事。

一路上他倒是很兴奋，没想到刚踏进家门，他又想起哨子的事。我很生气就打了孩子。他哭着跑开了，从此以后我说什么他都不相信了。考试成绩也不断下滑。我现在很后悔自己当初这样教育孩子。

专家解析 ZHUANJIAJIEXI

许诺，是奖励孩子的一种方法，在教育孩子时能起到激励和促进的

作用，但如果掌握不好许诺的分寸，往往会适得其反，带来很多不良后果。因此，家长对孩子许诺一定考虑周到。在日常生活中，家长对孩子的许诺必须慎重、实际，能激起孩子产生奋发向上的动力，顺利达到家长期望的目的。家长在许诺前一定要慎重考虑。

家长言行不一致，不仅不能取信于孩子，更会影响孩子的一生。孩子从小耳濡目染自然而然会形成不诚实守信的坏习惯。许诺包括物质许诺和精神许诺。提醒家长的是不当的物质许诺，会滋长孩子虚荣心等不良习性。可尽量多地许诺可以让孩子进步的东西。如许诺给孩子买学习用品，带孩子去旅游等等，既能调动孩子学习的积极性，又能开阔孩子的视野。

现实生活中，许多家长为了激发孩子学习的动力或者让孩子做什么事，常常许诺孩子："如果你考到前几名就给你买什么，如果你做到怎样，我就答应你干什么。"孩子信以为真，为了家长这个许诺，努力去实现家长所期望的目标。有些家长会因为种种原因，无法实现自己的诺言，这样教育孩子将会对孩子产生以下不良影响：

首先，作为家长，如果孩子的表现很好，用自己的努力达到了期望目标，家长许诺给孩子适当的奖励，这样对孩子的身心健康有帮助，对学习有利。但是让家长应注意的是，一旦许诺给孩子奖励，就一定要说到做到，如果家长许诺以后无法兑现，就会让孩子对家长失去信任。

其次，大量事实表明，许多时候孩子和家长怄气，都是因为父母没有兑现诺言。孩子一般会说"爸爸（妈妈）骗人，我以后再也不会相信你们了"。父母面对这样的情况是否应该反思呢？笔者认为，家长不要为了一时让孩子不吵不闹，不论孩子提出什么要求，都照单全收。因为当诺言不能兑现时，孩子就会认为你说话不算数，渐渐模仿家长的这种行为，会养成说谎的恶习，长大后有可能走向欺诈的犯罪道路。

综上所述，我们很清楚地看到，家长随便向孩子许诺却不兑现，将

对孩子产生的不良影响。所以，家长应该注意这个问题。下面给出几点具体建议，以供家长们参考。

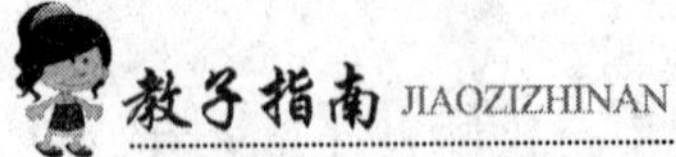

1. 讲原则

父母对孩子的许诺要适当，尽量把握好一个度。不该答应的事，一定要坚持原则，决不妥协。比如，孩子吃饭、穿衣等能自理的事情，帮家里做力所能及的家务，不能用来作为许诺给孩子的奖励。

2. 言而有信，说到做到

家长不能轻易向孩子许诺，考虑好了自己能否做到再许诺。一旦许诺做不到，不仅在孩子面前失去威信，更可能潜移默化地影响孩子的健康成长。

3. 适当地向孩子道歉

家长很可能由于工作或者其他种种原因不能实现诺言，这时候家长应该主动向孩子说明情况，勇于承认错误，向孩子道歉，告诉孩子一有机会马上兑现。孩子会谅解父母，也让家长保住了自己的威信。

16. 忽视孩子高傲的性情

一位伟人曾经说过："绝不要陷于骄傲。因为一骄傲，你们就会在应该同意的场合固执起来；因为一骄傲，你们就会丧失客观方面的准绳。"可见，恃才傲物，不懂谦虚谨慎，一味地骄傲自大要不得。

情景案例 QINGJINGANLI

镜头一：菲菲是个很聪明的孩子，由于接受能力强，经常受到老师的夸奖。得到夸奖后，她总是“翘起尾巴”在同学面前炫耀。有一天，在英语小测试中，全班只有菲菲一个人得了100分，还有几个同学考了一位数。老师在课堂上表扬了她，让大家向菲菲学习，同时，老师也批评了几个低分的同学，让他们课余的时候找菲菲帮忙补习。课后，菲菲就向班里同学炫耀自己的成绩多么的好，还取笑那几个考得不好的同学，当着全班同学的面说他们笨。久而久之，同学们都很不喜欢和她来往，也不喜欢和她在一起玩了，菲菲感觉到越来越孤独。

镜头二：中国一位著名的冒险家有这样一段冒险经历：

这天，天气非常恶劣，海上波涛汹涌，两艘大船依旧在海上行驶。夜幕降临之际，乌云密布，能见度极差，因此船长也在关注着船行驶的情况。天黑后不久，船一翼的哨兵报告说：“灯光！在船首右前方位。”“那是行驶的船还是不动的灯塔？”船长喊道。监视哨兵回答：“移动的，船长。”这意味着我们与那条船处在危险的同一航线上。于是，船长对信号兵喊道：“发信号给对面那条与我们处在同一航线上的船。请他们将航向转30度！”信号返回来了：“还是你转30度为好。”船长说：“发信号，我是船长，请转30度。”“我是一名一级水手，”对方发回信号说，“你最好转30度。”此时的船长暴跳如雷，他怒气冲冲地说：“发信号，我是战舰，将航线转30度。”闪烁着的灯光不一会儿返了回来：“我是灯塔。”于是，我们将航向转了30度……

专家解析 ZHUANJIAJIEXI

在现实生活中，家长的过分宠爱是导致孩子恃才傲物的根本原因。如今的孩子都是独生子女，被爸爸、妈妈、爷爷、奶奶视为掌上明珠、

家里的小太阳。不管孩子想要什么，家里人都会想方设法满足，就算孩子要天上的星星，家长都会想方设法为孩子摘到。孩子所有的事情，家长都会安排得妥妥帖帖的。不管孩子做什么，家长都会给予表扬。孩子从小就没有受到过批评，就像一个小皇帝。在这种环境下长大的孩子养成了以自我为中心的习性，恃才傲物，不懂得谦虚谨慎，总以为自己是最棒的。其实这样的孩子走出家庭只不过是一只井底之蛙。孩子不懂谦虚谨慎，恃才傲物会导致以下后果：

1. 孤芳自赏，停滞不前

孩子的认知水平受年龄限制，取得一点成绩就沾沾自喜，自以为很了不起，不懂得人外有人、天外有天的道理。爱夸大自己的成绩，得到赞赏就心花怒放，把所有人都不放在眼里，唯我独尊。孩子一旦萌生这种恃才傲物的心理，就会整天沉浸在自己眼前的成绩中，孤芳自赏，自我满足，最后导致停滞不前。

2. 和同学之间的关系疏远

有些孩子取得一点点成绩以后，就会沾沾自喜、目中无人，在别人面前炫耀自己。孩子这样做会让身边的同学产生反感，渐渐地疏远他，最终孩子会脱离群体。

3. 走向社会后处处碰壁

每个孩子都有自己的理想和抱负。孩子眼中的理想和抱负只是单纯的“出人头地”，在这种思想的驱使下，孩子从小就会产生目空一切的心理，不把任何人放在眼里，没有平凡意识。这样的孩子只看到自己的优点，看不到别人的长处，取得一点成绩就会在别人面前耀武扬威。一旦走向社会，就会处处碰壁。

综上所述，家长要关注孩子的这个毛病，及时帮助孩子改正这个坏毛病，让孩子健康地成长。家长可以从以下几方面做起。

1.培养孩子的平凡意识

家长要培养孩子的平凡意识，这样孩子能更好地给自己定位，能认识到人与人是平等的。长大以后，孩子能在社会中与人相处融洽。告诉孩子平凡并不代表平庸无为，在生活中以平凡的心态去对待每件事，一步一个脚印地走向成功。

2.教育孩子“人外有人，天外有天”

家长时时刻刻注意提醒孩子不能只看到自己的长处。教孩子发现别人的长处的同时，孩子就能看清·自己的短处。学习他人的长处，让他明白世界的博大和自己的渺小，使孩子在不知不觉中提升自己。

3.适度地打击

如果家长发现孩子有恃才傲物、不懂谦虚的习惯，就要给予适度的打击。在肯定孩子成绩的同时，让他明白相比之下还存在不足之处，告诉孩子只有谦虚才能进步。

4.委婉地批评

家长指出孩子恃才傲物缺点，要委婉地批评，语气不能太过强硬，方法要得当。

17.纵容孩子以牙还牙

当今社会独生子女家庭越来越普遍。家长对子女是备加呵护，生怕孩子受委屈。有很多家长给孩子灌输一种绝对不能吃亏的思想，说白了就是“别人打你一拳，你就要踢他一脚”、“做事就要有回报”。在这种思想的熏染下，孩子就会变得斤斤计较，挑三拣四，很难与人相处，在集体中无法生存，最终被社会淘汰。

情景案例 QINGJINGANLI

镜头一：有一个企业老板，膝下有一子，老板本身就是个吝啬鬼，经常找各种理由扣员工的工资，与巴尔扎克笔下的葛朗台相比有过之而无不及。他还一直给孩子灌输绝对不能吃亏的思想，孩子一直谨记父亲的“教诲”。有一天，儿子在放学的路上和同伴一起疯闹，一个小伙伴趁他没注意打了他一下就跑，老板儿子脑袋里立即冒出了父亲的“教诲”，立即向那个孩子追去。那个孩子回头看见他紧追不舍，更加拼命地向前跑，眼看到了河边没有去路了，小家伙看见旁边有草丛，灵机一动就躲了起来。可是老板的儿子只顾着往前跑，没看见前面的河流，一不小心掉到了河里。等到被人救起的时候，孩子已经没救了，老板看见儿子尸体的时候后悔莫及。

镜头二：一个13岁的男孩，在自己家的院子里踢足球，一不小心球飞过了院墙砸碎了邻居家的玻璃。邻居闻声出来看见玻璃碎了，拉着这个孩子要求照价赔偿。孩子回家和父亲要钱，父亲不问原因就去和邻居理论，在一番争吵之后，邻居自认倒霉。回到家里，父亲对孩子说，绝对不能让自己吃亏，孩子牢记父亲的“教诲”，自此以后孩子经常故意破坏别人的东西。长大后孩子因为毁坏公共财物被判了刑。

专家解析 ZHUANJIAJIEXI

可能大家都听过，也可能说过这样教育孩子的话：“在外面和别的孩子打架，绝对不能吃亏，你要是把别人打坏了，爸爸给你赔钱，还奖励你，给你买好吃的。如果别人把你打了，回来我还修理你！”小孩子经常喜欢一起疯闹，偶尔产生点小摩擦，甚至发生打架是很正常的事情，有时候孩子被同伴欺负了，受了委屈，家长会说“他打你，你怎么不打他呢，你比他长得壮，怎么能打不过他呢？”

那么家长为什么要给孩子灌输不吃亏思想呢？具体原因有以下几点：

1. 家长担心子女利益受损

在上世纪60~70年代，孩子是在传统道德观念教育下成长的。如今，这些孩子已为人父母，在他们亲身经历中，感受到的恰恰是“谦让”、“不怕吃亏”。继续那样处事，在当今社会里就可能被人欺负，甚至连自身最基本的利益都得不到保障。尤其是在如此注重物质利益的年代，他们更不希望自己的孩子重蹈覆辙。因此，根据自己的经验教训，他们教育孩子绝对不能吃亏。

2. 害怕孩子受委屈

现在每家的孩子都是父母手心里的宝，很多家长教育孩子被欺负时要以牙还牙。做父母的爱子心切，不能容忍孩子受半点儿委屈，而且习惯用成人的思维去考虑问题，眼睛只盯在不吃亏上面，认为这就是保护，这就是爱。

3. 贫穷导致的结果

从心理学的角度去分析，那些处处想占小便宜的人可能本身经济条件很差，在生活中受穷。即使有些人并没有受过太多物质层面的穷，他们也有可能在心理层面上“受过穷”。

由以上原因可以看出，家长疼爱孩子，不愿意他们受委屈，就会不经意地给孩子灌输这种思想。这种思想会给孩子的成长带来以下不良后果：

1. 斤斤计较

给孩子灌输绝对不能吃亏的思想，容易导致孩子变得斤斤计较，挑肥拣瘦，自私自利。这样的孩子在和同伴一起玩的时候，就会总想着自己多玩几次，不顾同伴的感受。一旦自己的愿望没达成，就会发生口角，甚至挑起事端。本来可以玩得很开心，由于孩子这种不吃亏的思想作怪，大家常常不欢而散。

2. 孤独无助

给孩子灌输绝对不能吃亏的思想，会使孩子变得孤独。现在孩子越来越少，只有到学校里才能找到同龄的玩伴。同龄人有共同语言，甚至共同的喜好。他们在一起可以相互学习，共同进步。但是受不吃亏的思想影响的孩子不能和大家一起分享自己的优点和乐趣，没有人愿意和这样的孩子一起玩，从而受到排斥，很难融入集体。这样的孩子在家里是孤独的，在学校里也只能感受孤独。

3. 难以立足

给孩子灌输不绝对不吃亏的思想，使孩子难以走向社会。现在社会需要的人才是具有奉献精神的，孩子经常受不吃亏思想的影响，长大后会只讲索取和回报，不懂得奉献，在社会上难以立足。

教子指南 JIAOZIZHINAN

1. 鼓励孩子参加献爱心活动

社会上有很多贫困的山区的孩子上不了学，有很多人组织向灾区、困难地区献爱心活动。家长适当鼓励孩子参加这样的活动，让孩子将自己的文具、不用的书本、玩具、零花钱捐献给灾区的孩子。家长也可以鼓励孩子义务去敬老院帮助孤寡老人打扫卫生。

2. 让孩子做一些力所能及的事

在日常生活中，让孩子做一些力所能及的家务。孩子在劳动的过程中会明白家长的辛苦，懂得关心家人。将来走向社会也很容易与人相处，自然而然地融入社会。

3. 教孩子助人为乐

在孩子成长的过程中，教导孩子在公共汽车上看见老人主动让座，在学习、生活中同学有困难要及时伸出援助之手，协助老师为班级做一些力所能及的事。

18. 不分场合伤害孩子自尊心

孩子不听话，家长难免会生气。有些父母常常以居高临下的态度，不分场合地责备孩子。孩子虽然小，但是他们也是有思想、有尊严的。家长的这种不分场合的责备让孩子的缺点在众目睽睽下暴露无遗，让孩子无地自容。这种做法不仅严重伤害了孩子的自尊心，甚至让孩子产生报复心理。

情景案例 QINGJINGANLI

镜头一：1998 年 4 月 4 日，黑龙江省牡丹江市公安局接到报警，李某夫妇于家中被杀害。公安机关经过调查走访，于 4 月 5 日逮捕杀人凶手牡丹江市第五中学初三学生李佳（化名）。

李佳于 1982 年 6 月 18 日出生。坐在审讯室里的他，沉默寡言，文文静静。他对杀死自己父母供认不讳，令所有在场的人震惊不已。

“4 月 1 日那天，我们学校考试，三天后，也就是 4 月 4 日学校公布成绩并开家长会，我学习不好，成绩自然让爸爸妈妈不满意。家长会刚开完，妈妈就劈头盖脸地骂我，还当着老师的面说我永远不会有出息，在场的同学都在嘲笑我。他们讽刺的目光让我无地自容，回到家后我就到菜市场买了一把刀，想自杀就永远解脱了。但我又想死之前看看大海再自杀。晚上 7 点多钟，我妈从外面回来，看我那个样子，就开始说我学习成绩不好，给她丢人了，让她没面子，在同事面前抬不起头。我什么也没说，紧接着我进了厨房，妈妈又跟到厨房，还是和我说今天学校里的事情，还说得让我爸爸明天去找老师，让老师好好管教我。我怕爸爸也和妈妈一样在同学老师面前说我，甚至打我，就从厨房抽出刚买回来的刀，捅了我妈一刀，我怕她不死，就接连又捅了几刀，然后把她的

尸体拖到阳台上，用被子盖好，擦干净地上的血迹。晚上快12点钟的时候，我爸从外面回来，问我妈去哪里了。我骗他说还没有回来。后来他到厨房吃饭，我怕杀我妈的事让他发现，就跟在我爸后面假装去喝水，趁我爸不注意我就抽出刀没命地向我爸连捅了几刀，我爸就这样倒下了……”

据事后了解，初一时，李佳的成绩在班里排前几名，初二就滑到五十多名。李佳说，他成绩下滑的根本原因就是因为父母经常在开家长会的时候不顾及他的面子责备他。每逢考试成绩不好，妈妈说他时越说越生气，甚至会给他几下。李佳的妈妈经常为了自己的面子在同事面前责骂孩子，贬低孩子。据李佳说，有一次她听老师们在一起说，初三只有考到前三十名才有希望考重点，妈妈回来就对李佳大发脾气……在李佳看来，他在同学老师面前已经没有面子，在家长眼里已经没有尊严，没有出路，只有死路一条了。

镜头二：一天下午，班内学生吴某因为上课时将学校里的乒乓球台掀翻砸伤了同学，放学后被老师留下来谈心。老师本想好好对他进行思想教育，但谈心时发现他神色恍惚甚至紧张得坐立不安，老师以为孩子知错了就让他回家，但他回到教室后却趴在桌上哭了起来。老师原以为他是被老师批评后感到忏悔而哭的，经老师再三追问，才知道他是害怕回家，怕回家挨打。还没等老师劝慰几句，孩子的父亲就从教室外气冲冲地跑过来，“啪”的一巴掌落在孩子的脸上，顿时孩子脸上就出现了一座“五指山”。老师赶紧阻拦家长，他便对孩子破口大骂：“生了这么不争气个儿子，看我回去怎么收拾你！”老师赶紧让家长消消气，做他思想工作，劝说家长不该不分场合地教育孩子。

专家解析 ZHUANJIAJIEXI

从上述案例中我们可以看出，中国经受了几千年封建社会的洗礼，

三纲五常的思想根深蒂固，父为子纲的观念深深地根植在人们头脑中。主要表现在，父母的话就是圣旨，孩子就得无条件遵从。孩子稍有申辩、解释就被视为大逆不道。所以出现了家长为了顾及面子不分场合地斥责孩子。家长这样做会给孩子的健康成长带来哪些不良影响呢？下面给予具体分析。

1. 伤害了孩子的自尊心

有些家长经常为顾及自己的面子这样教育孩子“不要再解释了”,“你还有什么理由”，“就你这样一辈子都看不见后脑勺”……诸如此类的话不胜枚举。家长在说这些话的时候毫不顾及孩子的感受，即使孩子委屈得哭起来，家长还要继续责骂说：“哭！哭！哭！就知道哭！”家长这样不分场合地责备孩子，深深地伤害了孩子的自尊心。

2. 亲子矛盾激化

当孩子在学校犯了错误，有些家长会因自己的面子而不顾及孩子的感受，当着老师和同学的面羞辱孩子。家长的这种做法，不仅会使亲子关系恶化，甚至会让孩子因仇恨而导致反抗。

由此可以看出，家长为了自己的面子羞辱孩子的做法是不对的。鉴于以上严重后果，家长要避免此类问题产生，就要做到以下几点。

教子指南 JIAOZIZHINAN

1. 放下大人的尊严，看清场合

家长批评孩子没有错，但是要看清场合，这样的批评教育才能有的放矢，达到效果。否则孩子的自尊心是很脆弱的，一旦受伤将无法弥补。

2. 语言沟通

家长应当保持冷静的态度和孩子讲道理，让孩子在被教育的过程中知道哪里错了，学会分辨是非，知道哪里是好的，哪里是坏的。

19. 对孩子贪小便宜的毛病不加纠正

在生活中，有些人爱占小便宜，不想吃亏。爱贪图小便宜的人在心理上都有较强烈的占有欲望，这种占有欲望在每得到一次小便宜的时候便会产生一定的满足感。

情景案例 QINGJINGANLI

镜头一：前几天碰巧遇见一位朋友，聊着聊着就谈到了孩子的问题上，他颇为感慨地和我讲述了这样一件事：

几年前他带儿子去逛超市买东西，恰巧碰到了他以前的一位邻居也带着孩子在超市，大人聊天时，邻居的孩子走到糖果旁拿起一袋撕开就吃，就像在自己家里一样，这位邻居看见了，不但没加以制止还对孩子说："快吃，别被服务员看见了。"朋友的孩子见状，也要吃，被爸爸喝住了，他告诉孩子，没有付钱的东西不是自己的，不能吃，要吃就要先付钱。孩子将糖果放进了购物篮。出了超市，孩子开心地吃起了糖果。

邻居的孩子习惯占小便宜，听说动不动就带东西回家，邻居从来没有管束。大了就去偷——好听点叫拿，想管也管不住了。听说前几天因偷盗被抓了，朋友感慨道，贪小便宜付出的代价太大了！

镜头二：18岁的陈虹以优异的成绩考上了一所名牌大学，她不仅拥有优雅靓丽的外表，还拥有优越的家庭条件。在政府机关工作的父母对她倍加疼爱，但是大学的集体生活让她不适应。主要是因为同学都说她爱贪小便宜。

有一次，陈虹让同学帮她买一箱牛奶，价钱75元。回来时，她递给同学一张100元，同学把剩下的钱找给她，她接过钱发现其中一张是5元的，一张是10元的，还有一张是50元的。显然同学粗心看错了。

陈虹赶紧把钱放进了口袋，装作若无其事地离开了寝室。

久而久之，同学都不愿意接近她，没人愿意和她相处，无奈之下，她一个人搬出了寝室……

镜头三：今年13岁的少年小林是江苏省东海县曲阳乡人。由于其父母年迈，家庭贫困，自小他父母认为占点小便宜无所谓。为了上网、吃喝玩乐，小林从8岁开始就经常偷拿家里的钱。小学六年级辍学后，他为了满足吃喝玩乐的欲望，一步步滑向罪恶的泥潭。2004年8月中旬的一天，某电视台播放了一桩绑架勒索案，绑架者绑架并杀害一个有钱人家的孩子，敲诈勒索赎金19万美金。这则案例给小林带来了“灵感”，为了搞钱，他开始盘算着如何绑架杀害同村的小伙伴小龙，向他的父母勒索赎金。

同年9月6日，小林用欺骗的手法将小龙骗到村西杨树林，用一根旧拉链绞勒小龙颈部致其窒息死亡，并就地挖坑埋尸，然后携带小龙的部分衣裤离开，并向小龙的父母实施了敲诈。最终被公安机关捉拿归案，受到了法律的严惩。

专家解析 ZHUANJIAJIEXI

从上述案例中我们可以看出，家长认为孩子占小便宜无所谓的观念会给孩子成长带来很多不良影响，具体表现在以下几个方面：

首先，它会影响与朋友、同事、亲戚及周围的人的相互关系。与人相处，总想占别人的便宜，久而久之，必然会引起别人的警惕和反感，失去同事、亲友的信任。也就会使自己的生活失去光明和欢乐。

其次，现在家庭的生活条件越来越好，孩子是家长的掌上明珠，孩子从一出生，就要什么有什么。自然而然就形成了这样一种心理——“我喜欢的就是我的”，所以不管是不是自己的东西，喜欢就拿。对于孩子这种爱占小便宜的行为，家长不能任其发展，坐视不理。一旦形成习惯，

将来会导致孩子产生犯罪心理，贻误终身。

最后，如孩子从小就有爱占小便宜的习惯，看见其他小朋友有什么好吃的、好玩的就想据为己有，经常把东西拿回家，家长知道了也不闻不问，有时甚至还鼓励孩子很能干，为家里省了很多钱，等这孩子长大后胆子就更大了，开始偷东西，结果家长想管却管不了。如果孩子犯罪被判刑劳改，家长后悔莫及，也耽误了孩子前途。

综上所述，家长要重视孩子爱占小便宜这个坏毛病。俗话说得好，“小洞不补，大了需要一丈五”。这句话的意思是说，知道有小错误不及时纠正，错误严重了就很难再改正了。占小便宜是一种不良习惯，占小便宜就是铸成大错的开始，所以家长必须予以重视，及时帮助孩子改正占小便宜的坏习惯。下面笔者将给出几点具体建议以供参考。

教子指南 JIAOZIZHINAN

1. 正面教育

发现孩子有爱贪便宜的毛病，家长决不能迁就，更不能姑息。应施加适当的压力，使孩子受到教育。如果家长坐视不理，孩子尝到了甜头，后果将不堪设想。

2. 以身作则

家长在日常生活中要时时注意自己的言谈举止，处处给孩子做出榜样。孩子由于心智发展不完全，自制能力较差，难以抵制新鲜事物的诱惑，家长面对这样的情况要多关心孩子，发现孩子有爱贪小便宜的毛病要及时帮助改正，姑息迁就就是变相支持。

3. 教导孩子不是自己的东西不伸手

家长要经常教育孩子明辨是非，不属于自己的东西不要拿，随便拿人家东西是可耻的。家长要让孩子明白，从小就做一个诚实正直的人。每天抽出时间和孩子接触，了解孩子的性格特点，孩子的合理要求家长

尽量满足，对于孩子不合理的要求，家长要和孩子讲清道理，让孩子明白。并经常在思想上严格要求孩子，在生活上给予关心。

20. 怕影响学习，不支持孩子为集体服务

马克思说："人是社会的产物。"人是生活在社会这个大集体中的，个人与所在的集体有着密不可分的联系，人不能脱离社会集体单独生存。每个公民都在不断享受着集体或他人所给予的利益，作为集体中的一员，我们应该教育孩子热爱集体，从小培养他们的集体主义精神。缺乏集体主义观念的孩子会变得自私，甚至导致更严重的后果。

情景案例 QINGJINGANLI

初一刚刚开学，班集体刚刚组建，同学之间不太熟悉，班主任王老师决定暂时指定新任班队干部，月末再进行民主选举。鑫鑫因为成绩很好，做事能力又强，便被王老师任命为班长。哪知没过几天，就有几个同学陆续到他这儿来告鑫鑫的状，有的说鑫鑫不讲信用，有的说鑫鑫不负责任等等。王老师以为是他们嫉妒鑫鑫，便没有放在心上。谁知在月末选举会上，所有同学都对鑫鑫的工作提出异议，只有两名同学投他的票，鑫鑫落选了。王老师很奇怪：为什么自己眼里有能力的鑫鑫会让大家有这么大的意见呢？他找了几名同学开个座谈会，了解基本情况。

静静首先发言："鑫鑫不负责任。他是班长，应该以身作则，组织其他班干部一起管理班级，可他从来没有。上周轮到我们这一组值周打扫卫生，大家放学后都自动留下来了，他倒好，一个人先溜了。"

"是啊！鑫鑫就是这样。星期天，我们爱心小队要到孤儿院去劳动，

说好7点集合，可他却7∶30才到。”冬冬接着说，“鑫鑫干活也很不认真，那天，就数他擦的玻璃最不干净！”

“鑫鑫在家是个‘小皇帝、小太阳’，他的爸爸妈妈特别宠他。什么事也不让他做。他衣来伸手，饭来张口。其实，鑫鑫自己不想做中队长。他常说妈妈教育他把自己学习成绩搞好就行了，当干部很累。”

“就是，上星期三下午，您去开会了，不在班里。小乐和张强发生了一些小矛盾，他们去找鑫鑫评理。鑫鑫却不理他们，说什么‘这和我没有关系，我才懒得管你们呢。’把小乐都气哭了！”

孩子们的发言让班主任老师陷入了沉思。看来，鑫鑫这个班长没有尽职尽责，所以才引起同学的纷纷不满。他为什么会这样？王老师决定去找他的父母谈谈。

刚踏进鑫鑫家门，班主任还未说明来意，鑫鑫的妈妈就唠叨起来了：“老师啊，听说我们家鑫鑫不当班长了？这太好了。就是不能让孩子当干部，我早就告诉他不要做什么班干部了，自己学习都忙不过来呢！当个班长，又要做这又要做那的，太麻烦了！不瞒老师说，我们家鑫鑫在家里面什么事都没做过。就连小学时的学校劳动，都是他爸爸帮他去做的。”

“当班长，能提高孩子的组织协调能力，也是一种锻炼。”老师想向鑫鑫的母亲解释一下。

谁知，话才说出口，就被鑫鑫的妈妈打断了：“孩子还小，读好书就行了，其他的长大了自然就知道怎么做了，现在要求不能太高，不能让孩子想太多。”

“那当时，为什么鑫鑫不找我辞掉班长的职务呢？”

“嘿。不瞒您说，我早就让他和您说的，可是鑫鑫就是不愿意，我就不让他去管班里的事情，这样自然而然孩子就不会太辛苦了。”

班主任听了，无可奈何地摇了摇头。

专家解析 ZHUANJIAJIEXI

当孩子被选为班干部高高兴兴地回到家向家长报喜时，有些父母不但不支持，反而认为孩子当了班干部会有负担，班级里的琐事会影响孩子的学习成绩。于是对孩子说："班干部谁愿意当谁当，咱不干那傻事，把学习搞好了就行，明天上学和老师说不干了。"孩子会很困惑，同学们都争着当班干部，这是老师、同学对他的信任，可是父母为什么要反对？持这种认识的家长并不少见。家长的这种做法将给孩子带来以下不良影响：

首先，当选班干部的学生学习成绩都很好，但是越是成绩好的孩子，家长往往越是不想让孩子当班干部，怕影响孩子的学习，并向孩子灌输这种观点。久而久之，孩子的集体意识淡薄，逐渐脱离集体。

其次，家长经常给孩子灌输关心集体会影响学习的思想，会让孩子产生自私自利的心理，长大以后不管做什么事都从自己的利益出发。这样的性格特点不仅不利于与他人正常沟通交往，也将影响孩子在社会上生存。

培养孩子的集体主义观念对孩子的成长是十分必要的，随着孩子年龄的增长，融入社会是成长的必然趋势，具有集体主义观念的孩子可以在社会中如鱼得水，而缺乏集体主义观念的孩子将很难在社会立足。

教子指南 JIAOZIZHINAN

1. 要首先培养孩子关心家庭这个集体

家庭是一个小的集体，家长要经常引导孩子关心家里的每个成员，为孩子能融入到社会大家庭打基础。

2. 鼓励孩子做班干部

鼓励孩子做班干部，关心同学，关心集体利益，维护集体荣誉。经

常询问学校的状况，教孩子在同学遇到困难的时候主动给予帮助。

3. 给孩子讲历史故事

给孩子讲中国五千年的文明史，讲爱国故事和祖国建设中模范人物的先进事迹，培养孩子热爱祖国热爱集体的优良品质。

21. 听任孩子背后议论人

一些孩子在某一方面不如人的时候，或者看见什么自己觊觎的东西得不到而别人却拥有的时候，也许会产生嫉妒心理，在背后议论人，说人闲话。孩子的这种行为不仅会给被议论者造成伤害，还会对孩子自身人格的形成和健康成长产生不利影响。

情景案例 QINGJINGANLI

镜头一：小丽是一个活泼可爱的女孩，她和其他同学的关系相处得不好，出现这种现象的原因是她经常在背后说同学的闲话。比如，她经常对王燕说："姜晓晓带那么好的发夹，谁不知道她妈妈是个清洁工！"对姜晓晓说："梁刚的作文写得真差劲，无病呻吟。"对吴娜说："叶子是她现在的父母从孤儿院里领养出来的。彭兵最坏了，我亲眼看见他偷别人的东西。"她经常这样做，话都传开了，班里的同学都知道她有这个毛病，没人喜欢和她交往。她现在变得越来越孤独，一个好朋友都没有。

镜头二：小A的学习成绩很好，和班级里同学的关系也处得很好。同学有什么难题他都会主动帮忙解决，理所当然很受欢迎。小B和小A是同桌，整天沉默寡言的，不善交谈，但是最近，小B和班里的一个同学特别谈得来。小B经常和这个同学说小A的坏话，说小A的好成绩

是靠作弊得来的，根本就不是自己的真本事，还说小A有很多坏毛病。没有不透风的墙，没过多久，小A隐隐听说了这件事，也有很多同学捕风捉影，开始议论小A。小A此时非常生气，实在受不了小B在背后讲他这些坏话。一天晚上放学，小A在校门口等着小B，此时小B并不在意，没想到一向助人为乐的小A竟然会找他理论。两个孩子在大门口理论半天，没有结果，最终两人大打出手，两人双双受伤住进了医院。

镜头三：一天，18岁男孩小李路过同学张某家时，看到只有张一人在家。想到自己每次来张某家，小张就经常骂他，还在背后说他坏话，他顿起杀心。他敲门进入张家，趁小张不备，从小张家的厨房里取出杀猪刀猛扎小张的背部，又从院内取来铁锹、啤酒瓶砸她的头，后用电线勒小张的颈部，使小张最终窒息死亡。

专家解析 ZHUANJIAJIEXI

一些家长溺爱孩子，并不在意孩子的一些小毛病，也可能是家长本身就有爱说东家长、西家短的坏毛病，孩子耳濡目染，自然养成了爱在背后说别人闲话的坏毛病。孩子从小养成了这个毛病，会对孩子产生哪些不良影响呢？

首先，当一个孩子在背后说别人闲话时，他所谈论的重点其实不在那个人身上，而是暴露了他自己的人格特质——他是一个好批评及喜欢在人背后说闲话的人。这样，在家长眼里的乖孩子在别人眼里就会是一个爱说三道四的小大人。

其次，孩子在学校的时间较多，与同学相处时间较长，同学是他最熟悉的小伙伴。因此，每个孩子对自己的同学都会有一些这样或那样的评价，这是一种正常现象。但是，由于孩子年龄小，他们的自觉意识正在发展之中，对别人的评价往往会有片面性。孩子在背后议论别人，若家长不加以制止，那么没有人愿意和这样的孩子玩，同学会渐渐地疏远

他，孩子也会因此失去朋友，变得孤独寂寞，对孩子的健康成长有严重的影响。

再次，如果家长放纵孩子在背后说别人闲话，不加以正确引导，长期任“言论自由”，那么孩子在成长过程中就会由于缺乏有效的教育机制和正确引导而成为一个令人讨厌的人。

最后，孩子经常在背后说人闲话，一旦传到被谈论的同学耳朵里，不仅对被议论的同学造成伤害，而且双方因此引起争执，会导致双方都受到伤害，甚至发生过激的事端，从上述实例中我们不难看出。所以家长不应该放纵孩子在背后说闲话。

综上所述，我们可以很清楚地看出放纵孩子在背后说闲话的严重后果。那么家长面对这一问题该如何解决呢？下面给出几点具体建议以供参考。

教子指南 JIAOZIZHINAN

1. 当家长发现孩子在背后说别人闲话时，要立即制止并进行教育

家长要告诉孩子不能这样做的理由，并让孩子认识到说别人闲话是不道德的行为。千万不要听之任之，放任不管。

2. 帮助孩子认识在背后说别人闲话是一种不良行为

家长要告诫孩子这种行为是不利于人与人之间的情感沟通，也不利于同学之间和睦相处的，所以必须改掉这个毛病。帮助孩子学会自省，自我检讨。

3. 家长要树立一个好榜样

家长要以身作则，为孩子树立一个好榜样，不要在孩子面前说别人的闲话，不在孩子面前议论别人的是非、好坏，或者是说一些不负责任的话。否则，孩子就会盲目模仿，错误地认为说别人的闲话是一件正常的事情。

第三章　忽视孩子创新意识的培养
——在创新方面的教子误区

很多孩子从小就喜欢质疑、发问，喜欢恶作剧，甚至有破坏行为，其实这就是孩子创造力的萌芽。如果家长对此限制过多就会导致孩子长大后缺乏创新意识。在这个竞争激烈的社会中，创新能力是一个人独立生存的基础，如果家长忽视了培养孩子的创新能力，那么孩子将会在激烈的社会竞争中被淘汰。

22. 不能正确引导孩子偶像心理

很多孩子因为崇拜偶像而学习他们的一言一行。很多家长会因为孩子的行为而震怒，却不去考虑孩子的心理，不加以正确的引导，对孩子一味地禁止，这会导致孩子产生逆反心理。

情景案例 QINGJINGANLI

思远做完作业，刚想把作业本装进书包里，突然“啪”的一声，什么东西掉在了地上。思远刚要弯腰去捡，坐在旁边沙发上看报纸的爸爸眼疾手快，已经抢先拿到了手里。爸爸仔细一看，脸色立刻大变：“烟？

好小子，你行啊，还学会抽烟了！”思远看了爸爸一眼，满不在乎地说：“这有什么大惊小怪的呀。你是不看现在流行的大片，那里面有个老大，特牛、特威风，天下简直没有他干不了的事情、没有他制不服的坏人。我对他崇拜极了！他就整天叼一支大雪茄，连和坏人对打的时候都叼着，那样子酷得不得了！”思远根本没有注意爸爸的脸色已经越来越难看了，还继续绘声绘色又略带遗憾地说：“唉，我是买不起雪茄呀！只能用这普通香烟代替了。等我以后自己赚了钱，我就……”

“啪”的一声，一记响亮的耳光打在思远的脸上，思远的脸上立马出现了一座“五指山”。此时的爸爸怒目圆睁，用手指着思远的鼻子，大声呵斥道：“什么狗屁老大，简直就是一个流氓无赖，你学习学不好，学这些乌七八糟的东西倒快得很。他叼雪茄，你就跟着学叼烟卷？如果他杀人放火呢，你是不是也想跟着学？”爸爸越说越生气，犹如火山爆发一样，抡圆了胳膊又是一耳光：“我让你不学好！今天你要是不主动认错，不保证以后再也不抽烟了，我就打死你，当没养过你这个儿子！”

思远捂着脸，眼泪在眼圈里打转，但是他咬着牙，瞪大眼睛看着爸爸，显示出一脸不服气的样子。

思远一副视死如归的样子，终于忍不住了，对爸爸大喊：“他就是我的偶像，我就是崇拜他！你打吧，就算你今天打死我，我也不会改主意的！”

专家解析 ZHUANJIAJIEXI

从上述案例中我们不难看出，家长的这种做法不但没有起到教育孩子的作用，反而让孩子产生怨恨心理。孩子小，心中有崇拜偶像是很正常的。很多孩子崇拜歌星、影星，也有很多孩子崇拜诗人、画家、作家等等。其实崇拜偶像也不一定是坏事，跟着好人学好人，如果他们崇拜的偶像是一些有知识、有学问、有理想的人，那么这还能促进孩子的积极主动性。他们时常愿意模仿偶像的行为，这些都是青春期孩子的正常生理、心理

特征。如果家长不能正确看待孩子的这种行为，盲目阻止孩子的偶像情结，会带来以下不良影响：

第一，孩子崇拜偶像，是在成长过程中的一种心理需要。孩子的崇拜可能只是简单地模仿，也许在盲目模仿的过程中，他根本就不知道这是对还是错。因为孩子的认知水平有限，理解和判断能力决定了他们往往更注重表象的东西，而并不去思考分辨很多内在的更深层次的东西。父母粗暴地制止并不能使孩子明白他到底错在哪里，反而使孩子对父母产生抵触情绪。

第二，很多孩子可能因为崇拜某人，而去向他学习，那么这个被崇拜的对象肯定有优点值得孩子学习。比如说孩子崇拜伟人或是著名的作家、诗人、当红影星等等，他们身上肯定有值得孩子学习的东西。他们在崇拜过程中，会经常思考问题，诸如：我什么时候可以做到像他们一样？他们为什么会让这么多人仰慕和崇拜呢？……如果在这个时候，家长盲目制止孩子，孩子就会因此变得不爱思考问题，进而失去创造力。

第三，很多时候，孩子由于年龄小，可能只图一时新鲜，也许几天后就会忘掉。但像案例中这位家长的态度和做法，反而强化了孩子的意识，促使孩子为了表示对家长的强烈不满而反抗，很可能导致孩子把这种偶然的行为变成一种坏习惯。

综上所述，我们可以清楚地了解，制止孩子的偶像情结将对孩子产生的严重后果。那么家长在面对此问题时，应该怎么做呢？

教子指南 JIAOZIZHINAN

1. 教育孩子取长补短

首先家长要了解孩子所仰慕的偶像，对偶像的崇拜也要全面了解，一分为二，搞清楚哪些该学，哪些不该学。家长要教会孩子学习他人的优点长处，不能盲目崇拜。

2. 告诉孩子“人无完人”

和孩子一起分析这个偶像，有哪些行为是对的，哪些是不对的。告诉孩子，即使这偶像在孩子眼里是一个很能干、很高尚、很伟大的人，也会有一些毛病、缺点。

3. 如果偶像情节影响了孩子的正常学习，家长要及时向孩子道清利弊

如果孩子的偶像情结已经严重影响了孩子的学习和心理，那么家长还是要对孩子严格管教的。但这种严格绝对不是暴力，是指态度上要严厉、严肃、坚决，明确地告诉孩子这样做是不对的，如果继续下去将会有什么样的后果、受到什么样的惩罚。

23. 无视孩子的兴趣和爱好

一代伟人邓小平曾说过，“教育要从娃娃抓起”，这是对家庭教育重要性的精辟论断。现在许多独生子女家庭的父母不惜重金为孩子报这个班、那个班，却没有注意到孩子的兴趣爱好，甚至抹杀孩子的兴趣爱好。这样做会事倍功半，不利于孩子的发展。事实证明，因人施教，是当今独生子女教育成败的关建。

情景案例 QINGJINGANLI

镜头一：有一次，我在逛商场时，碰到一位母亲领着女儿去买衣服，妈妈被一套漂亮的连衣裙所吸引，拿在手上翻来覆去地看，爱不释手。她让商场的导购员找了一个女儿的号码，让女儿穿上试一试。可女儿很固执，偏偏不肯，说自己不喜欢，反而拿起旁边的一双舞鞋不放手，妈

妈抢都抢不下来。最后不但衣服没买成，还惹得女儿号啕大哭。情急之下，妈妈只好拉着女儿匆匆地离开了，并且一边走一边气呼呼地说："我就没见过像你这么不听话的孩子，那么漂亮的连衣裙不要，偏偏看上那双鞋子，还耍赖发脾气，我快被你气死了。"女儿听见妈妈不停地责骂，哭得更厉害了。

镜头二：小杰原本是个十分活泼开朗的小男孩，从上幼儿园开始就十分喜欢在大家面前朗诵诗歌，他喜欢用自己的言语感动他人，因此老师、同学都很喜欢他。渐渐地小杰长大了，和小时候一样，依旧喜欢在众人面前演讲，不管是学校里的演讲的活动，还是公益演出（包括主持），只要他知道的，就一定会积极报名参加。但小杰的妈妈认为一个男孩应该有内涵，不能这么聒噪，在别人面前喋喋不休，所以制止孩子参加各种活动，坚持让小杰学计算机编程序。妈妈说这是以后吃饭的饭碗和谋生的工具。小杰的兴趣爱好被抹杀了，在母亲的强迫下开始学根本不感兴趣的计算机编程。渐渐地，小杰变得不爱说话，不管什么事情在他眼前发生，他都视而不见，在任何场合他也不会发表自己观点，渐渐地失去了往日的欢乐。母亲看见每天闷闷不乐的小杰，以为孩子病了，带他去医院看医生。经医生诊断，孩子患上了严重的自闭症。母亲后悔莫及。

专家解析 ZHUANJIAJIEXI

在现实生活中，有很多家长在孩子兴趣、爱好的选择上很专断，并且有很强的功利心，对一些与孩子考试、升学有关的，或是感觉上高雅的，就积极支持、鼓励，甚至是逼迫孩子去学。而对于自己不喜欢的，就禁止孩子去接触，导致孩子对一些事物的兴趣爱好渐渐被抹杀，这些不符合父母标准的便被极力制止、否定，造成孩子失去对兴趣爱好的渴望，进而失去好奇心。

还有一些家长往往根据自己的人生观、价值观把不同的职业、人群

划分为三六九等，并把这种观念灌输给孩子。最终间接地抹杀了孩子的兴趣爱好。那么家长的这些做法会给孩子带来哪些不良影响呢？

首先，孩子本身失去选择自己兴趣爱好的权利。如果父母抹杀孩子的兴趣爱好，而把自己的意志强加给孩子，孩子不是出于真正的喜欢，兴趣和爱好就失去了它原本的意义。孩子做自己不喜欢的事情也会没动力，这样只会越做越差，而父母也会对孩子丧失信心，形成父母与孩子间关系的恶性循环，不利于双方关系的发展。总之，过分抹杀孩子的兴趣爱好，会导致孩子渐渐对什么都失去兴趣，变得空虚、无聊，影响孩子的创新能力。

其次，如果家长抹杀孩子的兴趣爱好，把自己的意愿强加给孩子，迫使孩子做自己不喜欢做的事情，孩子会因此丧失热情和积极性，产生逆反心理。

最后，家长抹杀孩子的兴趣爱好，可能构成孩子将来对某些职业的否定，会使孩子对自己的兴趣爱好产生片面的认识，认为自己没有眼光、没有本事，从而否定自己对事物的判断能力，变得没有自信。

综上所述，家长抹杀孩子的兴趣爱好是一种不明智的做法，家长要因材施教，尊重孩子的兴趣爱好，使孩子健康成长。下面将给出具体几点建议。

教子指南 JIAOZIZHINAN

1. 尊重孩子的兴趣爱好

孩子的兴趣爱好可能伴着成长不断改变，小的时候喜欢弹琴，长大了也许喜欢打球，家长要顺从孩子的意愿（不良嗜好除外），不要太早抹杀孩子的兴趣爱好。做到尊重孩子的兴趣爱好，尝试让孩子自己的路自己走。

2. 发展孩子的兴趣爱好

家长一旦发现孩子对某一方面很感兴趣，就该鼓励孩子去尝试。如果不放心，可以跟孩子进行协商，帮助他们坚持下去。同时要根据孩子的这一特点，引导、发展孩子的兴趣爱好，使他们能健康成长。父母要善于发现孩子的兴趣爱好，并试着引导孩子多在兴趣方面下工夫，尽可能为孩子创造机会、创造条件，让孩子无忧无虑地在自己喜爱的天地里畅游。这样会激发孩子的最大潜能，从而在某一领域取得突出成就。

24. 将孩子的梦想当成儿戏

俗话说得好“梦想成就未来”、“好的开始就成功了一半”，梦想是孩子前进的旗帜，也是孩子对成功的初步想法，是孩子前进的动力，是孩子追求的目标。如果家长嘲笑孩子的梦想，就相当于砍掉孩子的旗帜，阻碍孩子前进，转移孩子的目标，这样不但扼杀孩子的想象力，也打击孩子的自信心，还会对孩子产生很多负面影响。

情景案例 QINGJINGANLI

镜头一：一个10岁的男孩在菜地里帮爸爸干活时，自作主张地把南瓜藤带回家，嫁接到院子里的一棵果树上。他兴奋地跑去问爸爸：“你说苹果会不会长得像南瓜那么大？”父亲嘲笑孩子说：“你怎么这么愚蠢呢！你不知道你的举动有多么可笑、多么幼稚。”

镜头二：自从学校组织学生到科技研究院看了一个机器人展览以后，王帅简直就像着了魔一样。先是每天一有空就抱着展览会上发的机器人图册说明看，把里面的各种机器人了解得清清楚楚，只要你说出第几页，他就能说出上面的机器人叫什么名字，是干什么用的，有哪些好

处。此后，图册说明已经远远满足不了他的好奇心了，他又让爸爸陪他一起去书店，买回一堆有关机器人的科普书。每天只要完成作业，就捧着这些书如痴如醉地翻呀读呀，雷打不动。还开始照着书上的样子画图，按照一些纸工手册的图纸自己做。

妈妈看到孩子这样，心想，本来学习就不怎么样，现在几乎又把所有的时间都用在"研究"机器人上了，这对学习影响更大了，就开始限制王帅："王帅，别看那些没用的东西了，也不许看那些书了。再去把你的英语单词背几遍，要不就去做几套数学题，都快考试了。"见妈妈说自己干"没用的"，王帅不干了："妈妈，谁说我是在做没用的，我在学习。我告诉您吧，我已经决定了，以后长大了，就去当个工程师，专门做机器人！"

妈妈一听，不屑地说："就你，现在都考不及格呢，还想当工程师、做机器人，你做梦呢？你现在不好好学习，以后大学都上不了。还想当什么工程师。我劝你呀，还是别做梦了。这样下去，你以后也就是个当搬运工的材料，去搬机器人还差不多。"

专家解析 ZHUANJIAJIEXI

从上面两则案例中我们不难看出，家长之所以嘲笑孩子的梦想，是因为父母往往觉得孩子的梦想与现实的差距太大，是些无用的东西，都不可能实现，或是根本就不着边际，所以否定甚至嘲笑孩子的梦想，打击孩子的积极性。

其实每个孩子从小都有自己的梦想，尽管有些梦想在成人眼里看来是那样的不可思议，那样的不切实际，那样的离经叛道。但是，不管孩子的梦想是成为一位伟大的科学家，还是成为一名普通的修鞋匠，身为父母的家长毫无疑问地应予以支持，而不是嘲笑、讽刺。因为孩子刚站在人生的起跑线上，路刚刚开始，而且以后的路还很漫长，谁也没法预

料他们的一生。可是他们走什么样的路是可以决定的，那取决于他们最初的梦想。如果父母积极鼓励孩子去尝试实现他们自己的梦想，孩子就会更加坚定他们的梦想，这对于他们实现梦想有很大的帮助。

家长的嘲笑会把现实的、功利的心理带给孩子，使孩子的心理成人化，失去了孩子应有的天真、单纯，对孩子的心理发育产生负面影响。人类因为有梦想，才能不断地有各种发明、创造，社会才会不断地进步。对于孩子来讲，他的梦想可能就是他的理想，可能就是孩子一生都会为之奋斗的目标。虽然孩子的梦想有时很离奇，有些可能是根本不能实现的，但如果父母只是站在成人角度来否定孩子的梦想，会使孩子的好奇心、想象力、创造力受到抑制，也使孩子失去了奋斗的目标。

父母对孩子的梦想的否定甚至嘲笑，还可能伤害孩子的自尊心、自信心和积极性，使孩子变得时常否定自己，觉得自己这也不行那也不行，想问题、做事情畏首畏尾，瞻前顾后，从而影响孩子自信心的建立和各种能力的发挥。

综上所述，家长应该如何面对孩子的梦想呢？下面笔者将给出几点建议。

教子指南 JIAOZIZHINAN

1. 不要嘲笑孩子与众不同的想法和某些不合逻辑的语言，要用正确的方法帮助他们去实施想法。

2. 不要苛求、阻拦孩子做一些离经叛道的事，要正确地引导、教育他们走正确的路。

3. 不要嘲笑孩子梦想中的世界，要和他们一起去构筑他们心中的天堂。

4. 支持孩子多动脑、多动手，鼓励孩子努力去实现自己心中的目标。

5. 不要苛求孩子走别人走过的路，说别人说过的话，给孩子适当的

自由，让他们学会独立，养成自己的个性。

6. 帮助孩子去实现那些可以实现的梦想，让孩子认识到自己的能力，体会到成功的喜悦。父母要引导和帮助孩子改掉一些学习中的不良习惯，帮助孩子认识到学习的重要性，更加积极、主动地学习。

25. 拿孩子的短处比别人的长处

俗话说得好：“尺有所短，寸有所长。”意思是每个人都有自己的长处，只不过表现在不同方面而已。但有些父母却忽视了这一点，在教育孩子时往往走进种种误区。有些家长当着自己孩子的面夸别人家的孩子如何如何好，无意间打击了自己孩子的自信心。老话说得好，“人比人，气死人”，何必非要拿自己孩子的短处和别人的长处比呢？家长在作比较之前，首先想一想自己，是否愿意拿自己的短处和别人的长处相比呢？如果自己都不愿意这样做，又有什么理由拿孩子的短处和别人的长处作比较呢？

情景案例 QINGJINGANLI

镜头一：家长之间的对话：“看人家老赵的女儿多争气啊，奥赛两门拿了一等奖，听说保送清华呢，人家父母多风光啊。”“唉！咱的孩子也不争气啊，一切好条件都为他创造好了，就是不知道上进……”

镜头二：家长和孩子之间的对话：

妈妈：这次语文考试怎么又不及格？

儿子：有些题目不会做，有些粗心看错要求了。

妈妈：你每次就会找接口，你看看人家丽丽，每次语文考试都得

100 分，再看看你。

儿子：丽丽的数学成绩没我考得好。

妈妈：自己不行就是不行，现在和你说语文成绩呢，别扯到数学上。要不是为了你，我能在朋友面前抬不起来头吗？要不是为了你，我和你爸爸要这么省吃俭用吗……

儿子：（沉默地低下了头）……

镜头三：家长和朋友之间的对话：“就是为了这个孩子，我才一直没和他爸离婚，要不是为了他，我用熬得这么辛苦吗？看你家乐乐多乖啊，一点不用你操心。”“要我说啊，还是你家晨晨好，虽然是淘气了点，但是学习成绩不差啊，我们家乐乐成绩要是有你家晨晨一半好，我就满足了……”

在教育孩子的问题上，有不少家长总是拿一些孩子的长处与自己孩子的短处作比较。经常这样对比，就会认为自己怎么会有这样没出息的孩子呢？不是把父母气死，就是把孩子逼死。有不少孩子之所以离家出走，是因为家里容不下他们。有许多父母习惯性地对孩子说：“看看人家谁谁谁多优秀，再看看你。”这样看孩子，拿别人家孩子的优点比自家孩子的缺点，难免会越比越生气，甚至会导致一些家长在不同程度上讨厌孩子。这也可能引起家庭暴力。在现实生活中，有不少人的攀比心越来越强，不仅与别人比官职的大小、财产的多少、老婆的美丑，还要比孩子的学习。比不过别人就生气说孩子不争气，认为是孩子使自己颜面无光，在别人面前抬不起头做人。在现实社会中，有不少年轻爱美的女士由于虚荣去整容，最终导致自己毁容而遗憾终生。父母的盲目攀比，也会毁掉孩子一颗健康的心灵，更有甚者会引起家庭的灾难。

其实，自己的孩子就是自己的孩子，没有必要总去和别人家的孩

子比较，只要你的孩子今天比昨天进步，家长就应该给予赞美。所以，家长要学会欣赏孩子，不要总是拿自家的孩子与别人的孩子比较，每个孩子生长的环境不同、智力不同，还存在很多方面的差异，所以孩子之间是无法比较的，父母要让孩子保持自信，鼓励孩子在生命的交响曲中演奏属于自己的乐章。让孩子发挥出最大的潜能，让孩子自信起来，顺利地实现人生价值。盲目攀比的结果会使孩子的个性消失，甚至是个性扭曲。

由此可见，每个孩子都有自己的优点，他们也希望向好的方面发展。但是由于家长的盲目攀比影响孩子的成长进步。这个问题值得每位家长深思，在教育孩子时应该怎样做，不要把对孩子的爱变成孩子对你的恨。

教子指南 JIAOZIZHINAN

1. 保持一颗平常心

家长应该从内心深处杜绝“攀比孩子”的想法，更不要用别的孩子做典型来给自己的孩子施加压力，要用一颗平常心来对待孩子暂时的不足，多给孩子一些鼓励、一些赏识。良好的教育观念与综合能力应该是每一位家长的理想追求。

2. 看到孩子的进步

家长应该学会全面看问题。比较有两种，一种是横向比较，另一种是纵向比较。不要横向地看自己的孩子和别人家的孩子的差距，而要纵向地看孩子自身和从前比较取得了哪些进步。家长不能用学习上的进步来牺牲孩子的成长，要学会欣赏孩子进步。

3. 勇于承认孩子间有差异

每个孩子的性格特点不同，许多家长喜欢拿自己的孩子的缺点和别的孩子的优点进行比较。这样做实际上是忽视了孩子之间的差异，家长应当勇于接受并承认孩子之间的自然差异，帮助孩子取长补短。而且，

当家长发现这种差异的存在时不要着急，这种差异未必就是差距。孩子的差异往往是自我个性形成的开始，其实，这种差异需要父母来保护。此时，家长的正确做法是，根据孩子的自身特点进行教育。例如，如果孩子脑子不够聪明，就要教孩子笨鸟先飞，多用些工夫。一旦孩子有了进步就应该鼓励。只要孩子尽其所能，父母就不要对孩子提出过高要求，盲目攀比。这样的教育就是成功的。

4.尊重孩子的天性

父母要懂得尊重自己孩子的天性，不要盲目攀比，人家孩子今天学了这个，我明天也要让自己的孩子学这个，人家孩子考上了名牌，我也要让自己的孩子上名牌。这样的做法是不可取的。做家长的只要找到一条适合自己孩子的发展道路，就是成功的。

5.赏识孩子的优点

家长应该认识到每个孩子都是独立的个体，和别人家的孩子没有太多的可比性。学习别人的长处固然重要，但是，培养孩子的自我个性更重要。要用赏识的目光去看待孩子的优点，不要用挑剔的眼光找孩子的毛病。

26.限制孩子提问题

古人云：“小疑则小进，大疑则大进，不疑则不进。”这是很有道理的。每个孩子从呱呱坠地到懵懵懂懂地开始接周围的世界，再到逐渐认识世界和参与到生活中，会向父母提出无数个“为什么”。在生活中也会碰到很多孩子面对家长的做法说“不”，有些父母会对孩子不予理睬，有时更会教育孩子不要胡思乱想，其实这些教育孩子的方法是完全错误的。作为孩子第一任老师的父母，如果强行不允许孩子提出疑问，会导

致孩子丧失思考能力和创造性思维。

情景案例 QINGJINGANLI

刚吃过晚饭，电话就响了。妈妈一听是少年宫的美术老师，马上高兴地问："是不是女儿比赛获奖了？"接着，妈妈马上就默不作声了，只是在听老师说。挂上电话，转过脸来，妈妈的脸已经由晴转阴了，鼻子不是鼻子脸不是脸地对女儿说："你的胆子越来越大了，妈妈的话都敢不听，老师的话也不听了！"

原来，几周前淳子要代表学校参加区里的绘画比赛。老师和妈妈都让她画在学校得奖的那幅《大漠如雪》,获奖的把握更大一些。可淳子问："为什么要拿这幅呢？这幅画在学校已经得了奖，我想画一幅新的。"妈妈说不许问为什么，妈妈和老师一致认为女儿应该用这幅画，淳子当时也没有争辩，但真到比赛的时候，淳子没有听妈妈的话，按自己的主意做了，结果却因为准备不足没有拿到名次。

在电话里老师虽然没有指责淳子，但妈妈还是听出老师有几分惋惜。妈妈既为淳子遗憾，也觉得很对不起老师辛勤培养，对女儿说："你就这么任性！平时,你总是不停地问为什么,为什么要这样做……,一些小事不听也就算了。参加比赛这么大的事情，你也敢先斩后奏！这回知道后果了吧。看你以后还敢不敢质疑我的决定,自作主张……"

听到没有获奖的消息，淳子的眼泪一下子掉了下来。可听了妈妈的话，却还是坚定地说："我要按自己的想法做，就算是因为没听您的，没拿到名次，我也认了！"说完打开门跑出去了。

专家解析 ZHUANJIAJIEXI

有时，很多家长因为经受了一天的工作压力会对孩子的质疑表示出

不耐烦。因此，他们经常不理睬孩子的问题，对孩子的“为什么”也只是简单地搪塞而已，并不会耐心地向孩子解释到底是为什么。更有甚者感到孩子的问题太多，很不耐烦，就训斥孩子，教育孩子以后规规矩矩，不要再对任何事情提出疑问。

其实，这些家长的做法都是错误的。家长要告诉孩子“失败是成功之母”，告诉孩子“一次不行，就来第二次，二次不行，就来第三次……吸取失败的教训比成功的经验更为可贵，不要因为害怕失败而不敢去尝试。”研究表明，许多发明创造都是在质疑中发明出来的，孩子经常提出疑问，说明孩子可能具有创新意识，这样的孩子与一般孩子的思维方式不同，他们惯于发散性或者逆向思维，所以他们的问题会特别多。看见什么都想为问什么，甚至想说出自己的看法。例如：牛顿看到苹果落地后，提出为什么苹果不是飞向天空呢？经过研究思考才发现了万有引力定律。莱特兄弟看见鸟儿在天空翱翔，提出人为什么不能飞上天空的疑问，经过长期的试验，制造出了飞机。李时珍曾对古书上说的大豆能解毒产生了疑问，于是他给狗吃了毒物，再吃大豆，结果狗死了，说明大豆并不能解毒。后来，他锲而不舍地又做了不少试验，才发现大豆要加上甘草才能解毒。这些在质疑中发明创造的例子不胜枚举。

家长不允许孩子质疑、提问，会导致孩子思维严重受限，阻碍智力的正常发展，也会导致逆向思维和求异能力受限，缺乏创造力。

综上所述，家长应对此问题予以重视，下面给面对此问题的家长们提出几点建议。

教子指南 JIAOZIZHINAN

1. 引导孩子提问

家长应该引导孩子不仅在学习中提出疑问，还要在日常生活中，甚至是娱乐中发现问题。孩子提出问题后，让他们独立思考，尽量让他们

自己分析解决。例如：周末全家人去野餐，家长可以让孩子去策划，在这过程中遇到什么问题，让孩子考虑用什么办法解决。家长再根据孩子提出的疑问给予具体分析解答。

2. 启发孩子

家长要启发孩子独立地思考问题，对同一个问题寻找多种答案。然后让孩子自己阐述最满意的答案的理由，家长根据实际情况客观地给予评价。对子女能提出各种各样新奇的答案要给予启发。

3. 鼓励孩子开发想象力

家长要鼓励孩子善于联想，开发想象力。联想是发明创造的原型。家长要尽量丰富孩子的想象力，父母要尽量扩大孩子的知识面，丰富孩子的生活阅历，把知识与经验紧密联系在一起，把概念性的东西与实际的东西结合起来。多让孩子接触社会，融入大自然，让孩子在现实生活中开发智力，从而让他们插上想象的翅膀，延伸知识面。

27. 对孩子提的问题随便敷衍

我国伟大的教育家孔子曾教育他的弟子说："敏而好学，不耻下问。"现实生活中的孩子确实很喜欢提问题，但是很多家长认为孩子小，所以对孩子提出的任何问题往往不认真回答，当实在被孩子缠着不放的时候，就随便敷衍了事。家长的这种做法严重打击孩子的好奇心和创造力。

情景案例 QINGJINGANLI

念念在读一本有关思维训练的书，书上有一个有趣的问题：铅笔都

可以做什么？让念念觉得很新奇。

念念捧着书，兴高采烈地跑到爸爸跟前，对爸爸说："爸爸，我想问你个问题。铅笔都能做什么？"爸爸脱口而出："铅笔？能写字呗，长脑袋的人都知道。这种问题还用问。"念念说："不对，铅笔还有很多其他用途呢。爸爸你看，书上说，铅笔不仅可以写字画画，还可以当小棒子够东西，做尺子画线，可以当做礼物送人，铅芯还可以当做润滑剂呢，好多好多呢。爸爸，你说它还能做什么用？"爸爸说："这叫什么问题呀。这些就是给你们小孩看的，我现在忙着呢，没工夫回答你这些鸡毛蒜皮的问题，自己一边看去吧。"

念念撇撇嘴，脸上显示出很失望的表情。忽然，她又想起了一个问题，接着又转向爸爸："爸爸，我还有个问题问你。铅笔是用什么做的？"爸爸想想，敷衍地说："外面是木头，里面的笔芯是……应该是石墨吧，还有什么别的吗？"念念的兴致来了，穷追不舍地问："还有什么，到底还有什么呀？"爸爸很不耐烦了："爸爸现在也记不清了，就是石墨吧。行了，你赶紧自己去一边玩去。"可念念没有注意到爸爸的脸已经晴转多云了，又有新的问题来了："那石墨原来什么样的，怎么做成这么细小的？外面的木头和里面的铅芯又是怎么做到一起去的？是用什么样的机器做的？"

这下，孩子的一堆问题把爸爸难住了。爸爸想了想，不知道该怎么回答念念，接着头一皱、手一挥，脸一下子由多云转阴了，对孩子吼道："你到底烦不烦，哪儿这么多问题？别缠着我没完没了，自己该干嘛干嘛去！"

念念看着爸爸，一声不响地走开了。

专家解析 ZHUANJIAJIEXI

孩子小的时候对任何事情都充满了好奇，因此他们会提出很多稀奇古怪的问题。很多家长面对孩子提出的各种各样的问题，要么感到非常

幼稚而以忙别的事为由敷衍塞责，要么根本不知道确切的答案而难以招架。因此父母常会感到不耐烦、没面子，粗暴地制止孩子提问。

家长敷衍孩子的问题，会给孩子的健康成长带来哪些不利影响呢？

首先，孩子之所以能够提出问题，是因为他对某个事物产生了浓厚的兴趣。孩子的问题越多、提问的范围越广，越说明孩子善于观察，爱动脑筋，这本应该是让家长高兴的事情。如果家长因为种种原因，敷衍孩子提出的问题，不仅会挫伤孩子的好奇心，还将使孩子失去探索精神和学习知识的兴趣。

其次，很多家长因孩子的纠缠，或者因回答不出孩子的问题而恼羞成怒，这让孩子觉得父母非常没有道理，只顾大人的尊严而不肯承认自己的不足，是一种欺骗的表现，导致孩子从此不再信任父母。

鉴于以上后果，在这里建议广大家长要学会正确对待孩子提出的问题，不要一味地敷衍，下面将给予家长避免此问题产生的具体方法。

教子指南 JIAOZIZHINAN

1. 正确对待孩子的问题

有时孩子的问题可能很幼稚，或是根本不切实际，但是家长不必嘲笑孩子，要从正面认真地回答孩子的问题，不要敷衍了事，也可以耐心地告诉孩子，他提出的问题有哪些不合理的地方。

2. 忙碌的时候，和孩子解释原因，让孩子稍等

有时孩子向父母提问时，可能正是父母有工作或家事非常忙碌的时候。父母应该耐心地向孩子解释原因或是告诉孩子，自己的工作、家务还需要多久可以完成，让孩子耐心地等待一会儿，等忙完了再与孩子共同探讨问题。需要说明的是，家长一定要兑现这个承诺，在完成了手边的事情以后，一定要回答孩子的问题或是帮助孩子寻找答案。

3. 当家长不知道答案的时候，要坦言相告

孩子经常根据想象提出千奇百怪的问题，父母有时也不知道确定的答案，这时需要诚实地向孩子说明，告诉孩子一个人的知识总是有限的，父母也不例外。然后，和孩子一起去寻找正确的答案。这样不仅不会让家长在孩子面前失去面子，反而给孩子树立了一个“知之为知之，不知为不知”的榜样，让孩子知道人是要“活到老，学到老”的道理。

4. 鼓励孩子自己寻找答案

有时父母面对孩子的问题，不一定马上告诉他答案，鼓励孩子不要依靠父母，争取自己去找到答案。这对于促进孩子学习、开发智力、提高能力、掌握学习技巧都是有益的。

28. 不注意在日常小事上开发孩子智力

每位家长都希望自己的孩子智力超群，成为“小神通”，经常为孩子报各种各样的培训班来开发他们的智力。孩子接受了各式各样的说教训练，不可否认这样做可以开发孩子的智力，但是家长却忽视了日常生活中对孩子智力的开发，从来不让孩子做力所能及的事情。对孩子的衣食住行家长一手包办，孩子从来没有机会体会生活中的琐碎事情，干瘪的说教替代了孩子鲜活的生活，他们失去了日常生活中开发智力的机会。这给孩子智力的正常发展带来了不良后果。

情景案例 QINGJINGANLI

镜头一：有一个女孩被送到幼儿园时 3 岁半，她不会开口说话，也不和其他小朋友玩耍，曾一度被怀疑患有“孤独症”。但是到医院检查并没发现有什么病症，而且父母也说她出生时非常健康。原来是她出生

5个月后父母均下海经商，迫于无奈把她托付给农村来的一位老太太抚养，老太太平时很少带孩子外出，又不爱说话，很少和孩子对话。入托时才发现孩子存在上述问题。为此，孩子的父母急得焦头烂额，四处求医，放弃了生意，亲自教孩子说话和唱歌。虽然到6岁时，她已经能说话和唱歌了，但和同龄孩子比还是相差甚远。实际上这完全是因为父母无视孩子小时候的日常语言和交流环境造成的。

镜头二：有一位2岁半的小男孩，因走路不稳，不会跑也不会跳，被怀疑“脑瘫”来就医。父母说他出生时情况很好。医生为孩子作了身体检查，没有查处出“脑瘫”的病症。经了解发现，孩子家中有父母、祖父母和保姆5人，共同照顾这个男孩。他们对他保护过度，从孩子出生就经常抱着他，生怕他摔着，很少让他下地自由活动，孩子平时是衣来伸手饭来张口，造成孩子的运动能力差。

专家解析 ZHUANJIAJIEXI

让我们先来看看孩子大脑发育的秘密吧！孩子从呱呱坠地到步入青春期之间，是各种能力突飞猛进发展的黄金时期，尤其是孩子的智力发育。大脑是孩子智力发展的基础，孩子刚出生时大脑重量为370克，过不到一年脑重量就会增加一倍，大多数孩子在2岁时，脑重量会增加到出生时的3倍之多。孩子智力发育一小部分是归功于遗传基因，一大部分要归功于日常生活中的开发，外在环境对孩子的成长有着潜移默化的作用。由此可见，在日常生活中开发孩子智力的重要性，为什么会出现上述现象呢？

1. 家长工作忙，无暇顾及孩子

随着生活节奏的加快，消费水平的提高，很多家长一心想为孩子提供好的物质条件，给孩子吃最好的、穿最好的、用最好的，把精力都用在了挣钱上。他们以为给孩子足够的零花钱就能代替给孩子的爱，因此

很少花时间陪孩子，教育孩子更谈不上了。请个保姆可以照顾好孩子的衣食住行，但是孩子的心理发育和智力发育无疑会受限，亲子沟通和孩子日常生活中的智力开发便无法正常实施。

2. 忙于给孩子培训补习

有些家长为了开发孩子的智力，不惜重金给孩子报这个培训班、那个补习班。一心想为孩子创造一个一流的学习环境，可往往适得其反。孩子正处在发育阶段，智力和心理承受能力还比较脆弱，对知识和环境的接受力也有限，因此，过分地关注这些智力开发培训，反而阻碍了孩子在日常生活智力的正常发育。

3. 家长事事代劳

日常生活中，会出现很多这样的家长，什么事都不让孩子自己做，孩子的一切，家长都一手包办，孩子会因此丧失动手能力。家长事事代劳的做法，将导致孩子在日常生活中的智力开发受限。

那么，无视日常生活中的智力开发会导致什么样的后果呢？

由上述两则案例中我们不难看出，忽视孩子日常生活中的智力开发，导致孩子的智力不能正常发育，甚至连话都不会说，路都不会走。这样的孩子在成长上和一般的孩子是有差距的，长大后智力发育也不健全，可能会缺乏想象力和创造力。

教子指南 JIAOZIZHINAN

1. 在做事过程中开发孩子的智力

日常生活中，孩子自己能做的事情，家长要尽量放手让孩子去做，让孩子自己去体会做事的方法，感受其中的乐趣，等他们做完了再告诉他们可以使用的最佳方法。孩子能在自己动手过程中体会到做事的方法，同时还能开发创新能力，促进智力发育。

2. 鼓励孩子积极动脑

当遇到问题的时候，家长不要用干瘪的说教去教孩子，尽量让孩子自己多动脑筋，寻找解决的办法，这样对孩子的智力开发是非常有利的。

3. 多和孩子交流，给孩子讲故事，陪孩子玩游戏

父母再忙也要抽出一定的时间陪孩子，多和孩子交流，培养孩子的合作、互动、组织能力。多给孩子讲故事也可以让孩子产生丰富的联想，激发孩子的想象力和创造力。适当地让孩子玩游戏也有助于锻炼孩子的反应能力，促进孩子的智力全面开发。

29. 随意打击孩子的自信心

有人曾问居里夫人："您认为成长的窍门在哪里？"居里夫人肯定地说："恒心和自信心，尤其是自信心。"由此可见，自信是一个人走向成功的重要基石。家长千万不要轻易表现出对孩子没信心，轻率地否定孩子，这样会造成孩子在做任何事情时缺乏积极性和主动性。

情景案例 QINGJINGANLI

镜头一：一位高中生的来信：

编辑部同志：

您好！我是一名高中学生，我现在失去了生活的勇气。本来我是一个积极进取的孩子，对学习和生活也很有信心，平时成绩也很不错，爸妈对此都很高兴，他们平时对我要求很严。不幸的是，在一次期中考试中没考好，几乎掉到班里最后一名。本来我自己就很难过，原想回到家里爸爸妈妈会安慰我，我也在找自己考得差的原因，并不断地反省，决心下次一定考出好成绩。但是爸爸妈妈不但没有给我鼓励，还讽刺我，

打击我上进的信心。妈妈针对我说的话很尖酸刻薄，伤害了我的自尊心和自信心。

自从那次以后，我感觉很没意思，对学习也没以前那么积极了，反正父母也认为我不行，我学习没了动力，考试成绩越来越差。爸妈对我也时常恶语相向，有时还会打骂，这时的我学会了“破罐子破摔”。一切都成了恶性循环。就只因为我成绩不好，致使我现在做什么事情，妈妈都说我不行。我现在快崩溃了，我厌倦了现在的生活，真的，我不知道我该怎么办?

镜头二：龙龙从小住在乡下，是由外婆带大的。到了上学的年龄爸爸接他回家后，发现他有坏习惯。比如说吃饭在父母的催促下最少要吃一个小时。让他自己吃，起码要两个钟头。他吃饭的时候总是这里碰一下，那里碰一下。还时不时地到处走，跳来跳去的。龙龙每天吃饭都要爸爸妈妈从旁边不停地催他快点吃。碰到精彩的动画片，他就总是吵着看完电视再吃饭。对于这个孩子的毛病，父母是伤透了脑筋。突然有一天孩子放学回来说老师教他做什么事情都要一心一意，所以他决定吃饭时不再三心二意了。妈妈不屑孩子的话，随口说了句：“这孩子要是能改了这毛病，地球都能倒转了。”孩子听了就泄了气，最后依然我行我素，一点长进也没有。

专家解析 ZHUANJIAJIEXI

自信心对孩子的智力发展和人格培养有着重大影响。家长对孩子充满信心，孩子会处世积极进取，做事积极主动，敢于尝试，勇于面对挑战；相反，如果家长对孩子没信心，孩子所表现出来的行为态度就会是退缩、胆怯、被动，不敢于尝试新鲜事物，面对困难犹豫不决。

孩子在成长的旅途中，常常会主动地去做一些自己认为能行的事情，他们对自己信心十足，不管什么事情，都在好奇心的驱使下主动去尝试，

但大都因为缺乏经验，导致失败。一些家长面对这种情况总会这样训斥孩子：“你干什么都不行！”“你简直就是一块木头！”家长常常都会犯同类的错误：用一个“最好”的标准去要求孩子，希望孩子能达到这一尺度。这就使得天资不同的孩子在发展中受到挫折。在孩子没有达到期望的标准时，家长就会对孩子失去信心，最终使孩子一蹶不振，永远成为一个失败者。

家长总会用自己的标准去要求孩子做每件事，并且要做到让家长称心如意，这对于一个孩子来说是很难的。当孩子去做一件事时，他们一次做不好不怕，二次做不好也不怕，总有一次他们会做好的。最重要的是家长不要对孩子失去信心，一定要有耐心。如果家长对自己的孩子都没了信心，那么孩子怎么能有信心去做好事情呢？

家长要重视孩子的自信，给孩子一定的成长空间，让他们去发挥自己的能力，在生活中学会如何应对危险；给孩子信心，让孩子做他们可以独立完成的事情，创造自己发展的机会。

教子指南 JIAOZIZHINAN

1. 家长要树立正确的观念

作为家长，不仅不能打击孩子的信心，还应该想方设法树立孩子的自信。孩子的自信是可以培养的。如果家长有这种观念，就会意识到自信对孩子的一生有多大的影响。

2. 大胆放手

家长不要以大人的威严教育孩子，总是认为孩子不行，这样会让孩子失去许多锻炼的机会。一般的小孩子都很崇拜自己的父母，信任父母，家长的话在孩子心里有一定的权威性。一旦家长认为孩子不行，孩子便会无条件认可。这样一来，孩子会自然而然地失去自信。信心一旦失去就很难再恢复。所以，笔者建议家长放手让孩子大胆尝试他们喜欢做的

事情，让他们生活在自信中。

3. 热情地鼓励孩子

在日常生活中，家长要不断地鼓励孩子。俗话说得好说："好孩子是夸出来的。"家长的热情鼓励，会使孩子产生极大的信心。在自信心的驱使下，他们会学会认真地对待每一件事。家长要常常对您的孩子说："你能行！""妈妈（爸爸）相信你！"

4. 给孩子制订合适的标准

家长不要用最高的标准要求孩子，要理解每个孩子的天赋是不同的。要根据自己孩子的智力发展水平为孩子制订适当的标准，给孩子一个合适的发展机会，不能急于求成，否则只会伤害孩子的自尊和自信。

30. 总是用俯视的目光看待孩子

孩子的心理和行为在某些方面跟大人存在很大的差异，但也有很多相同之处，家长如果把孩子只当孩子看那就大错特错了。这样不仅影响了孩子的智力发育，更加影响到孩子独立思维能力、独立情感和独立行为的健康发展。最终失去独立生存能力，导致孩子永远是孩子，无法适应社会的发展。

情景案例 QINGJINGANLI

镜头一：外婆来家里做客，外孙女要求外婆陪她看电视。从晚上六点看到九点多。做母亲的对女儿说："快点去睡觉，现在都快十点钟了！"外婆说："我都很长时间没来了，明天又是周末，就让孩子多看一会儿吧！"但妈妈坚持不同意，女儿不愿意，就抓着外婆又哭又闹，死活不

回卧室。这时，母亲又说："都这么大的孩子了，怎么就不懂事呢？外婆今天坐了那么长时间的车，现在已经很累了。"外婆护着外孙女，对孩子妈妈说："她毕竟还是个孩子嘛，就让她再看会儿吧？要不我这一夜也睡不好……"外婆一直认为孩子毕竟只是孩子，若干年过去了，母亲发现女儿越来越娇气，一点长进都没有。

镜头二：彩妮是我大学时代的同窗好友。她有两个孩子。在大儿子8岁的一天，她丈夫在院子里用汽油割草机割草。正在这时她的大儿子向利看见了，非要学割草，在孩子的强烈要求下丈夫答应了。正当丈夫教向利怎样在草坪上推动割草机时，向利自己推着割草机已经认真地割起草来，突然彩妮喊住了丈夫，让他不要让儿子动割草机，说这是很危险的。正当丈夫回身要同彩妮解释时，彩妮很生气地拎起儿子走进了屋子里，还严厉地训斥了儿子。直到现在已经读大学的大儿子还是不会用割草机。

专家解析 ZHUANJIAJIEXI

实验表明，一般的孩子在白天都会睡个午觉，如果家长一直陪在孩子身边，哼着摇篮曲拍孩子睡觉，那么孩子就会紧紧地抓住家长的指头才能安然入睡。但是家长如果从来不哄孩子睡觉，看见他有睡意就将他放在床上，让他自然地睡着，自然地醒来。过一段时间就会发现孩子居然能一个人乖乖地睡觉，一个人醒来不哭也不闹了，甚至还会一个人玩耍。有些家长总是认为孩子小，但是实验证明孩子懂得很多，他懂得大人的喜怒哀乐。如果家长要培养出一个聪明懂事的孩子，就不要把孩子只当孩子看。如果家长把孩子只当孩子看，会对孩子产生以下影响。

首先，虽然孩子在很多方面处于发育成长阶段，思想不成熟，但他们首先是一个人，他们有独立思考的能力和实际动手操作的能力。这就完全决定了孩子不是家长能够左右的。家长把孩子只当孩子看，不能在

平等意识、民主意识的基础上保持经常、有效的沟通，经常不分青红皂白地加以训斥。这样导致的结果是，孩子对父母敬而远之，家长和孩子之间难以沟通。孩子往往都有很强的好奇心，他们对外界的一切都充满好奇，并渴望去接触，但由于父母的“担心”，孩子常常失去自己独立完成一件事情的能力，减弱尝试的积极性，渐渐地，孩子便会产生依赖心理，养成退缩的习惯。

其次，把孩子只当孩子看，不仅不利于孩子智育的健康成长，还会导致孩子缺乏动手能力。孩子想自己做的事情，尽量让他们自己尝试去做。家长不要总是认为孩子还小，事事代劳。孩子有一定的认知能力，总是认为孩子只是孩子，那么孩子就永远长不大，就会没有责任意识。家长把他们当大人看，他们就会学着像个大人一样去思考。

因此，家长要把孩子当做大人、朋友来看，可以参照下面的做法。

教子指南 JIAOZIZHINAN

1. 鼓励孩子动手做事，给孩子独立解决问题的机会

家长一个满意的微笑、一缕赞许的目光、一句激励的话语、一个默默的点头都是对孩子的肯定。孩子会因此对做好事情充满信心，在家长的鼓励下更愿意动手、动脑做好事。不要认为孩子还小什么都不懂，什么都不能做。学会经常倾听孩子的想法，鼓励孩子动手做事，相信孩子，让孩子独立解决问题。

2. 把孩子当大人看

家长要学会把孩子当大人看。孩子更愿意和家长一起去承担，他们愿意和家长一起去面对困难，甚至愿意帮忙。比如：上街购物带上孩子，买东西时让孩子提供参考意见，参考孩子的意见去购买；日常生活中家里缺少油、盐、酱、醋等小事，尝试让孩子单独去购买，相信他们能做好。这样孩子不仅会感到很快乐，也会觉得自身价值得到体现。

3. 把孩子当朋友看

很多时候，孩子更愿意家长把他们当朋友看，跟他们讲心事。家长应该学会把孩子当做朋友、当做伙伴来看，这样孩子就会有自信心，也逐渐产生责任意识。保持和孩子在平等的基础上相互交流，还可以提高孩子的认知能力。

4. 带孩子参加一些有利于身心发展的成人活动

家长可以带着孩子多玩一些需要配合的游戏，并时常叫上孩子一起活动，比如做家务时给孩子分配任务。在活动中平等地对待他们，让孩子有受尊重的感觉，并能体会到责任意识的重要性。

31. 看不到孩子的潜能

著名的教育家陶行知说："人人都说孩子小，谁知人小心不小，你若小看小孩子，便比小孩还要小。"意思是说孩子小是说孩子的身体小，并不是他的心灵。陶行知还曾说："在你的教鞭下有瓦特，在你的嘲讽下有达尔文……"这句话的意思是每个孩子的身体内都有着巨大的潜能，这种潜能一旦被激发便能做出惊人的事业来。反之，如果小看孩子的潜能，将给他们的健康成长带来一系列不良后果。

情景案例 QINGJINGANLI

镜头一：前几年在电视上曾经播放过一个小学生自杀的新闻：

那个自杀的孩子是一个小学学生，她天性反应迟钝，但是性格倔强，而她的弟弟却与她完全不同，浓眉大眼，一副聪明相，人见人爱。姐弟俩在同一所学校读书，姐姐原来比弟弟高两年级，后因天性愚钝，功课

一直学不好，四年内留了两级与弟弟同班。虽然她很用功，但是成绩就是没有起色。她没有抱怨上天既没有给她美貌，也没给她智慧，依然默默地坚持着。但是因为不如弟弟会讨妈妈欢心，成绩又不好，所以母亲对她产生了些厌恶的感觉。每次看到她的试卷上都是“差”，作业中错误满篇的时候，总是情不自禁地讽刺起来：“我怎么会生出你这么一个又蠢又丑的笨蛋呢？我前世做了什么孽啊？”母亲原以为孩子迟钝，听不懂这些话，但是这个孩子虽然迟钝，对这样的话还是听得懂的。她因此对自己的前途完全丧失了信心，再加上在家中得不到父母的疼爱，在学校里受尽老师的挖苦、同学的冷嘲热讽，在一个晚上她吃安眠药自杀了。孩子死后，母亲也十分伤心，但悔之晚矣！

镜头二：芳芳天生高度近视，看什么东西都要贴在上面才能看清楚。父亲见了又气又恨，经常骂她：“看什么都得趴在上面，你瞎啦？”本来孩子就因为被别人讥笑感到很痛苦，现在就连自己的父亲也骂自己是瞎子，心里更是痛苦和自卑，经常一个人躲在小屋里默默流泪。孩子的自尊心严重受到伤害。

专家解析 ZHUANJIAJIEXI

现实生活中，很多家长认为孩子小，能力有限，所以经常小看孩子的潜能，家长这样做会给孩子带来以下不良影响。

家长一味地小看孩子的潜能，会忽视孩子的发展；父母经常对孩子的缺陷喋喋不休，甚至恶言恶语，肯定会刺伤孩子的心灵，给孩子带来不安全感。孩子经常唯恐又被父母骂，毕竟父母在孩子心中有着很崇高的地位。孩子一旦产生了这种心理，精神上将会承受很大的压力，有不安全感，甚至发展成无法弥补的不幸事件。家长小看孩子的潜能，会让孩子抬不起头，变得郁闷，甚至对家长产生憎恨心理。

每个父母都疼爱自己的孩子，正是由于这种心疼使他们对孩子的某

种缺陷感到无奈和怨恨，因此在生气时，就会在孩子身上发泄出来。这种行为让孩子感觉到父母嫌弃他们，无意间伤害了孩子的心。孩子不能正常发挥自己的潜能，就会自暴自弃，自甘堕落，造成无法弥补的后果。

有一位著名的“矮人餐厅”的老板吉姆 · 特纳,他身高只有 1.1 米，而这家世界知名的“矮人餐厅”上至老板下到服务员都是身高不过 1.3 米的矮人。他们奇特的服务方式吸引了广大顾客的眼球。当顾客慕名来到餐馆，马上会受到一位大头小身子矮人的热烈欢迎，他笑容满面地向顾客递上擦脸毛巾。当顾客在舒适的座位上坐定后，又有一位矮人服务员捧着几乎与自己身高相当的精致的大菜谱，请顾客点菜。由于他的动作滑稽可笑，顾客拿着菜谱往往都笑得合不拢嘴。矮人殷勤周到而又憨态可掬的服务，使人忍俊不禁，食欲大增，顾客都对这家餐馆赞不绝口。

“矮人餐厅”让广大顾客在好奇中感受到温暖、舒适，在愉悦中享受美餐。这个世界上独一无二的餐馆大大震动了同行业者。没过多久它的奇妙之处就闻名遐迩了。各国旅客竞相而来，为的是度过一段愉快的时光，享受一下奇特的服务，而其他餐馆只好甘拜下风。

这个自身有缺陷的人之所以能成功，是因为他自身存在巨大的潜能。同样的道理，每个孩子自身也蕴藏着巨大的潜能。所以家长不要小看孩子的潜能。家长教育孩子时可以这样做。

教子指南 JIAOZIZHINAN

家长在生活中要多关注、关心孩子，发现孩子的优势与不足，并时时刻刻鼓励孩子发展他们的强项。给他们一个好的生活环境，帮助他们发掘自己的潜能。这样能促进他们生活的积极性，并让他感受到父母的关心和帮助，增加他们奋斗的勇气和信心。而对孩子犯的错误和他们自身的不足，父母要耐心和细心地引导，帮助孩子战胜缺陷和困难，这样

孩子将会在一个快乐的环境中成长，并更容易发挥其潜能，他们的弱点也容易转化为优势，得以尽显所长。

32. 孩子越听话越好

半个世纪过去了，现在的家长还是没有摆脱"听话教育"的传统模式。鲁迅曾说过："驯良之类并不是恶德，但发展下去，对一切事情无不驯良，却绝不是美德，也许简直倒是没出息。"家长一味地强调孩子"听话"，容易培养出孩子的奴性，使其毫无独立性。长大后对任何问题缺乏自我见解，对恶势力缺乏斗争精神，甚至人格扭曲。"听话教育"至今尚未引起家长的注意，但是它就像潜伏的癌症一样可怕。

情景案例 QINGJINGANLI

镜头一：叮叮有个小朋友叫宁宁，和她很要好，和叮叮的咋咋呼呼的性格相反，宁宁小时候，出奇的安静，在父母的教育下特别的听话。家长、老师和同学都喜欢她，因为妈妈让她去做的事情绝对不会遇到任何反对，说什么是什么。第一次接触到宁宁的时候，叮叮妈妈真觉得养十个这样的孩子可能也比一个叮叮容易。宁宁的妈妈也引以为荣，但是叮叮妈妈仔细想想："宁宁太老实了，什么东西都不会争取，什么都眼巴巴地看着别人抢走，却不知道抢回来。"这时宁宁妈妈说："你看，你们家小叮叮在幼儿园多淘气啊，整天和一群男孩子玩，那天我去幼儿园看见有很多小男孩围着她转。那天，伊顿哭着喊着要跟小叮叮一块玩玩，伊顿的妈妈死活没让，可是你们小叮叮一到操场，一大帮孩子就拥上去像追星族似的。我们宁宁就很听话，也不哭不闹一个人自己老实地呆着。"

宁宁妈妈的话让叮叮妈妈感到哭笑不得，叮叮妈妈为宁宁的将来担心，这样一个缺乏魅力的女孩子，为了做到听家长的话而少了一份自信，以后都不会快乐。但是她妈妈却看不到。

镜头二：一个 25 岁女孩的成长自述：我小时候是很听话的孩子，妈妈说什么就是什么，我一直是妈妈眼里的乖小囡，老师眼里的好学生。但是渐渐地我发现，我就像一个盆景被家长修理得光秃秃的，只能供人欣赏，我现在很胆小怕事。我的成长路上一点快乐都没有，我从来不会向父母说“不”，也从来不敢向父母表达自己的想法。从来都是父母怎么说，我就怎么做。

“这孩子真听话。”从小到大，这句话在我印象中是身边所有人对我的评价，为了成为妈妈喜欢的孩子，我一直在努力做一个听话的好孩子。父母说一不二，我从来不敢争辩，也不敢表达自己的想法，因为妈妈说那样就是不听话的孩子。我的父母对我们很严厉，小时候，我基本没见我妈对我笑过。这样的环境潜移默化地影响了我的一生，塑造了我软弱的性格，不敢表达自己的想法。工作了，由于从小受到的教育，我在工作中对上级绝对服从，从来不会说“不”，不会争取自己应该得到的东西。

后来我离开了父母的羽翼，自己在外闯荡了很多年，吃了不少苦，终于在生活中改变了一点儿，能对老板、对任何人说“不”了，有勇气争取自己应得的东西了，对自己的能力自信了，但对自己的魅力还是没信心。我现在就像一个被修剪了的盆景，即便已经停止了被修剪，但是永远也变不回一棵野地里的小树了。

专家解析 ZHUANJIAJIEXI

我们经常能听见一些家长在教育孩子时说：“你连我的话都不听了吗？”换句话说，家长仍以孩子“听不听话”作为衡量孩子好坏的标准。在他们眼里认为不听话的孩子就不是好孩子，绝对服从的孩子就是好孩

子。家长的这种做法会影响孩子的正常发展，影响孩子的思考能力。在家长这样的观念的教育下，孩子可能成为父母眼里的乖孩子，但是反过来想想，也可能使孩子成为一个毫无判断能力和无法独立生存的人。

在我国大多数父母都会要求孩子“不许讨价还价”，“不许争辩”。在父母这种家教下，孩子变得听话。我们不否认孩子小，需要管教引导，但是如果家长盲目地对孩子进行“听话教育”，孩子会只知道“听话”，淹没了孩子的个性，导致孩子缺乏创造力。

家长们应该放弃传统的“听话教育”观念，培养孩子独立思考的能力。教育家陶行知先生曾有“六大主张”十分精辟，这里详细列出供家长们借鉴：

1. 解放儿童的头脑，使其从道德、成见、幻想中解放出来。

2. 解放儿童的双手，使其从“这也不许动，那也不许动”的束缚中解放出来。

3. 解放儿童的嘴巴，使其有提问的自由，从“不许多说话”中解放出来。

4. 解放儿童的空间，使其接触大自然、大社会，从鸟笼似的学校解放出来。

5. 解放儿童的时间，不过紧安排，从过分的考试制度下解放出来。

6. 给予民主生活和自觉纪律，因材施教。

教子指南 JIAOZIZHINAN

1. 培养孩子的自主思考能力

有的孩子可能因为年龄小，不懂得家长话中的道理，这时就需要父母耐心引导孩子，和孩子说明什么是对、什么是错，什么是好、什么是坏。鼓励孩子独立思考。

2. 让孩子独立

在日常生活中，给孩子一个自由的空间，孩子自己能做到的事情鼓励他自己做。家长不要包办，也不要束缚孩子做事。只有这样，孩子才能日积月累，增长才干。

3. 教孩子学会拒绝

家长要建立一个民主的家庭，允许孩子提出自己的意见，表达自己的想法。允许孩子对父母的决定持否定意见，如果孩子说得对，家长要无条件接受。这样有利于孩子智力的开发，也利于锻炼孩子的意志力。

第四章　动手能力培养的缺失

——在实践方面的教子误区

我国著名教育家陶行知说过："人生两件宝，双手和大脑。"这说明了动手实践和动脑一样重要，实践是通往成功的必经之路。很多家长在教育孩子的时候，经常越俎代庖，为孩子包办一切，往往忽视对孩子实际动手能力的培养，最终导致孩子无法在社会上立足的严重后果。

33. 孩子继承了父母懒散的习惯

俗话说："父母越懒惰，孩子也越懒惰。"这句话说得有道理，每个孩子都是在父母身边成长的，很多事情往往是相互牵制的。如果父母懒惰，孩子耳濡目染，必定会效仿父母，养成懒惰、怕吃苦、贪图享乐等坏习惯。

情景案例 QINGJINGANLI

几年前，我听说过这样一件事。爸爸有个亲戚买彩票中了大奖，他靠这些钱娶妻生子。这个亲戚有个坏毛病，就是很懒惰，什么事情也不想做，整天吃喝享乐。他后来生了个儿子，儿子整天跟着老子一起享受，

什么事情也不管。没过几年，这个亲戚得了疾病，一命呜呼，只留下儿子一个懒人。他靠着父亲还没败光的财产生活，平日除了吃和睡，什么都不想做，身上的衣服已有三年没有洗，又脏又臭。渐渐地坐吃山空，终于散尽了父亲留下的财产，最后还把房子卖掉，花光了所有钱财，开始过着有一顿没一顿的困顿生活。

亲戚的儿子已有好一阵子没好好吃上一顿饭了，这一天，想着自己再这样下去可能会饿死，于是终于愿意主动去找活做，他来到木匠铺，对着木匠师傅说："请您收容我吧，我可以帮你管账。"

木匠师傅停下手中的铁斧，说："我这小小的木匠铺，用不着管账，倒是缺一个搬木头的助手，你若愿意，可以试试。"

亲戚的儿子看了看大木头之后，摇摇头就走了。

随后他又来到茶馆，对着茶馆主人说："请收容我吧，我可以帮您看门。"

茶馆主人一边忙着给厨灶加水，一边说："我这个小小茶馆，用不着专人看门，倒是缺一个挑水的助手，如果你不怕吃苦，可以留在这里。"

他转头看了看大水桶，又摇摇头。他转身准备离开时，还不忘叹气，自言自语地说道："我的命还真苦，怎么就找不到一个赏识我的人呢？"

走时听到几个正在喝茶的老人提到，布店老板是个懒老板，身上的衣服穿了三年却一次也没有洗过……亲戚儿子一听，心里十分高兴，想着，这下自己终于找到知音了。

于是他急急忙忙赶到布店，推门进去一看，只见四处是灰尘和蜘蛛网，而老板躺在床上，懒洋洋地问着："你来干什么？"

亲戚的儿子急忙回答："我和你之间有许多共同点，我想我们一定合得来，请让我在你的店里工作吧。"

只见老板头也不抬，冷冷地说道："你错了，懒老板哪会喜欢懒员工，再说，我自己平时都懒得管理布店，早就已经破产了，难道你还看不出来，哪里还需要什么员工？"

就这样，听说他一直没有找到活儿，他只会不停地埋怨父亲、埋怨命运……

专家解析 ZHUANJIAJIEXI

从上面的实例中，我们可以看到，父母懒惰，孩子效仿了将会对其将来产生多大的影响。为什么会出现这种现象呢？在日常生活当中，很多家长有懒惰的习惯，比如说：衣服堆了一周了，也不洗；每天上班之前也不早起打扫卫生；晚上睡觉前不洗脚等等懒惰的习惯。孩子耳濡目染，时间长了，自然也养成了懒惰的习惯。这种习惯一旦养成，将给孩子带来哪些不良影响呢？

首先，父母懒惰，孩子效仿。导致孩子在学习上的懒惰，表现为很多懒惰的孩子在课堂上不但不动手做笔记，也不动脑认真听讲；作业写得马马虎虎，不按时完成，更有甚者连写也不写，做数学习题从不抄题目、不写过程，直接写出答案，有时答案是直接抄写解答，也不是自己演算而成；抄写课文经常“偷工减料”；朗读课文,也念得心不在焉等等。诸如此类的懒惰习惯，导致孩子在学习上不动脑筋，不思进取，缺乏吃苦耐劳、坚持不懈的精神，渐渐地失去学习的动力。于是对学习越来越不感兴趣，久而久之，就离学习这个环境越来越远，精神变得越发萎靡不振，意志日渐消沉。本该是努力向上的学生时代，就因懒惰而葬送了日后可能有的大好前程。

其次，在生活上，孩子因盲目效仿父母，自己根本没有意识到这是一种懒惰行为，导致做事经常拖拉，总想着等一下再做或者明天再开始做今天该做的事，总认为反正再改就是。于是日复一日，年复一年，最终养成了懒惰的坏习惯，再也无法改变。养成办事拖拖拉拉、不能吃苦、享乐主义的坏习惯。

家长应该怎样预防以上严重后果的产生呢？下面给出几点具体

做法。

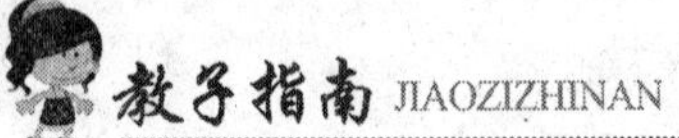

1. 家长要养成良好的生活习惯

家长要从自身做起，时时刻刻注意自己的言行举止和生活习惯，给孩子树立一个好榜样。父母养成良好的生活习惯，孩子经常和父母在一起，自然就会养成勤劳的好习惯。

2. 让孩子参加到家庭劳动中

家长可以根据孩子的年龄等实际情况，让孩子参加到家庭劳动中，给孩子一个动手锻炼的机会。

3. 经常和孩子一起做脑筋急转弯的趣味题

家长这样做可以开发孩子的智力，让孩子在思想上改掉懒惰的坏毛病。

4. 给孩子一个干净、舒适的生活环境

家长要按时打扫卫生，把家里收拾得井井有条，让孩子生活在一个干净舒适的环境中。

34. 不让孩子参与家务劳动

当今社会，孩子是家里的“小公主”、“小皇帝”，怎么舍得让孩子做家务劳动呢？家长认为孩子只要吃好、喝好、玩好，最后把学习搞好，就心满意足了，家务劳动根本与孩子无关。家长的这种教育方式不仅让孩子因此失去了锻炼的机会，还会对孩子的健康成长造成不利影响。

情景案例 QINGJINGANLI

宇航和妈妈吵起来了，是因为宇航想养一只小猫。

宇航很喜欢小动物，前两天，宇航去同班同学艳艳家里玩，看见猫妈妈生了几只小宝宝，很是喜欢。艳艳见她喜欢就说可以送给她一只。宇航兴高采烈地跑回家告诉妈妈这个好消息，谁知却被妈妈一口拒绝了。妈妈的理由是："我和爸爸每天要上班，还要洗衣、买菜、做饭管这个家，根本就没有闲的时候，哪还有工夫伺候猫啊狗啊的？"宇航对妈妈说："不用您管我的小猫，我自己照看它。"妈妈带着一脸不屑地说："得了吧，你管它？你还得我管呢，要管先把你自己管好就行了！去看看你自己的房间，乱七八糟的，从来都不知道收拾，什么时候不是我给你收拾？前脚收拾了，你后脚就祸害得面目全非。再看看你的衣柜，洗干净的衣服你都不知道往里边收，找件衣服就能翻个底朝天。还有你的抽屉、书包、写字台、书柜，哪样自己收拾过？还不都得我帮你收拾，你还嫌我不够累呀。"宇航反驳说："我说过我要自己收拾，可您老嫌我干得慢，干得不好。"妈妈说："你收拾？你收拾完了我还得再收拾一遍，还耽误你学习的工夫，我还不是为了让你有更多的时间学习吗？你每天除了学习，其他时间不是看电视，就是玩，家里的事儿什么都看不见，你知道爸爸妈妈有多辛苦吗？"宇航知道再怎么跟妈妈说也没有用，反正妈妈不会同意养小猫的。可是心里还是很不服气："总怪我什么都不管，我想管您也得让我管呀。我干点儿什么您都嫌慢、嫌不好，还挑三拣四的，好像我做什么都不行。不信您试试，放心让我做一次家务，一定不会比您差。"

专家解析 ZHUANJIAJIEXI

从上述实例中，我们不难看出，家长为了让孩子有更多的时间学习，不想累着孩子，所以什么都不让孩子做，认为家务和孩子无关。

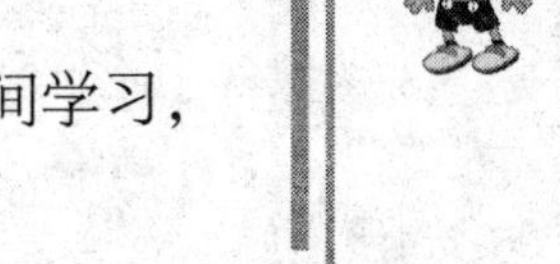

在现实生活中，也有很多家长认为孩子做事不熟练、不谨慎，或者达不到父母的标准，所以从来不鼓励孩子做家务。

更有很多家长对孩子过分溺爱，舍不得让孩子做家务。

由于以上原因，家长认为家务劳动与孩子无关，这使得孩子不能体会到劳动的辛苦，还会带来一系列不良影响：

首先，家务劳动是对孩子的自理能力、动手能力、观察问题以及解决问题的能力的一种锻炼，同时也可以帮助孩子合理、高效地安排、利用时间。有时这比多做一道题、多背几个单词更重要。孩子不参与这些劳动，也就失去了很多锻炼和学习的机会。

其次，孩子在成长过程中，要经历不同的角色承担起不同的责任，而孩子的第一个角色就是身为家庭中的一员，要承担对家庭的一份责任。父母因为孩子的学习紧张或其他原因不让孩子做任何家务，就使孩子失去了一次承担责任的机会。试想一个人如果连对家庭的责任都承担不好，又如何能挑起事业的重担？

再次，不可否认，每个家长为孩子付出都是不求回报的，但应该让孩子了解父母为他所做的一切。这些不是单纯靠父母的说教就可以让孩子理解的。要让孩子参与到劳动中，让孩子亲身去体会，否则，孩子会把父母为他所做的一切都当作是理所应当、天经地义的，孩子会因此变得自私自利，以自我为中心，没有责任感，缺乏爱心，也就不懂得体贴和关心他人。

最后，孩子还会因为觉得在这个家里没有什么是他能做的事情，渐渐地觉得自己没有地位、没有成就感，对自己的能力产生怀疑，随之与父母产生矛盾。

综上所述，家长认为家务劳动和孩子无关是完全错误的，家长应该正视这个问题，下面给出几点建议。

1.让孩子从简单的家务做起

家长不要对孩子过度溺爱，让孩子从简单的、力所能及的家务劳动开始，通过劳动，孩子不仅可以锻炼能力，同时还可以了解很多知识，培养出不怕吃苦、不怕困难的精神和责任感。

2.分配给孩子固定的任务

让孩子承担一些他力所能及的家务，最好给孩子固定的任务，使孩子感到他在家里的重要性，可以很好地培养孩子的责任心、自信心，让孩子体会到给予和成功的快乐，也让孩子体会父母的辛苦，懂得关爱和珍惜。

3.当孩子因不熟练出错时，家长要采取正确的态度对待孩子

当孩子尝试做家务时，因不够熟练出错，甚至毁坏东西，父母不要因此责备或干脆不让孩子做。要允许孩子有学习、掌握的过程，允许孩子在实践中不断地提高动手能力。

35.不让孩子动手实践

经常听到一些父母的抱怨：“我家孩子吃饭真费劲，每天追着喂，不喂的话他就不吃，真让人头疼。”家长有没有反思过，为什么会出现这样的现象呢？其实答案很简单，家长不让孩子自己动手去做。家长的这种做法将会给孩子的健康成长带来严重的后果。

情景案例 QINGJINGANLI

镜头一：有一个8岁的男孩，学习成绩很好，但是什么都不会做。

有一次，这个男孩看到街上有一个和自己年纪相仿的小孩自己做手

工制品来卖，回家后就和父母嚷嚷着也要去学，说以后也要像那个小孩子一样自己来挣钱。可是他的父母却很生气地对小男孩说："学什么呀，那不是浪费时间吗？我们从不指望着你做手工艺品换饭吃，如果你想要那些东西，我们可以把你喜欢的都买回来。你只要好好学习，别的什么都不必做，爸妈早就给你存了很多钱，够你花一辈子了。"小男孩说："那好吧，你们去街上把那些我喜欢的手工艺品都买回来吧。"

镜头二：丽莎从小受尽家长宠爱，从小到大衣来伸手饭来张口，除了学习，其他什么事情都是父母包办的。丽莎也很争气，从上小学到高中学习成绩一直名列前茅，这让父母更加疼爱她。转眼间，丽莎经历了高考，即将走进大学校园了。9月，秋高气爽的一天，家人把丽莎送到了京城的一所名校，父母走前是千叮咛万嘱咐，带着万分的不舍离去了。父母高兴孩子考上了好大学，当他们回来没多久，还沉浸在这喜悦中的时候，一天丽莎突然出现在他们面前，对父母说："爸爸妈妈，我不想上学了，我什么都不会，衣服不会自己洗，床单不会铺，军训时被子不会叠……"听着女儿的诉说，父母此时后悔不已。

专家解析 ZHUANJIAJIEXI

从上述实例中，我们不难看出，家长不但不教授孩子生活常识，还横加制止。其实现实生活中，这样的事例也是不胜枚举的，很多家长因为溺爱孩子、害怕孩子吃苦，所以什么事情都不让孩子做；也有很多家长认为只要孩子学习成绩好就行，其他什么事情都不用孩子去做，所以导致了家长不教给孩子生活常识。那么，这样将给孩子带来哪些影响呢？

首先，家长过分疼爱孩子，想把孩子紧紧抓在手中。于是他们干脆包办一切，什么都要管，什么都自己动手，给孩子穿衣、喂饭、系鞋带、收拾玩具，照顾得无微不至。这种不放手的家教方法使孩子对父母产生

严重的依赖性。

其次，在日常生活中，家长任何事情都不让孩子动手去做，孩子会认为家长做任何事情都是应该的，这样孩子会缺少责任感。什么事情都不让孩子亲自动手去做，会使孩子失去实践的机会，最终缺乏动手能力，在社会上无法生存。

教子指南 JIAOZIZHINAN

1. 让孩子做力所能及的家务劳动。

2. 在孩子适当的年纪教他们使用煤气灶、电饭锅、冰箱和洗衣机等。

孩子的玩具坏了，让孩子自己动手修理，让孩子在探索过程中提高动手能力。

36. 只做大事，不做小事

有一位哲人曾说："如果没有小石头，大石头是不会稳稳当当地躺着的。"大家也会听过古人说过这样一句话："不积跬步，无以致千里；不积小流，无以成江海。"同样的道理，世界上任何一件成功的事情都是由小事堆积而成的。但是现实生活中有很多家长认为孩子要么就不做，要做就要做大事。家长这样的家教观念对孩子的成长会产生不利影响。

情景案例 QINGJINGANLI

小旭从小就是个聪明伶俐的孩子。他脑子反应快，什么东西都一学就会、一点就通，处处表现得比同龄的孩子强一大截。亲朋好友见到小

旭都当着他父母的面称赞说："这孩子聪明，以后一定错不了！是干大事的料。"小旭的父母为有这样一个儿子而感到骄傲，他们觉得儿子以后一定能干大事，得好好培养。凡是能为小旭做的，爸爸妈妈都抢在前面，希望小旭把时间都用在学习上，为以后"做大事"做准备。

天长日久，小旭也觉得自己不一般，以后一定能当个市长，或是当个董事长之类的。在学校，小旭的桌子里最乱，书本用具杂乱无章，老师和同学说他，他振振有词地说："这些小事情，我不用管，以后会有人为我收拾。"等轮到小旭做值日了，一组的同学都在劳动，只有小旭翘着二郎腿坐在那儿一动不动，他的理由是："这些都是清洁工做的，我不用做。"小旭的字写得不规范，老师让他多练练字，他不屑一顾地说："以后都用电脑打字，还会有打字员、秘书做，字写那么漂亮有什么用？"老师要求学生在家里帮助父母做家务，小旭根本就不加理睬。妈妈会在作业本上替他签字作假，妈妈说："我儿子用不着学做这些事，将来是干大事的人，哪用自己做家务、自己烧饭呢！"

小旭总是说："我才不干这些鸡毛蒜皮的小事情呢，我等着长大以后干大事呢！"

专家解析 ZHUANJIAJIEXI

现实生活中很多父母认为，孩子长大后能当科学家、将军、画家、航天飞行员等等。所以只想着怎么样把孩子培养成这方面的人才，等着孩子长大了做大事，忽略了现实生活中的小事情。试想，如果达芬奇小时候不是从画鸡蛋开始，他能成为闻名中外的画家吗？如果牛顿不是关注了苹果落地这样的小事，会研究出万有引力定律吗？如果爱迪生不是从小事做起，他会有那么多发明创造吗？所以说，家长这种教育孩子的思想，会给孩子带来很多不利影响，主要表现在以下几方面。

首先，孩子不会明白任何成就都是要从一点一滴的小事做起、逐渐

积累而成的道理。家长的做法，使孩子整天生活在虚无缥缈的成功中，却不能踏踏实实地对待学习和生活中的每一件事情，孩子容易产生好高骛远、眼高手低、狂妄自大、做事浮躁的坏毛病。而在孩子错过了不屑一顾的“小事”时，孩子就会失去了很多学习、锻炼的机会。

其次，家长为了能让孩子长大后顺利地“做大事”，就一手包揽了孩子生活中的全部“小事”，不仅为孩子打理生活中的“小事”，还为孩子打理学习中的“小事”。这样，孩子的独立意识、动手能力、生活自理能力得不到应有的锻炼和发展，并形成怕苦、散漫、懒惰的习惯，完全无法独立面对生活。

最后，父母只想着让孩子有更多的时间做“大事”，想着怎么样才能让孩子更加出色、更加拔尖，而忽视了孩子的习惯和道德品质的培养。

由此可以看出，不从小事做起对孩子的影响是很大的。那么家长应该从哪些方面着手避免此类问题的产生呢?

教子指南 JIAOZIZHINAN

1.教育孩子要从生活中的点点滴滴的小事做起

家长要做到从小培养孩子的这种习惯。使孩子能端正心态，不忽略小事，并乐意做小事。不是每个孩子天生就会有认真对待小事的习惯。要知道，达芬奇成为伟大的画家，是从鸡蛋画起的。其他很多后来取得杰出成就的人，小时候也都没有忽略小事，没有因为事小而不去做。

2.灌输良好的思想观念

给孩子灌输正确的观念，让孩子明白从小做小事是为了将来做大事打基础，告诉孩子如果现在小事都做不好，以后更不可能做成什么大事。很多时候父母的观念对孩子的影响是很大的，家长首先要摆正心态，不管孩子现在多聪明，孩子毕竟是孩子，需要家长的正确引导。如果家长都认为孩子不需要从小事做起，孩子势必会受父母影响产生相同的想法，

最终导致“朽木不可雕也”。

3. 教育孩子脚踏实地

让孩子知道脚踏实地的重要性，不要好高骛远。告诉孩子如果将来想做大事，现在必须从眼前的小事做起，不仅要关注学习成绩，也要关注学习习惯和生活习惯等很多小事。

4. 教育孩子现在做小事是为将来做大事打基础

对于孩子学习和生活中的小事，家长放手让孩子自己去解决。孩子会在处理这些事情的过程中不断积累经验和教训，天长日久，就会积少成多，为孩子将来做大事打下基础。

37. 孩子自己的事不能自己做主

当今社会，很多家长都做不到让孩子自己处理自己的事情，反而站在自己的角度处处为孩子着想，对孩子的日常生活都一手包办，不让孩子自己做生活的主人。家长这样做对孩子的健康成长极其不利，不仅使孩子失去了决断能力，还使孩子长大后处处依赖父母，无法在社会上立足。

情景案例 QINGJINGANLI

镜头一：有这样一个女孩，她今年上初三，在学校的学习成绩很好，什么事情自己都能做得很好，是老师和家长眼里的好孩子。她一直在班级当班长，同时还是学生会干部。虽然平时很忙，但女孩觉得这样的生活很充实。虽然当了学生干部，但是她的学习一点儿也没耽误，甚至比以前更好了。她总是抓紧一切时间去学习。

今年上到了初三，女孩依然当班长、担任学生会干部。可是有一天，妈妈却对她说：“明天跟你的班主任老师说一下，不当班长了。马上中考了，你应该把心思全部投入到学习当中，争取考上一个重点高中。”

女孩说：“当班长并不影响我的学习成绩，为什么要辞去？况且老师和同学都那么信任我。我不会和老师说的。”

可这位妈妈不顾女儿的反对，要求她一定要辞去班长的职务，还说，如果女儿不说，她就到学校和老师说。

无奈之下，女儿只好辞去了班长一职。

到了报中考的时候，这位母亲又非让女儿按自己的意愿填报志愿，可是女儿并不想上这所高中。

自己的事情自己不能做主，全部要按照母亲的意愿去做，女孩感到很压抑。

镜头二：下面是一段母子间的对话：

儿子：妈妈，下学期我就要上高二了，我想学文科。

妈妈：不行，这关系到你的一生，男孩儿学理科有出息。

儿子：妈妈，这次您让我自己做主好吗？

妈妈：不行，妈妈帮你选了。

儿子：以前很多事情都是你替我做主，我自己喜欢文学，不喜欢做理科题目。您就让我自己做主自己的事情，好不好？

妈妈：说什么都没用，这个事情妈妈给你做主了，听也好，不听也罢，就这么定了。

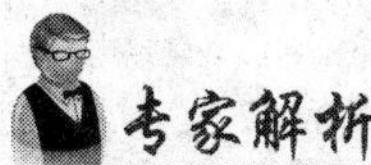

专家解析 ZHUANJIAJIEXI

现在不少家长在孩子培养上花费了大量的时间和精力，但付出与获得的往往不成正比。这究竟是什么原因呢？

根本原因在于，家长不让孩子自己做生活的主人。很多父母在关系

到孩子人生重大的事情时，不让孩子自己做主。特别是到孩子上了高中时，大多数家长对孩子限制得更紧了，他们全然不顾孩子的实际情况和感受。选择文理科时，他们会出面，代替孩子作出选择；中考、高考填报志愿时，不惜违背孩子的意愿去选择一些自己认为理想的专业。结果孩子进了大学后，对父母所选择的专业不感兴趣而闹退学的时有发生，这时父母再后悔也迟了。这样的例子经常见诸于各种媒体，它给父母敲响了警钟：与其越俎代庖，不给孩子充分的选择权，不如让孩子自己做生活的主人。

那么，家长这样做会对孩子产生哪些不利影响呢？

首先，家长不让孩子自己做生活的主人，孩子做什么事情都是在家长的安排下进行的，孩子长大后做事将失去计划性，最终导致一事无成。

其次，家长不让孩子做生活的主人，对孩子所有的事情都一手包办，将使孩子失去独立思考的能力，影响孩子的健康成长。

最后，孩子小时候，穿什么衣服，由家长选择；上学了，参加什么兴趣小组由家长来选择；高考了，填写什么志愿由家长来选择。这种“饭来张口，衣来伸手，危险来了让人抱着走”的人，即使再聪明，也不会懂得如何选择。因为没有任何主动性、没有一点儿判断力的人，与机遇往往是无缘的。家长为孩子安排好一切，孩子必须服从安排，这样孩子不仅失去了选择的机会，久而久之，将会失去自主选择的能力，事事依靠父母。

以上严重后果，各位家长应引以为戒。那么在面对此问题时，家长该怎么做呢？

教子指南 JIAOZIZHINAN

1.让孩子自己做生活的主人

在生活中有很多孩子可以独立做的事情，家长需要放手，让他们自己尝试去做，不要让孩子永远生活在家长的羽翼下。例如：你可以叫孩

子自己到邻居家借东西。有一天孩子迟到时，家长可以让他自己独立走进教室，自己找座位，自己向老师解释。当你接孩子回家时，可以叫孩子自己找衣服、帽子，自己整理书包。或者，你可以叫孩子到附近商店买点油盐酱醋和自己喜欢吃的零食。

2. 放开孩子的手

当孩子遇到困难的时候，家长不要急于代替孩子解决问题，孩子自己做生活的主人，肯定要经历摔跟头、走弯路的过程。家长需要做的是放开孩子的手，让孩子单独经历这个过程，孩子在以后的道路上将会从容得多。

3. 给孩子自己选择的权力

把一些关于孩子自己的重大的事情交给孩子自己去选择，这样既能培养孩子的自信心，也能培养孩子的决断能力。

38. 阻碍孩子独立意识的发展

卢梭说："要使一个孩子能够成为明智的人，就必须培养他有自己的看法，而不能要他服从我们的看法。"当孩子想独立做事情的时候，很多家长认为孩子小，什么都不该让孩子做；有些认为孩子做事慢，不如自己代劳；有些认为孩子的主要任务是学习，其他什么事都不应该让他们做；还有些家长怕孩子毛手毛脚不小心弄坏了家里的东西，于是一手包揽。这样做不仅打击了孩子的独立意识，还会导致孩子失去生存能力。

情景案例 QINGJINGANLI

镜头一：白先生向记者坦露了对儿子担忧：儿子从小到大，我们夫

妇从来不让孩子做任何事情，他的衣食住行，我和他妈妈都一手包办。每当儿子想要自己动手做事的时候，我和妻子就会强烈反对，甚至还因此对儿子大发雷霆，儿子因此再也不敢提出要单独做什么事情了。现在尽管儿子还很听话，吃饭不挑食，穿衣服也不挑三拣四，但是他现在已经8岁了，连洗脸都不会，每天早上上学之前，不管我们多赶时间，都要先给孩子穿衣服、洗脸，再把他送到学校，现在孩子连起码的生活都无法自理。儿子已经对父母产生了依赖感，不管什么事情都不知道自己动手去做。我们夫妇现在特别后悔，孩子现在一点独立意识都没有，以后可怎么在社会立足啊。

镜头二：公司同事张姐的女儿现在已经读小学五年级了，在父母的庇护下成长。张姐夫妇从来不让女儿单独做任何一件事情，直到现在才发现孩子连自己整理东西的意识都没有。每天女儿放学一回到家，就把书包里的书全部倒出来，书本玩具扔得到处都是，自己的小房间从来都是乱七八糟。张姐说："以前孩子的东西是我帮她整理的，现在孩子大了，不让我随便乱动她的东西了，说我收拾好了她找不到，而我要是不去整理，她就会今天找不到这个，明天找不到那个，我们母女俩经常为这事闹得不愉快。这倒是小事，但是我担心孩子以后可怎么生存啊？"

镜头三：南南和妈妈一起去隔壁邻居家做客，隔壁阿姨家的小妹妹见到南南十分高兴，拿出爸爸给自己新买的积木和南南一起玩。一会儿摆出一张床，一会儿搭出个沙发，一会儿又做出个小房子……两个小家伙玩得不亦乐乎。

两个孩子玩得十分开心，不知不觉吃饭的时间到了。这时南南妈妈要带他回家吃午饭，南南说："妈妈，等一等。"然后蹲下来开始收拾满地散落的积木。

"你别管这些积木了，妈妈来帮你收拾吧！"妈妈对南南说。

从上面几则实例中我们可以看出，有些家长认为孩子小，什么事情也不让孩子自己独立完成，即使孩子想自己动手做事，家长也横加阻拦，打击孩子的独立意识。也有些家长为了让孩子有一个好的生活环境，不让孩子吃一点苦，所以对孩子的一切一手包办，根本无视孩子的独立意识，从而给孩子带来了一系列不良后果。

家长打击孩子的独立意识是要付出惨重代价的。孩子一旦缺乏独立意识，就会失去自立能力，对父母产生依赖性。每个父母都疼爱自己的孩子，但是不可能一辈子都牵着孩子的手，为孩子做一切事情，因此家长必须要在生活中注意培养孩子的独立意识。孩子自己的事情让他自己做，不要盲目阻拦，打击孩子的积极性。

有时候孩子缺少独立性和自主能力完全是家长教育方法不当造成的。从小对孩子事事包办已经让孩子缺乏独立意识，当孩子提出要尝试做事的时候，家长又为了不让孩子受到任何伤害而自己包办，以致打击孩子的独立意识。这样孩子长大后会养成逃避责任的习惯，必然无法自立于社会。

由此我们可以清楚地了解到打击孩子独立意识所带来的不良后果。那么，存在这样问题的家长是否应该反思一下呢？下面对于此问题给出几点具体建议。

教子指南 JIAOZIZHINAN

1. 有意识地交给孩子一些事做

家长要根据孩子的年龄和实际动手能力，有意识地交给孩子一些简单的任务，如果太难会让孩子失去信心。要经常换换花样，让孩子有成就感和新鲜感，锻炼孩子的独立意识。

2. 让孩子自主寻找解决问题的方法

当家长碰到孩子做事失败的时候，给孩子锻炼的机会，让孩子自己独立思考该如何解决问题。其实让孩子独立思考就是培养孩子独立意识的过程。

3. 给孩子充分的空间，让孩子自由发展

给孩子一个独立的空间，让他们在这个空间内充分发展自己的独立意识。这样做不是让父母撒手不管了，孩子经独立意识思考以后，家长们要对他们作出的选择加以了解，在适当的时候加以指点，这有利于孩子独立意识的发展。

4. 相信孩子能处理好自己的事

如果孩子独立意识较强，家长可以放心大胆地让孩子自己处理自己的事情，只要在重大事情上给予指点即可。如果孩子独立意识较弱，家长就要鼓励孩子自己动手完成自己的事情。经过生活的洗礼，孩子的独立意识会越来越强。

39. 孩子创造和把握机会的能力缺失

当今社会，家长为子女要走的每一步都铺好了路。孩子根本就不知道自己的人生需要自己奋斗，根本不知道什么是机会，更不知道在机遇来临的时候，应该如何把握。受过这种教育的孩子在长大后，将会处处碰壁。

情景案例 QINGJINGANLI

镜头一：有一年，中国某城市经济萧条，不少工厂和企业纷纷倒闭，

有些经济实力较强的企业也被迫停产，低价抛售自己堆积如山的存货，价格低到10元钱可以买到10双鞋子。当时有一位年轻人叫李强，他是一家织造厂的小技师。当妻子让他把自己的积蓄用于收购低价货物时，他说妻子是个蠢材。但是他的好朋友小王却把自己的积蓄全部拿出来收购各工厂抛售的货物，他对别人的嘲笑置之不理，并租了一个很大的货场来存货。李强劝他，不要再收购这些别人廉价抛售的东西，小王一笑置之。李强则把积蓄下来的有限数目的钱存起来，准备用做子女教养费，他想小王一定血本无归，后果不堪设想。

过了十多天，那些工厂找不到买主了，便只好把所有存货用车运走毁掉，以此稳定市场上的物价。李强看到别人已经在焚烧货物，不由得为小王着急，小王还是一言不发，一笑而过。

两个月后，政府终于采取了紧急行动，稳定了地方的物价，并且大力支持那里的企业复业。

由于地方因焚烧的货物过多，存货欠缺，物价一天天飞涨。这时，小王马上把自己库存的大量货物抛售出去，这样一来他赚了一大笔钱，还使市场得以稳定，不至于暴涨不断。

李强看见小王一夜暴富，后悔当初没有听妻子的劝告，使自己错失良机。

镜头二：有这样一个真实的故事：沙漠中有父子俩，牵着骆驼在经历了长途跋涉之后，都已经疲惫不堪，干渴使他们每迈出一步都异常艰难，但是沙漠依旧一望无际。这时，父亲看都到黄沙中有一块马蹄铁在阳光的照耀下闪烁——那是沙漠里的先行者的遗留品。父亲对儿子说，把它捡起来吧，会有用的。儿子心想，在这漫无边际的黄沙堆中，一块马蹄铁会有什么用呢？儿子摇了摇头，没有弯腰。于是，父亲俯身拾起那块马蹄铁放入行李袋，什么也没说，仍继续前行。终于，他们走到一座城堡，在城堡中父亲用马蹄铁换来几百枚酸葡萄。当他们再走入沙漠时，干渴再次使父子俩的喉咙冒出青烟。父亲此刻掏出酸葡萄来边走边

吃并不时抛下一枚，每抛下一颗，儿子便俯身捡起吃掉，为了这几百枚酸葡萄，儿子竟弯了几百次腰。

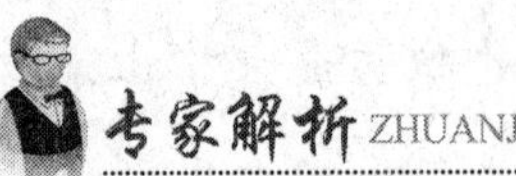

专家解析 ZHUANJIAJIEXI

人的生存需要主动，所以，机会大多数是需要自己创造的。许多人不善于把握机会，创造机遇。当今普遍存在的现象是孩子对机会的眼界太高，欲望太大，导致了孩子不能审时度势，抓不住事态的变化动向，进而完全丧失掌握机遇的能力，失去审时度势的本领。一旦孩子没有创造和把握机会的能力，最终将在激烈的市场竞争中失败。

有的孩子常常感叹“乱世出英雄”，认为当今社会国泰民安，一派繁荣景象，根本不存在什么机遇。这种想法是绝对错误的，对孩子的成长也是十分有害的。现代高新科技的发展日新月异，促成了新的竞争环境与机制，人们面临更多的挑战。而挑战与竞争本身就是一种机遇。我们并不否认“乱世出英雄”，但肯定的是，在现代社会，我们面临更多的机遇。那么家长怎么帮助孩子培养创造和把握机会的能力呢？

教子指南 JIAOZIZHINAN

1.让孩子知道机会可以改变一个人的命运

虽然我们现在生活在一个和平年代，但是光有社会的美好，不一定会生活得幸福。家长要教导孩子善于把握机会，机会就是时代的命脉，一旦抓住了机会，就能够改变自己的一生，能够更好地适应社会，更好地生存在这个瞬息万变的社会中。

2.主动选择机遇

家长教育孩子，靠等待机遇而走向成功的人是极少的。更多的时候，鼓励孩子积极主动地去创造机会，告诉他们这是许多成功人士能够走在

时代前列的原因，也是适应未来社会，更好地生存的必经之路。所以，更多的时候，家长要锻炼孩子自己创造和把握机会的能力。

3. 教育孩子学会放弃

机遇往往是很珍贵的，稍纵即逝。所以，家长要教育孩子不仅要善于发现机遇，还要学会把握机遇。但由于孩子的智力和心理原因，要让他们做出识别是非常困难的一件事，家长在这种情况下就要求孩子在这一方面多思考，可征求父母的意见，一定要让孩子逐渐学会如何把握机遇，这是非常关键的。著名武侠小说家温瑞安先生曾说过："你可能抓住了一个机会，但你绝没有意识到，你同时又放弃了一个更大的机会。"所以，当孩子面临诸多选择时，家长一定要教会孩子排除干扰，学会放弃。如果鱼与熊掌都要兼得，终将一事无成。

40. 对孩子的才能缺乏热心鼓励

现实生活中，每个孩子都希望得到父母和老师的关注，所以会经常在家长面前展示自己的才能。他们希望得到家长的鼓励，哪怕家长不用话语来赞美，就算是一个赞美的眼神也会给孩子莫大的鼓励，让孩子对自己充满自信。但是很多家长往往忽视了孩子这种心理需要，不给孩子展示才能的机会，最终导致孩子对自己没信心，从而做事缺少积极性。

情景案例 QINGJINGANLI

镜头一："妈妈，您快来看我的画好不好看？"女儿拿着自己的作品一边向妈妈跑去一边喊着。正在厨房里忙得焦头烂额的妈妈，向女儿歪歪头瞥了一眼画，说了句："自己一边玩去，没看见我正在忙

吗？”女儿撅着嘴说：“妈妈，你有时间看一下，我给您放在茶几上，您好好看看。”还对妈妈说：“这就是我那张在学校美术作品栏展览的画，在学校展览了一个多月了，今天老师说要换展品，我特地跟老师要回来给您看的。”妈妈转过头：“什么学校展览的那张画？”女儿有点不高兴了：“妈妈，一个月前我就告诉过您。让您去学校看展览，您说没工夫。我说会给您带回来，您怎么又忘了？”妈妈陪着笑脸说：“瞧我这记性，现在想起来了，想起来了。”女儿开心地又问妈妈：“您感觉我这画画得好吗？”妈妈随口说了一句：“还不错！”“那您觉得不错在哪儿？您觉得哪儿画得最好？”这时妈妈已经又回到厨房忙做饭了。见女儿没完没了地追问，很不耐烦地说：“不就是一张在学校展览的画吗，有什么了不起似的，要是在市里、省里获个奖，也值得显摆显摆。行了，行了，我没时间和你说这无聊的问题。”女儿很失望地把画撕了个粉碎。

镜头二：周末晚饭后，爸爸正坐在沙发上看报纸，妈妈正在收拾碗筷，霞霞跑过来对爸爸说：“爸爸，今天老师教了一首歌，我唱给你们听，好不好？”爸爸眼皮都没撩一下，对女儿说：“自己一边玩去，没看见我在忙着吗。”女儿还是纠缠不休：“爸爸，老师都夸我了，她说我是班级所有学生当中唱得最好的了，你就听一下好不好？”这时爸爸放下了报纸，满脸怒气地对女儿吼道：“你怎么这么烦呢！想唱去学校唱去，不知道我看报需要安静吗？”孩子哭着跑进了自己的小房间。

专家解析 ZHUANJIAJIEXI

现实生活中，有很多家长由于忙碌，经常敷衍孩子，不给孩子展示才能的机会；也有很多家长因为对孩子要求高，不满足孩子所取得的成绩，所以忽略了给孩子展示的机会。这将给孩子带来以下不良影响：

首先，如上述实例中所述，每个孩子都需要家长给他们展示才能的机会，表现为听他们唱歌或是看他们画的画等等。孩子这么做无非是想在父母面前展示自己的才能，他们渴望因此得到家长的关注和赞赏，希望父母和他们多交流，希望得到家长的赞美，希望和父母一起分享快乐或是分担痛苦。但是很多家长忽视了孩子的这种需要。孩子会因此感觉到家长不重视自己，心理健康受到严重影响。如果家长经常这么做，会使孩子和父母之间产生隔阂。如果得不到及时的调整和缓解，甚至会导致孩子出现心理障碍、暴力倾向等。

其次，当孩子想在家长面前展示自己的才能，希望家长肯定自己的时候，家长没有给予重视，没把这个当回事，甚至嘲讽、否定孩子的这种做法，不仅会使孩子的正常表现欲望受到压制，还会挫伤孩子的自信心、创造力和积极性。

家长应该引以为戒，不要犯以上类似错误。

教子指南 JIAOZIZHINAN

1.理解孩子的心理需要

希望在家长面前展示自己的才能是每个孩子的心理需要。家长要了解孩子的心理，当孩子想要展示自己的时候，家长要满足孩子的心理需要，关注孩子，对孩子的表现给予肯定，这样不仅满足了孩子的需求，也能使亲子关系融洽。

2.家长在忙碌的时候要告诉孩子“请稍等一下”

如果家长因为忙或者是有其他重要的事情无法满足孩子需求的时候，不要用搪塞、敷衍的办法对待孩子，而应该向孩子说明实际情况，并告诉孩子爸爸妈妈什么时候有时间，可以来听他唱歌、看他的画。这样，孩子心里一般会乐于接受父母的解释。家长这样做对孩子的成长也是非常有益的。孩子因此会明白不能自私自利，总想着自己。在做事的时候

还要考虑其他人的感受。

3. 请客人欣赏孩子的作品或表演

为了让孩子更好地表现自己的才能，家长可以在家里来客人的时候，给孩子一次展示才能的机会，这不仅满足了孩子的需求，也让家长在谈话过程中得以放松心情。

4. 鼓励孩子参加他感兴趣的比赛

给孩子展示才能的机会，不仅仅限于在家长和孩子之间，家长要鼓励孩子在更多人面前展示自己，鼓励孩子参加感兴趣的比赛，让孩子在竞争中看到自己的优点和不足，不断进步。

41. 对孩子迷恋网络游戏缺乏引导

玩，是每个孩子的天性，家长没有权利剥夺。但孩子对网络游戏的“玩”，家长要加以警惕。因为不少孩子一沾上网络游戏就无法自拔，白天上课的时候心不在焉，晚上做梦都会是打网络游戏。网络游戏就像毒品一样，很多孩子只要一接触到这个东西，就像吸毒一样无法自拔，完全将精神依附在网络游戏上。这样孩子的大部分学习时间和运动时间被占用，不利于孩子的学习和成长。

情景案例 QINGJINGANLI

镜头一：12 岁的小明是某小学五年级的学生，从小到大成绩优异。自从最近他家居住的小区里开起了网吧后，他经常听同学说网络游戏有多好玩，便不由自主地被吸引过去了，不久便成了那里的常客，一心痴迷于网络游戏，再也没心思读书了。不知不觉一年过去了，等到期末考

试成绩出来的时候，他得知自己各门成绩都挂了红灯、面临留级时，他再也不肯去学校上学了，最后辍学在家。

镜头二：中央电视台曾播出这样一则关于青少年痴迷网络游戏、最终导致一场血案消息：

四川省某市的一个初中生吴冬（化名），自诩为网络游戏高手，少年吴冬自认为是网络游戏高手，但是不知什么时候在网络的虚拟世界里多了另一个高手，吴冬在一次游戏中被对方杀死了20多次后，已经分不清真实还是虚拟世界的他，决定用一种特殊的方式报复，在这种思想的驱使下，一场血案发生了。

一个人能死而复生吗？答案毫无疑问，这是根本是不可能的。但是在网络世界里，这是完全合情合理的。由此可以看出，现实和虚拟是泾渭分明的。但是，沉迷于网络的青少年已经对二者混淆不清了，一旦孩子出现这样的心理，将会出现什么样的后果呢？

事情发生的经过有一个目击证人，他叫王旭（化名），他向警察叙述了在那个夜深人静的时候，发生惨案的经过。那天晚上他和同事阿龙（化名）在寝室睡觉，刚要睡着的时候，突然闯进四个年纪不大的少年，径直向阿龙走去，连续捅了阿龙四刀以后扬长而去。通过王旭的叙述，警方初步确定，四个少年当中，肯定有人与死者相识，杀人动机可能是出于报复。那么，他们之间到底有什么过节呢？经进一步调查了解，原来阿龙平时除了上班，就是喜欢上网玩游戏，基本上没有和人结过怨，与别人发生冲突更是不可能。

就在公安人员对此案百思不得其解的时候，网络上的一则重要信息成了破案的一个重要线索：一个叫吴冬的年轻人曾在血案发生的当天在网上扬言要教训阿龙。于是，公安人员把目标锁定为这个叫吴冬的少年。经调查得知，吴冬是个初中学生，痴迷于网络游戏，经常因为上网逃课，荒废了学业。他在网络游戏中小有名气，自称为网络游戏高手，平时的课余时间都在网吧里“厮杀”。但是案发后，吴冬突然失踪。警方根据

这些线索，认为他有重大嫌疑。事情真相真的如警方推测的一样吗？随着吴冬等人的落网，终于真相大白。

案发第三天，吴冬和其他三名涉嫌杀害阿龙的犯罪嫌疑人被当地警方抓获归案。据吴冬交代，他本来并不想杀死阿龙的，只是想教训他一下。吴冬说自己是个游戏高手，在长期的厮杀中从来没有对手。除了他之外当地还有一位游戏高手就是阿龙。在现实生活中，阿龙是吴冬玩游戏的启蒙老师，是他教会吴冬打网络游戏的。由于吴冬不分昼夜地在虚幻世界里厮杀，没过多久就小有名气了。但是两人在游戏里谁也不服谁，终于在一次不期而遇中，两个人的厮杀开始了。在这次较量中，吴冬被阿龙杀死了 20 多次，屡战屡败之后，有些气馁的吴冬原本打算暂时退却，等以后有机会再卷土重来。然而阿龙在网上留言警告他，说他是手下败将，让他以后不要再踏进游戏世界，这激起了吴冬的报复之心。

专家解析 ZHUANJIAJIEXI

在近年来，网络游戏市场以惊人的速度飞速发展，网络游戏的本质是以满足大众心理为基础，在虚拟的世界里让人娱乐的高科技形式，它无形中吸引了社会的各色人群，包括青少年群体。过分地痴迷于网络游戏对孩子的影响是极其不好的。上面的两个案例，让我们清楚地看到了网络游戏对青少年的戕害。它体现在孩子的思想和行为上具体有哪些表现呢？

1. 对孩子的身体健康产生不良影响

孩子痴迷于网络游戏，就会长时间盯着电脑。这样不注意用眼卫生，诱发近视、散光的几率非常高。电脑长时间的辐射，还会使孩子产生头晕、眼花、食欲不振等各种症状。

2. 孩子痴迷于网络游戏会脱离现实、荒废学业

在现实生活中，有许多孩子痴迷于网络游戏，因为网络这个虚幻的

世界，可以满足他们各种各样的需要，在网络游戏中可以让他们忘记现实学习的压力。孩子经常沉迷在虚幻的世界里，将会对他们的学习和生活产生巨大影响。他们做事会脱离现实，受到严重影响者甚至荒废学业。

3. 对孩子的身心健康构成危害，甚至使其走上犯罪道路

由于孩子的心智发育不成熟，自控能力较差，网络游戏中的暴力情节很容易侵蚀孩子的思想。他们会不知不觉地模仿游戏中的情节，从而走上犯罪道路。

网络游戏诱惑力极大，孩子一旦接触，很容易痴迷，家长要设法保护孩子不受侵袭。

教子指南 JIAOZIZHINAN

家长是孩子的监护人，也是有效地阻止孩子迷失网络游戏的防火墙，家长要时时刻刻关注孩子的一举一动，绝对不能让孩子放任自流。多和孩子进行沟通交流，在孩子学习电脑知识的时候，陪孩子一起上网，监督孩子，防止孩子迷失在网络游戏中。

第五章　身体没病就是健康

——在心理方面的教子误区

心理健康是保证孩子健康成长的一个重要条件。一个孩子不仅要身体健康，更重要的是要心理健康，才能以积极向上、乐观的心态适应社会，最终成为对社会有用的人才。所以为人父母的家长们，千万别用您错误的教育方式在孩子心理方面留下阴影。

42. 抓住孩子偶然的失败不放

天下没有常胜将军。孩子的学习生涯中，不知道要经历多少大大小小的考试，难免偶尔失误。考试失败了，孩子本身已经不安、紧张和信心不足，如果父母再不分青红皂白地批评、指责，会造成孩子丧失信心和斗志。

情景案例 QINGJINGANLI

镜头一：小王发现，最近办公室的同事小李一直都闷闷不乐，一直坐着看着电脑发呆，做事也是没精打采的。“怎么了小李，是不是哪里不舒服啊？”小王关心地问。感受到小王的关心，小李找到了自己可以

倾诉的对象："还不是因为儿子期末考试。"然后一五一十地向小王倾诉了自己心里的苦闷。

前几天，小李去学校参加了期末考试家长会。家长们聚在一起，避免不了讨论孩子的成绩问题，相互交流，学习教子良策。因为小李的儿子成绩一直名列前茅，大家都对她羡慕不已，称赞她教子有方，这让小李感到很骄傲。可等到家长会开完老师总结考试情况、公布成绩的时候，小李傻眼了：儿子这次居然退步到十几名！尽管老师对小李说，孩子只是因为数学考试中的一道大题审题不清导致意外失手，才把成绩拉了下来的，其他几门课都考得非常好。可小李却觉得这不外乎晴天里的一个惊雷。回到家，小李就把儿子叫到身边大声呵斥起来："你怎么回事啊？正式考试怎么这么马虎，把一道大题的分都丢了！你平时怎么学的？老师没教你做题之前要仔细审题吗？看看，平时你都能考第一名，这回好了，退后到十几名了，居然前10名都没考进！你知道我去开家长会时因为你有多没面子，你同学家长还要向我取经呢，结果你考得还不如人家孩子呢！"

说到这儿，小李很生气地对小王说："我说得没错吧。儿子被训斥以后什么也没说，就是一个劲儿地哭，可见他知道错了。可我丈夫说我这是给儿子压力太大，还跟我吵起来了，不让我说孩子！你说气人不气人，好像我做错了，他考试没考好还不能说了！"

镜头二：京京是个聪明可爱的小女孩，她不仅成绩很好，而且对画画也非常有天赋。爸爸妈妈省吃俭用，给孩子交了巨额学费，把孩子送进市里最好的绘画班。孩子没有辜负父母的一片苦心，由于孩子自己勤学苦练，京京学了一年就比其他学了三年的孩子还画得好。这不，老师还建议京京的父母让孩子参加一个市里的比赛呢。家长听从了老师的意见，给女儿报了名，结果在这次比赛中女儿在一千多人中脱颖而出，拿了个三等奖。这让父母非常高兴，他们准备让孩子继续学习，参加省里甚至全国的比赛，孩子也因此更加努力学习了。几年的时间里，京京获得了十几个大大小小的奖，父母为有这样的女儿感到骄傲。但是，这一次，

在全国青年杯比赛中，京京失利了，没有拿到名次，孩子很失落。家长知道了这个消息很生气，他们教训孩子说：“你怎么这么没出息呢，你知道我们对你这次比赛抱了多大的希望吗？这么不争气，以后也没什么出息了。晚上别吃饭了……”孩子被父母大骂了一顿，哭着跑开了。京京从此以后不敢再参加任何比赛了，因为她心理承受了巨大的压力，渐渐地，京京对画画失去了兴趣。

专家解析 ZHUANJIAJIEXI

有些家长在孩子考试出现失误的时候，不但不能给予安慰，和孩子一起寻找失误的原因，反而只知道责骂，以孩子的一次成败论英雄。这样做会带来以下不良后果：

第一，加重孩子的心理负担，使孩子长期处于紧张、悲观的状态下，影响孩子的正常学习。

第二，造成亲子关系紧张，甚至激化。家长不分青红皂白地指责孩子，会让孩子对父母产生抵触心理。

第三，严重挫伤孩子的自尊心，打击孩子的自信心。

第四，当孩子在一次考试中考得好，家长拿这次成绩当作资本，盲目炫耀，就会导致孩子沾沾自喜，失去学习的主动力。

综上所述，家长要以平常心对待孩子的学习成绩。成绩好的时候适当地给予表扬，适当地提醒孩子还存在哪方面的不足。反之，孩子成绩出现了失误，要及时帮助孩子总结经验和教训。具体给予以下几点建议。

教子指南 JIAOZIZHINAN

1.反其道而行

孩子出现了失误，并不是主观意愿所为，家长不要一味地追求完美，

可以反其道而行，暂时将要求放低，给孩子机会让其找出失误的原因。总结经验教训才能进步。

2. 不要把孩子学习成绩当作自己炫耀的资本

孩子成绩好确实会让别人羡慕，但作为家长不要拿孩子的成绩当作自己炫耀的资本。否则孩子一次考试失误就会让自己觉得很没面子，给孩子造成心灵创伤。

3. 帮助孩子在失败中总结经验

一次的成败不能代表什么，需用平常心看待孩子的成败。考得好可以给予适当的奖励，考得差也不要盲目批评指责。需帮助孩子分析失败的原因，不再犯相同的错误，慢慢走向成功。

4. 安慰孩子

考试失败了对孩子本身也是一个很大的打击，家长就不能再给孩子施加压力了，要学会安慰孩子，让孩子放下心理包袱，轻松地进入学习状态，去迎接下一个挑战。

43. 不注重培养孩子的意志力

荀子说：“骐骥一跃，不能十步；驽马十驾，功在不舍。锲而舍之，朽木不折；锲而不舍，金石可镂。”意思是说不管做什么事不可能一步登天，能获得成功的人都具有坚强的意志力。其实教育孩子也是一样的，家长忽视对孩子意志力的培养，最终将导致孩子一事无成。

情景案例 QINGJINGANLI

镜头一：安琪今年已经16岁了，她爸爸是公司总裁，妈妈是公务

员。父母给她创造了很好的物质条件，她在家也是要风得风，要雨得雨。这不最近她很喜欢韩国歌星宝儿，很喜欢宝儿的歌，整天跟妈妈说，要找个老师教她唱歌。妈妈听了女儿的想法，毫不犹豫地找了个很出名的声乐老师来家里给女儿授课。但是没过几天，安琪看到宝儿在MV里跳的舞蹈很好看，又对舞蹈产生了兴趣，就不想学唱歌了，非吵着闹着要学跳舞。爸爸妈妈在她的软磨硬泡下，送她去了本市最好的舞蹈班。安琪如愿以偿了，但是没过多久，起早贪黑的训练让安琪产生了厌烦心理，她又以自己身体胖为理由和爸爸妈妈说不学舞蹈了要学钢琴。家长爱孩子，就顺女儿的意思给女儿买了钢琴，请了老师。没出一个月，安琪又开始厌倦了……最后一事无成。

镜头二：小宁同学个性很强，经常违反学校的纪律。原因是他性情浮躁，做事虎头蛇尾，缺乏耐心和意志力。平时总是作业写到一半就去看电视，课听到一半就会胡思乱想，爱和同学斤斤计较，缺乏耐心，嗜好表扬的他却不能自律，意志力非常薄弱，承受挫折能力差。因为意志力薄弱的原因，虽然孩子的头脑聪明，但学习成绩却不是很理想。

镜头三：上语文课时小多总爱开小差，不积极思考问题，爱发呆。下课后，不能认真复习功课，脑袋里总想着出去玩。上晚自习，他感觉时间混乱自己尤其上得不好，总想讲话，可又开不了口，还总发呆，想睡觉。他感觉自己难以克服玩的欲望，总想玩，控制不了自己。上课想着玩，下课后勉强做完作业，又出去玩了。他的成绩又下降了不少。总之，就是一个“玩”字害得他学习成绩一次又一次地下降，使他一次又一次遭遇失败，却不知道怎么办。

专家解析 ZHUANJIAJIEXI

现实生活中有相当一部分家长忽视对孩子意志力的培养，怕孩子委屈，孩子要干什么就让干什么，想学什么就学什么。大多数孩子都在这

样舒适的环境中生活，家长忽视了孩子意志力的培养，给孩子的健康成长带来很多不利影响。

首先，在学习上，从上述案例中我们不难看出，虽然孩子天生是聪明的，但是因为没有意志力，整天边学边玩，导致成绩不理想，甚至直线下滑。

其次，家长忽视对孩子意志力的培养，会导致孩子稍稍碰到困难，哪怕是小小的挫折，就束手无策，失去勇气和信心，更因承受不住压力而产生了不良情绪。

最后，孩子做什么事都是三分钟热度，今天要学画画，明天要学弹琴，过几天又要学书法，没过一个月又厌烦了，又要学跳舞，过几天又腻了……孩子随着年龄的增长，对社会与自然环境会有自己独特的认识，生活中丰富多彩的新鲜事物让孩子产生了极大的好奇，也产生了探索的兴趣。但是，孩子发展不成熟，兴趣不稳定，表现为看见什么想学什么，但学了一段时间就因厌烦而放弃，结果一事无成。

锲而不舍、持之以恒是走向成功的一大保障，所以家长一定要给予重视。对于此问题，笔者为家长给出几点具体建议。

教子指南 JIAOZIZHINAN

1. 教孩子名言警句，给孩子讲伟人的故事

家长多教孩子名言警句，帮助孩子领悟其中的深刻含义，给孩子讲伟人的故事，培养他们坚强的意志品质，让孩子明白想要成就一番事业，必须要有恒心和意志力的道理。无论做什么事、遇到多大困难，都要坚持下去，做到有始有终。

2. 帮助孩子制订学习计划

家长要培养孩子坚强的意志力，可以尝试帮助孩子制订一个长期的学习计划和切合实际的奋斗目标。让孩子每天按照计划做事情，鼓励孩子坚持下去，实现既定的目标。很多孩子因为有了目标就有了动力，就

不会放任自流。

3. 要求孩子每天写日记

写日记是一个长期的过程，让孩子回顾当天的学习和生活情况。此事虽小，却需要有坚持不懈的精神，一定会使孩子受益终生。

4. 表扬法

赞扬、鼓励可以鼓舞勇气，提高孩子的信心，有利于意志的培养。对孩子在学习中表现出来的意志力和取得的点滴进步，家长要适时、适度地给予肯定和赞许。在孩子完不成计划时，家长要进行具体分析，切不可说“我就知道你完不成任务”，“我早就说你没长性”等丧气话，这只能使孩子一次次增加挫折感，而最终失去自信心。

44. 不断给孩子加压

几乎每个家长都听过这样一句话：“强扭的瓜不甜。”教育孩子是同样的道理，强迫孩子服从是不会达到预期效果的。但日常生活中有很多家长经常拿成人的做法去教育孩子，这是家长和孩子之间产生矛盾的根本原因，稍不注意，就会造成揠苗助长的后果。

情景案例 QINGJINGANLI

镜头一：一个初中生给编辑部的来信：

张老师：

您好！

最近我一直在收听您的节目——《成长与烦恼》，听的次数多了，对您就产生一种依赖感，我发现我现在有严重的心理障碍。虽然没

有见到过您，但是我感觉您是一位高明的心理医师，更是值得倾诉的朋友。

小的时候我过得无忧无虑，很幸福。可上了小学以后，妈妈对我的要求就越来越严格了，经常强迫我做自己不想做的事，在父母眼里我一直是个听话的孩子。我想把所有的事情做好，就强迫自己服从父母，渐渐的我觉得自己得了强迫症。我一做好作业，就把书本理上好几遍，然后往一个小柜子里一塞，“乒乒乓乓”柜子的门都要关好几遍。我感觉只要是妈妈的要求就要做好。我读初二了，压力越来越大，妈妈的要求也越来越高，经常说“你一定要怎么怎么样”。当然，在这种思想的压力下，我自己强迫自己要做到最好。终于在初二上学期前我一直保持年级第一名的好成绩，但在初二下学期，我开始精神不振，压力越来越大，妈妈的凡事都力求完美的思想让我透不过气。我知道自己慢慢地得了强迫症，我克制不住自己的情绪，经常自己给自己做劝导工作，但是效果时好时坏。我现在整个人就像是被操纵的机器人,很麻木,每天心不在焉，不知道自己在想什么。越想心理压力就越大，有时甚至想去死，就可以一了百了，又怕父母伤心，我现在很矛盾。

其实在学习生活中，我一直都是一个十分听话的孩子，父母要求的我一定会去做，即使我不喜欢，我还是会去做，可是我现在受不了了。我一直都把父母的话当作圣旨，我的命运完全不是我自己操纵的，我现在很痛苦。张老师，您要帮助我，期待您的回音！

苦恼男孩

2008年5月7日

镜头二：小惠的妈妈性格内向，不爱交流，同小惠在一起话也不多。她是会计，工作认真，但总怕算错账，经常再三地核对，其实她已经做得非常好了。她对小惠要求也很严格，经常强迫小惠把作业检查一遍又一遍。小惠天资聪颖，学习成绩始终很优秀，运动、绘画等方面也都表

现不凡，领悟力很强，但她在妈妈给的压力下并不自信，也并不觉得这些是她的优势，因凡事追求完美而总害怕自己做不好，常被这样那样的烦恼所包围。

小惠的爸爸也是一个追求完美的人，不只对家人挑剔，对下属同样很严格、好批评，自己的人际关系就有问题；在他的自我约束中，也能看出他对自己的不满意。小慧对自己的不接纳、完全的自我否定也由此而来。

专家解析 ZHUANJIAJIEXI

孩子随着年龄的增长，对世界观和人生观的认识水平大大提高，独立意识会越来越强。孩子对很多事情都有自己的观点和看法，想独立安排自己的学习和生活，这不仅是孩子长大的标志，也是一种自信的表现。但是很多家长强迫孩子服从教育，会使孩子失去在实践中锻炼的机会和辨别能力，对孩子的独立意识和自信心都是一种压抑和打击。

如果家长长时间强迫孩子服从，那么将使孩子的独立意识和自主选择权受到限制，孩子长大后就会依赖父母，缺乏独立思考能力，遇到任何事情都不知如何处理，从而变得缺乏主动性和创造性思维。

父母在教育孩子时难免会有恨铁不成钢的心理，强迫孩子服从自己的意愿。我们也经常会听见有些父母在斥责孩子时说：“难道连我的话你都敢不听了？”这也许是父母面对孩子不听话时，气得没有办法才说出的话。父母把这样的话当作管教孩子的最后的武器。这是一句带有强迫性质的话，不允许孩子讨价还价，甚至还带有威胁性，孩子必须服从。如果孩子很小不懂事，听了会产生惧怕心理，也会因此屈从，成为一个听话的机器。如果家长的强迫与孩子的独立意识产生矛盾、冲突，孩子就会产生严重的逆反心理，公开和父母对抗，从而影响了孩子性格的发展。

那么家长应如何避免此类问题的产生呢？下面给出具体建议。

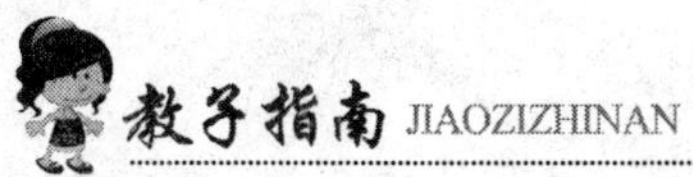

1. 不要把自己的意愿强加给孩子

望子成龙是每个家长的心愿，但是孩子的智力和心理发育是有一个过程的，强迫服从教育不利于孩子的健康成长，家长千万不要把自己的意愿强加在孩子身上。

2. 了解孩子的兴趣爱好

每个孩子都有不同的兴趣爱好，家长应该了解孩子的心理，明白孩子喜欢做什么。不要压制孩子的兴趣和爱好，不要强迫孩子去做他不喜欢做的事情。

3. 耐心地解释

有时家长为孩子作出正确的决定，孩子小不理解父母，在这种情况下家长需要做的是耐心地给孩子解释，直到孩子明白为止。

45. 不注意对孩子人格的尊重

有些家长认为孩子年龄小不懂事，更不懂人格和尊严，所以在对待孩子的态度上很随便，想说什么就说什么，想做什么就做什么，从不考虑后果。家长根本没有意识到自己的言行是在对孩子实施“心理虐待”。遭受到心理虐待的孩子容易误入歧途，甚至导致严重心理问题的产生。

情景案例 QINGJINGANLI

镜头一：一群天真无邪的孩子在游戏时，其中一个孩子突然自己跌倒了，他却打小报告说：“老师，××× 打人！”老师不分青红皂白地对 ××× 说：“你又打人了，你到小班去吧，现在大班不要你了！每次

闯祸的都是你！”教师死命地拖着这个孩子往外走。

镜头二：午睡时，××× 翻来覆去没睡着。老师说：“×××，怎么还不睡，怎么你就不能安安分分地躺在床上吗？老是这样动来动去，难道你有多动症？从开学到现在你就没睡着过！”

镜头三：课堂上,某个小朋友乱插话。下课后老师说：“你现在讲吧，给你时间讲！为什么不说话了？哑巴了？以后其他小朋友都不要理他，让他一个人说个够。”

镜头四：曾经见过一个孩子，很可爱，很聪明。我第一次见他的时候，他大约6岁，也不怕生，很活泼地围着我阿姨长阿姨短地说个不停，我也喜欢他。因为小时候问及父母自己是怎么来的时候，父母总说是桥底下捡来的，记得当时自己为此担心了很久。后来才知道，我们这一代的人，似乎在父母嘴里都是从垃圾堆、桥下、草丛等等地方捡来的。我便逗他说，“宝贝，你要乖乖哦，你是你爸妈在大锅里抱来的，不听话会送你回去哦！”谁知他眼睛一瞪，大声说：“阿姨羞羞脸，骗人，我是妈妈生出来的，就像树上的苹果一样，结在妈妈肚子里，然后等我成熟的时候,爸爸想我了,我就出来了。”小孩子不会拐弯抹角，觉得错了就是错了，当时就会指出来，得理不让人，大家也没有在意，更是觉得他聪明可爱。

后来再见到他，已经是两年以后了，孩子见了我也不打招呼，径自躲回了房间，不复当年的活泼。我很奇怪，问了他妈妈，他妈妈神色凄楚，让人心酸。前面说了，孩子很聪明，朋友夫妇学龄前教育得很好，上学后，他的班主任上课有时候会发生口误，孩子当时就会指出来老师哪里哪里错了。或许是次数多了，老师觉得颜面无光，便有事无事地针对他，抓住孩子的缺点和错处不放手，甚至当众贬低、侮辱他，还处处压制他的优势发展。一个活泼开朗的孩子，渐渐地变得沉默寡言、郁郁寡欢了。

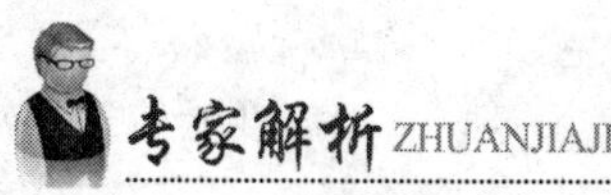

所谓心理虐待，是指家长或教师有意无意、或隐或现的行为在孩子心灵上造成的伤害，当这种伤害达到一定程度，就称之为心理虐待。家长对孩子的心理虐待会造成以下不良影响：

1. 对孩子心灵造成伤害

一些父母有时会因为工作压力、社会压力等原因常常对孩子不闻不问，甚至把孩子丢给爷爷奶奶，就算是偶尔和孩子在一起，可能又因为工作而摆出一副冷面孔，对孩子的优点视而不见。嘲讽、挖苦、揭短、羞辱、轻视等心理虐待，都会扼杀孩子积极向上的天性，是对孩子幼小心灵的无情摧残，将会在孩子心里留下伤疤。受到心理虐待的孩子会出现性格孤僻、能力较差、不爱说话等特征。

2. 恐吓造成孩子心理恐惧

大多数孩子天生是调皮好动的，犯错误是难免的。有些家长对无心犯了错的孩子进行不正当的心理教育，恐吓孩子“再不听话就怎么怎么样”，吓得孩子茫然不知所措。久而久之，孩子会对所有东西失去兴趣，形成胆小怕事的性格。

3. 责骂损伤孩子自尊心

家长不分场合地谩骂孩子也是心理虐待的一种形式，不仅损害了孩子的自尊心、自信心、进取心，在同学面前孩子会感到无地自容，也会让孩子成为同学的笑柄，最终会导致孩子自暴自弃。

4. 导致孩子抑郁

处在成长中的儿童，心理脆弱，自我调节能力差，心灵易受创伤且不易愈合。经常遭受心理虐待的少年儿童与快乐无缘，很容易出现各种心理疾病（焦虑、恐惧、孤独症等）和各种行为问题（逃学、离家出走等），对人冷漠、警觉和自卑，脾气古怪，成年后也难与他人建立起和谐的关系，严重者会导致抑郁症、心理变态等。

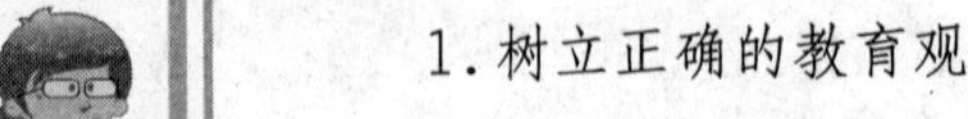

教子指南 JIAOZIZHINAN

1. 树立正确的教育观念

家长要明白每个孩子都是有自尊心、自信心的，他们需要父母的关爱。因此，父母树立正确的教育观念至关重要。

2. 家长自我情绪的调节

面对众多压力，家长不要在孩子身上发泄，要缓解压力、调节好情绪，保证在教育孩子的时候做到理智、心平气和。

3. 多给孩子一些关爱和鼓励

每个人都需要鼓励，家长更应该多给孩子一点鼓励，甚至一个微笑都会让孩子感觉到自己进步了。这样做孩子会知道家长是爱他的，也会增加孩子学习的动力和兴趣。

4. 用故事引导孩子

孩子犯了错，有时候打骂是不管用的，家长何不尝试用讲故事的方法让孩子自己去体会、领悟？这样孩子会从内心明白哪里错了。

46. 对孩子高度“专制”

对于教育孩子，暴力不是解决问题的最好方法。父母责骂、吓唬以及体罚孩子会让孩子产生严重的逆反心理、损伤自尊心、妨碍自我意识的正常发展，甚至扼杀孩子的创造力。

情景案例 QINGJINGANLI

镜头一：周末晚饭后，芳芳坐在电视机前看电视，妈妈发现厕所灯没有关，马上怒气冲冲地转向芳芳说：“说了你多少次了，就是不长记

性，又没关灯。”芳芳随口回答了一声：“妈妈，不是我。”就接着看电视。妈妈看见芳芳还在看电视更加气愤：“不是你，还能有谁啊？整天颠三倒四的，除了看电视什么也不知道。”芳芳很委屈就和妈妈顶嘴说：“凭什么冤枉我？你又没亲眼看见，我吃完饭就在看电视根本就没有上过厕所，你冲我吼什么？”妈妈更加生气抬手就打了芳芳一耳光。

镜头二：隔壁张哥这几天非常烦恼，原来，他的儿子小建因沉迷网络竟常常在网吧呆到半夜。一年前，当他发现小建有沉迷网络世界的迹象后，也曾语重心长地跟他谈过心。可是，几番谈心教育却丝毫不起作用，心急如焚的张哥发怒了，他抬起右手重重地落在儿子的后脑勺上。

挨打后的那几天，儿子很乖，不再上网了。可是不久他发现，儿子是背着他偷偷上网，愤怒中的张哥继续对儿子实行体罚。谁料想最近一段时间，小建干脆常常在网吧呆到半夜，不愿回家。

专家解析 ZHUANJIAJIEXI

日常生活中孩子不可能什么错误都不犯，一旦他们犯了错，总会试图找各种各样的理由为自己辩护，目的只不过是为得到父母的谅解，这种心理很正常。但是如果父母不理解，反而责骂甚至体罚孩子，孩子会认为父母不疼爱自己。对父母的这种“专制”做法，孩子敢怒不敢言，以后孩子即便有正当合理的理由也不敢再为自己申辩了。孩子的这种心理一旦形成，父母的批评教育就再起不到无任何作用，还会产生以下不良后果。

1. 产生逆反心理

家长不正当的责骂体罚，势必会使孩子产生逆反心理，你说东我就偏往西。明知道自己错在哪里，也不会主动承认错误。即使有充足的理由也不会再向父母解释了，任凭父母怎么责骂，只会把这些话当做耳旁风。

2. 说谎话

不当的责骂、吓唬、体罚会导致孩子产生恐惧心理，导致在家长面前说谎。有些孩子在家长的威胁下，产生一种“好汉不吃眼前亏”心理，犯了错，为了逃避家长的惩罚而说谎话，蒙混过关。

3. 伤害孩子自尊心

随着孩子年龄的增长，自尊心会越来越强，家长的训斥、责骂、体罚会严重损伤孩子的自尊心。伤害孩子的自尊心主要是指家长不正当的训斥、责骂、体罚伤害了孩子的人格，最终导致孩子丧失上进的动力。

4. 丧失独立思考的能力

孩子的心智和思想还没有发展成熟，家长尖酸刻薄的话语、讽刺甚至体罚会使孩子产生一种担惊受怕的心理，他们会越来越怯懦，不去独立思考问题，只会机械地根据家长说的去做。到最后精神萎靡、一蹶不振，完全丧失处理问题和独立思考的能力。

5. 形成认识障碍

一些犯了错误的孩子，可能没有意识到自己错了，会和父母争辩。如果家长不给孩子争辩的机会，责骂、体罚孩子，孩子不能真正明辨是非，不仅不能从根本上解决问题，还会造成孩子认识上的偏差。

6. 形成胆小怕事的性格

一些家长因为某些小事不能控制自己的情绪，反而打骂孩子，不仅会伤害孩子的身体，对家长的身心也会造成伤害。被经常打骂的孩子，他们的性格会变得比较粗暴，甚至会去伤害他人，也有的孩子长大后性格比较懦弱，胆小怕事。

教子指南 JIAOZIZHINAN

1. 让孩子知道错在哪里

孩子由于年龄小，认知能力差，思维受限，难免犯错。家长要根据

孩子所犯的错，对孩子讲道理，实事求是地评价孩子，帮助孩子分析原因，达到自省的理想效果。

2. 给孩子一个解释的机会

有时候眼见未必是事实，家长面对孩子犯错要给孩子一个解释的机会，耐心倾听缘由，并加以具体分析，客观全面地看问题。

3. 宽容孩子犯错误

孩子不管多大在父母眼里永远都是孩子，犯错在所难免，家长应该用自己广阔的胸襟去包容孩子的过失，让孩子健康成长。

4. 引导孩子学会自我分析

孩子犯了错，家长要让孩子能正视错误，让孩子学会自我分析，在自我分析中认清对错，鼓足信心去改正错误。

5. 家长要控制自己的情绪，惩罚要适度

当家长看到孩子犯错时，要善于控制自己的情绪，保持冷静，切勿急于打骂孩子，即使是孩子犯了不可原谅的错误，惩罚也要适度。

47. 在孩子吃饭时喋喋不休

俗话说：“良药苦口利于病，忠言逆耳利于行。”这话不错，但是家长苦口婆心地唠叨对于教育孩子是不可取的。家长的忠言如果控制不当变成唠叨，就只会让孩子感到“逆耳”，不一定能做到利于“行”，餐桌上唠叨就更加对孩子的成长不利。

情景案例 QINGJINGANLI

镜头一：艳艳，今年13岁，因为性格孤僻内向，平时不喜欢和同

龄孩子交往，所以同学给她起外号叫“洪七公”。艳艳由于成绩不好，因此常遭到母亲的唠叨，要她好好学习。艳艳对母亲整天唠叨非常反感，两人经常发生争吵。一天艳艳放学回家后，刚进家门，就把书包往沙发上一扔，打开电视看全国热播的电视剧《家有儿女》。这时妈妈叫她去做作业，当时她被剧情深深地吸引了，看到电视里面的几个孩子每天都过得那么开心，艳艳很羡慕。这时母亲看艳艳没去做作业，就很生气，但是一个孩子又舍不得打，就坐到艳艳旁边开始唠叨起来。听到母亲喋喋不休地唠叨，艳艳无法一心一意地看她喜欢的电视剧了，她就和母亲争吵起来了。艳艳对母亲说：“妈妈，我半个小时就看完了，看完了就马上去写作业，不行吗？”妈妈说：“每天都看，这有什么好看的啊，看完这个想看那个，这也没个头啊，你赶紧去写作业，现在学习是大事，现在耽误了学习，将来可怎么生存啊！”“妈妈，以后是我自己的事情，怎么生活和你没关系。”妈妈听到这里非常生气：“你这孩子怎么这么说话，我现在说你不都是为了你好吗？我图什么呀！每天辛辛苦苦地干活，舍不得吃舍不得穿，把钱省下来给你花，不就是想让你考上大学吗？”妈妈说着，就把电视的电源关掉了，让艳艳赶紧进屋去做作业。当时艳艳很气愤，心里想干脆杀死她算了。当艳艳见母亲去草屋取草时，趁机去厨房拿了一把菜刀，尾随其后来到草屋，趁母亲不备连砍数刀，又从颈部将其头颅砍断，用袋子装好丢到另一间老屋。

镜头二：一位小学生说：“我的成绩一直很好，但是避免不了有马失前蹄的时候。如果我考试成绩有一次不理想，妈妈就开始唠叨不休。虽然她让我吃饭，但是在我吃饭的时候就没完没了地教训我，我在饭桌上一句话也不想说，有时连续几天都是这样。妈妈的唠叨和教训让我没有食欲，心里特别难受。有时候母亲一开口我就感觉饱了，什么都不想吃了。有的时候我感觉妈妈好像存心不让我吃饭似的。”

专家解析 ZHUANJIAJIEXI

现实生活中很多家长整天把孩子的学习和成绩挂在嘴边，整天在吃饭的时候教训孩子，只会在孩子的心理上留下阴影，甚至产生逆反心理，不利于孩子的健康成长。俄国伟大的生理学家巴甫洛夫做过一个动物胃液分泌的实验，说明人的情绪不好的时候，会影响胃液分泌。他将一支管子通过狗的腹部插到胃里，胃液通过管子流到准备好的试管里。当给狗吃东西时，突然将一只猫放在狗的面前，这时狗的胃液就停止流出，当把猫拿走时，狗的胃液继续流出。同理，孩子在吃饭的时候受到训斥，也会产生不愿意回家吃饭、害怕同父母一起吃饭等心理障碍。相反，也有专家经实验证明，愉快进餐可以促进孩子健康成长。由此可见，餐桌上训斥孩子，不仅对孩子的身体健康有害，对其心理健康也有不利影响。

家长出于关心孩子会经常唠叨，这是出于一种爱孩子的本能。家长认为这是为孩子好，为孩子着想。因为孩子小，自控能力差，做事常常顾此失彼，丢三落四，所以家长会不断地提醒孩子，对孩子照顾得无微不至，唠叨不休："出门衣服要多穿，晚上睡觉要盖好被子，不要边看电视边吃饭，放学了不要在学校逗留，早些回来……"这类母亲把孩子当成永远长不大的小不点，对孩子事事不放心，不敢放手让他受一点苦、经历一点风雨，不放心他独立做事。唠叨的结果，一是让孩子感觉家长像《大话西游》里的唐僧一样使其产生逆反心理；二是孩子产生了依赖心理——反正有人提醒我，因而变得懒惰、散漫，没有责任感。

唠叨不休和餐桌训子是家庭教育中常见的问题，家长对孩子寄予厚望，为了达到自己设定的目标，在孩子耳边不停地叮嘱、提醒。但这种做法不仅收效甚微，甚至适得其反，使孩子产生厌烦情绪，更可能挫伤他们的自信心和自尊心。

综上所述，家长一定要重视这个问题，不要经常唠叨不休和餐桌训子。下面给犯这样错误的家长提出几点建议。

1.餐桌上找一个愉快的话题讨论

吃饭的时候是和孩子交流的好机会，但要尽可能和孩子交流一些愉快的话题。现在信息很多，父母和孩子每天都接触不同的人和事，在吃饭的时候适当地交谈一下，既可以让孩子增长见识，父母们也可以通过和孩子的交谈了解孩子的心理，与孩子缩短距离。

2.适当地播放就餐音乐

适当地播放柔和的音乐能让孩子在就餐时的心情舒畅，缓解压力。就餐听音乐也是一种潜移默化的音乐熏陶呢！

3.家长和孩子平等地交心

家长要经常和孩子交流沟通，但一定要在平等的基础上。良好的沟通可以更好地了解孩子的心理，知道孩子需要什么，不要盲目地唠叨，这样孩子才能健康成长。

48.忽视孩子的自卑心理

自卑是一个人缺乏自信的表现，有些孩子经常感觉自己在某个方面不如人，经常瞧不起自己，更看不到自己的长处。遇到事情的时候不相信自己的能力，做事畏首畏尾，总怕别人笑话，一遇到困难就畏缩不前。家长不重视孩子的自卑心理，会导致孩子形成孤僻、胆怯的性格特点，甚至做任何事情时聪明才智都发挥不出来，能力受到严重束缚，最终自暴自弃。

情景案例 QINGJINGANLI

镜头一：鲲鹏在小学一年级的时候，由于好奇将家里的收音机弄坏了。父母发现了大骂了小鲲鹏，父亲还因此打了他。他认识到自己错了，向父母保证下决心改正。这件事过了很久，但是鲲鹏的父母一直对这事耿耿于怀，总是抓住这事不放，一旦鲲鹏做错了一点事情，就拿这事讽刺他，还在老师同学面前教育孩子。因此，鲲鹏害怕父母，心里有些恨他们，但是从来不敢顶撞。他从此以后做事非常小心，生怕什么事情做不对了，父母又会教训他，现在小鲲鹏变得很孤僻，不愿意和任何人交往。

镜头二：琳琳来自农村，从小聪明懂事，成绩很好，一直深受父母宠爱。她以优异的成绩考入重点高中后，下决心一定要保持自己的好成绩，但是在一次考试失利后，她变得寡言少语，内向胆怯，多愁善感，总是觉得自己以前要保持第一名的想法太幼稚了，自己根本就无法与别人相比。琳琳除了书本上的知识，其他方面一窍不通，她经常感觉其他同学的言谈和神态表情是对她的另眼相看。渐渐地，她再也不敢在课堂上主动回答问题，不敢在众人面前侃侃而谈了，对自己曾经最擅长的朗读比赛也没信心了，根本不想报名参加。在班级组织的集体活动中，她也总是看别人表演，而自己站在一旁畏畏缩缩，不敢表现自己，生怕同学冷眼相待。

专家解析 ZHUANJIAJIEXI

上述现象中，究其原因都是自卑的产物。但是，有些家长根本没有注意到孩子的这种心理。家长无视孩子的自卑心理，会影响孩子的健康成长。孩子的自卑心理不是与生俱来的，是在外界环境的影响下形成的，主要原因有以下几方面：

首先，有些父母对孩子要求过高，导致孩子产生自卑心理。家长总

是追求完美，当孩子没有达到要求的时候，就横加指责，这时，孩子就对自己的能力产生怀疑，渐渐地失去信心和斗志，产生自卑心理。

其次，家庭条件让孩子产生自卑心理。有很多孩子从农村到城市学习，和城里学生相比，自己一身土里土气的穿着加上较重的地方口音，会产生自卑心理。

最后，破裂的家庭环境让很多孩子产生自卑心理。生活在不完整家庭里的孩子，缺少父亲或母亲的疼爱，总感觉自己是被社会抛弃的孩子，进而产生自卑心理。

家长忽视孩子的自卑心理会严重影响孩子的健康成长，主要表现为：

1. 影响孩子的学习成绩

受自卑心理的影响，孩子会丧失学习的积极性，对自己的能力和智力产生怀疑，把时间和精力都用在了自卑上，最终自暴自弃，成绩一泻千里。

2. 影响孩子的心理健康

自卑心理是孩子的个性和品质正常发展的重大障碍。由于孩子对自己的评价过低，不能正视自己的能力，一遇到困难和挫折，就很容易放弃，这严重影响孩子心理的正常发展。

3. 导致孩子孤僻的性格

当孩子被自卑包围的时候，他们会不喜欢和别人交往，喜欢独来独往，从而渐渐失去交际能力。经常这样下去，孩子不仅会失去语言表达能力，还容易形成孤僻的性格。

4. 失去创造性

自卑的孩子常常感觉自己处处不如人，对任何事情都持悲观态度，不思进取。他们的思想严重受自卑心理的束缚，聪明才智得不到正常发挥，这样孩子就渐渐失去了创造力。

5. 引起其他并发症

受自卑心理影响严重的孩子会自我封闭，产生压抑、孤独、焦虑等

并发症，心理学家将此称为心理健康的重大杀手。

由此可以看出，家长无视孩子自卑心理，会给孩子带来如此多的不良影响，所以家长必须重视这个问题，下面给出几点具体建议。

1. 正确地评价孩子

家长要客观、正确地评价孩子，引导和教育孩子对自己有信心，认识到自己的长处和短处。教会孩子用自己的长处弥补短处，让自卑远离孩子。

2. 教育孩子正确对待他人的评价

家长要告诉孩子，周围的人对他的舆论评价不一定是对的，要学会正确对待。给孩子讲爱因斯坦小时候成长的故事，让孩子充分明白这个道理。

3. 帮助孩子总结失败的教训

在学习和生活中，孩子一定会有失败的时候，家长要及时帮助孩子从失败中总结教训，让孩子充分认识到失败的原因，防止自卑心理的产生，教育孩子量力而行。父母的要求也要针对孩子自身特点，保证客观实际。

49. 无视孩子的好奇心

好奇是孩子的天性，每个孩子从呱呱坠地到长大成人都会对周围的一切充满好奇。为了让孩子能适应这个变化万千的花花世界，家长千万不能扼杀孩子的好奇心，让孩子健康地成长。但有些父母为了培养一个言听计从的孩子，不断扼杀或束缚他们的好奇心，结果是事倍功半，得不偿失。

情景案例 QINGJINGANLI

镜头一：有一天，妈妈下厨房做饭，让彬彬自己在客厅里玩。对彬彬来说，家里的玩具他都已经玩腻了，正当他百无聊赖的时候，眼前突然一亮，爸爸新买的玩具车吸引了他。那是一台遥控车，孩子拿着遥控器，遥控车子到处跑。突然彬彬想道："为什么车自己就能跑呢？还能用遥控器控制它呢？"孩子越想越奇怪，就想拆开来看个究竟。看到妈妈还在厨房里忙，就跑到自己的小屋里，找出一堆工具，有扳手、钳子等等。他迫不及待地把车拆开了，左看看，又看看，想找出答案，左思右想,没找出来。就在他还在考虑这个问题的时候,听见了妈妈叫他吃饭,他怕妈妈看见自己把新买来的车拆了，就想自己把它装好。可是，他发现拆完以后，就再也装不上去了。这时妈妈推门进来了，看到被"肢解"的新玩具，十分生气地对彬彬说："你怎么这么不懂事。这可是爸爸给你新买的玩具，你把它拆了，看爸爸回来怎么收拾你！"

镜头二：梁亮是个性格内向的孩子，在父母的教育下是个很听话的孩子，他自己的东西都有固定的位置。他从来不会去碰不属于自己的东西，也不让别人碰他的东西。他的作息时间很规律，没到起床时间，就算醒了也不会起床，没到吃饭时间宁肯饿肚子也不会吃饭。他和同龄孩子相比，动作机械，说话古板，有时候一件事要重复做几遍……

专家解析 ZHUANJIAJIEXI

好奇心是孩子的天性，也是培养创造力的基础，许多发明都来源于好奇心。孩子总是会指着东西问为什么，这是因为孩子对他眼中的新鲜事产生了极大的兴趣。大人可能觉得是司空见惯的，就忽视了孩子的看法，父母不要忽视孩子的这些稀奇古怪的想法，它能激发出孩子无限的潜能。专家指出，所有的发明创造都源于好奇心。好奇心是孩子智力发

展的动力，孩子接触新事物而产生好奇心，从而敢于向新事物挑战，在认识新事物的过程中逐渐走向成熟。

但在现实生活中，一些家长为了培养出一个听话的好孩子，不许孩子对任何事物提出疑问，甚至扼杀孩子的好奇心，这种做法将给孩子带来极其不利的影响。

家长首先要知道好奇心是孩子认识世界、改造世界的动力，如果在生活中家长不能满足孩子的好奇心，甚至扼杀孩子的好奇心，那就会影响孩子智力的发展，也会束缚孩子的创造性思维。在现实生活中，也有不少父母担心好奇心会给孩子带来危险，使孩子在无形之中形成胆小怕事的性格，最终在充满竞争的社会里难以立足。由此可见，家长要想方设法满足孩子的好奇心，不要扼杀孩子的好奇心。当孩子对一个新鲜事物产生好奇的时候，就满足孩子的好奇心，当孩子把新买的玩具拆坏的时候，就让他自己去探索。批评、责骂只会扼杀了孩子的好奇心，使其失去进取的精神。当孩子好奇心受到打击的时候，他就会变得呆板，长大后失去独立解决问题的能力和创造力。所以家长要尽量满足孩子的好奇心，激发他们的想象力，增加孩子学习的兴趣。

试想如果孩子对什么都不感兴趣会变成什么样呢？智力完全停止发展，认识无法提高，最后导致思维能力低下。孩子为什么会破坏东西呢？专家经实验论证得出结论："因为他们具有好奇心，他们想知道为什么。"这完全说明孩子有求知欲，他们想通过破坏东西找到答案。在这个过程中，他们能完全自己独立思考，独立看待问题，自己动手探索答案。所以家长不要在意一个玩具一味地批评孩子。扼杀孩子的好奇心，就等于扼杀孩子的未来。

鉴于上述严重后果，家长要对孩子的好奇心给予重视。下面给受此问题困扰的家长提出几点具体建议。

1. 尊重孩子的观点

孩子对问题的看法肯定和成年人不同，孩子有自己的观点，家长有自己的看法，因此家长要和孩子讨论问题，做到尊重孩子的观点，不要把自己的定势思维强加给孩子。

2. 让孩子自己去发现“为什么”

当孩子问“为什么”的时候，家长不要马上给出正确答案，要鼓励孩子开动脑筋，积极思考，找出答案。

3. 鼓励孩子提出问题

孩子在成长过程中，有很多新鲜事物深深地吸引他们，家长要鼓励孩子在学习、生活中发现问题，让孩子动脑筋自己提出问题，自己解决问题。

4. 让孩子多接触新鲜事物

孩子的认识过程是在学习、生活中一点一滴积累起来的，家长要尽可能让孩子接触新鲜事物，增长孩子的见识。

50. 对孩子过度保护

在市场经济发达的西方国家，家长十分重视孩子独立应对危险的能力，在这种观念教育下的孩子有很强的自理能力。比较而言，在中国，家长对孩子的关心是无微不至、无处不在的，孩子面对的危险困难全部由家长代劳。天长日久，中西方的孩子会存在多大差距是不言而喻的。不让孩子独立应对危险，孩子本身也将失去生存能力。

情景案例 QINGJINGANLI

镜头一：在中国南部有这样一个小渔村，村子面朝大海，海水和沙滩给村里的孩子们带来了无限的欢乐。大海是渔村所有人的衣食父母，但是海水有时也会吞噬人的生命，把悲伤带给村里的渔民们。村里有一人家，老汉姓王，天遂人愿，老来得子。孩子五六岁的一天，王老汉发现儿子跟着村里的大孩子到海边戏水，他的心都揪紧了，就这么一个宝贝疙瘩，捧在手里怕掉了，含在嘴里怕化了，万一被淹死了，此恨何时了。于是王老汉狠心打了儿子，接着把儿子关起来，甚至不许他吃饭，不管怎样就是不让儿子踏近海边一步。儿子听着别的孩子呼朋引伴地朝海边走去，有时也禁不住诱惑想出门。然而，父亲寸步不离的看管让他无法摆脱。儿子10岁那年，滔天的洪水漫过了渔村，村里其他的孩子都在大人的帮助下死里逃生。然而他的儿子却在呛了几口浊水之后，加上恐惧，死了。

镜头二：一位家长曾向儿子许诺，如果他在这次期末考试中能考到前五名，就带他去看大海，让他在海边玩个够。结果儿子为了这个奖励，特别努力地学习，终于在期末考试中取得了第三名的好成绩。为了实现自己对儿子许下的诺言，这位家长特意跟公司请了一周的假，带儿子去看大海。在一个风和日丽的日子里，他带着儿子来到他梦想中的海边。儿子开心地又蹦又跳，一会儿玩在沙滩上奔跑，一会儿又跑去拾贝壳，玩得不亦乐乎。

附近还有很多跟家长一起来玩的孩子们，儿子很快和他们玩到了一起。不一会儿，一群孩子都脱下了脚上的鞋子，光着脚走进了水里嬉戏，他没有阻拦儿子，只是看着他在海里玩。这时刚来的一个小女孩儿看见孩子们都在海边的浅水里玩耍，就想去和他们一起玩。她对父母说："爸爸、妈妈我也想试试。"说着就准备脱鞋子下水，这时，妈妈大叫着把孩子拉了回来。

“不准玩水！那多危险啊！”妈妈立刻板起脸来教训起了小女孩，小女孩马上抽头丧气地跟着妈妈走开了，还时不时地回头看在海边嬉戏的孩子们。

专家解析 ZHUANJIAJIEXI

从上述案例中我们可以看出，家长对孩子过多的担心和过分保护，不让孩子独立应对危险是违背孩子天性的。赫胥黎曾在他的《天演论》中写道：“物竞天择，适者生存。”当今时代科学发展日新月异，新技术革命和知识经济的浪潮在不断冲击人们的生活。危险无处不在，21世纪的孩子如果没有单独应付危险的能力，将会失去生存的本领，最终被社会淘汰，其实现实生活中也有很多这样的实例。家长的这种做法是错误的，时间久了，会给孩子带来很多不良影响，主要表现在以下几个方面：

首先，家长不放手孩子，不让孩子独自面对困难和危险，那么，孩子长大后势必胆怯、依赖性特别强，最终导致孩子的独立意识薄弱。

其次，家长从小就庇护孩子，让孩子在自己的羽翼下生活，孩子将来长大了就没有危险意识，当遇到危险的时候，也束手无策，任凭危险伤害，最终导致孩子无法独立走上社会。

每个孩子都是社会的希望，都可能是奇迹的创造者，关键在于家长从小的培养。家长必须让孩子从小学会独立面对危险的能力，并不断地鼓励孩子独立面对成长路上遇到的危险和挫折，这是孩子成功的必经之路。父母应该把眼光放长远一些，要知道孩子不经历风雨的洗礼，永远见不到美丽的彩虹；不经历时代浪潮的洗礼，永远无法在社会上找到立足之地。

所以家长应该尽早看到不让孩子独立应对危险给孩子带来的不利影响。对此，笔者给家长们提出几点建议供参考。

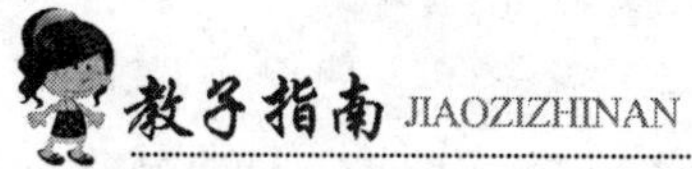

1. 给孩子一次风餐露宿的经历

家长应鼓励孩子参加一些风餐露宿的活动，不要怕孩子辛苦。这些活动能开阔孩子的视野，锻炼孩子的适应能力和自理能力

2. 同孩子一起面对危险

在日常生活中家长要和孩子一起去面对困难和危险，不要把所有的路为孩子铺好。给孩子锻炼的机会，让孩子从哪里跌倒就从哪里爬起来。

3. 做孩子的向导

孩子自己能独立完成的事尽量让他们自己去做。改变自己对孩子的无微不至的做法，做好孩子的向导，告诉孩子应该怎样面对困难，让孩子独立面对困难和危险。

4. 让孩子有危险意识

让孩子有危险意识，家长要让孩子明白成长的道路是崎岖坎坷的，要勇敢地去面对困难而不是逃避困难。时时刻刻提醒孩子现实社会的残酷和竞争的激烈，让孩子有危险意识。

51. 不注意与孩子的沟通

随着生活压力的增大和社会节奏的加快，很多人不得不为了生计忙碌奔波。能给孩子一个好的生活条件固然不错，但是和孩子沟通也是十分必要的。孩子在成长的道路上遇到任何坎坷首先想到的倾诉对象都是父母。如果家长不能及时和孩子沟通，帮助孩子解决问题，就会和孩子之间产生严重的代沟，让家长后悔莫及。

情景案例 QINGJINGANLI

镜头一：有一个女孩子，只有10岁，她学习成绩一直名列前茅。但是这样一个品学兼优的小学生却在一个月圆之夜从楼顶跳下。清晨，她僵硬的尸体被人发现了。

她曾经多次说过要自杀，但家长由于忙碌并没有在意女儿的话，也许是她说的次数太多了。孩子自杀前一天来到父母面前说自己头疼，父母也没太在意，以为她学习累了，劝她休息，这时的她已经有了死的念头。她自杀前在日记里写道："我不是为我自己死的，我是为班里60个同学死的，我死了可以让班里同学考试名次更好。"

镜头二：小阳是某校校长的儿子，该校长常常感叹说："现在的孩子真不好管啊，说轻了白费口舌，说重了顶嘴。最可气的是他不和你说话，经常我行我素，一人在房间里做自己的事。"小阳上初一，正值青春期感情萌动的时候。该校长怀疑儿子早恋，多次跟踪，发现小阳每天放学和一女孩子一起回家，还有说有笑的。父亲见状勃然大怒，冲过去就训斥了儿子一番。小阳在女同学面前丢了面子，就和父亲顶了嘴。该校长顺手就给了儿子一巴掌。就这一巴掌，小阳离家出走了。

专家解析 ZHUANJIAJIEXI

由上述两则案例中，我们看到了忽视亲子沟通出现的严重后果，让家长后悔莫及。那么家长们有没有反思过，为什么会出现这样的问题呢？下面我们一起来分析一下。

现实生活中每位家长都关注孩子的成长，特别是在一些独生子女家庭，孩子的位置至高无上，孩子就是家里的太阳。家长无论做什么事都要围着孩子转，这也无可厚非，但同时也出现了一个十分严重的问题，就是缺少和孩子的交流和沟通。

有些家长把教育孩子的责任都推给老师，只管孩子吃好喝好；有些孩子的父母工作忙没时间带他们，很小就被送到幼儿园全托，周末才被接回家，不是由着孩子的性子来、愿意做什么随他便，就是催促着做作业、预习功课。一些家长对孩子在学校的情况甚至一点儿都不了解，偶尔问孩子几句，孩子也是敷衍了事，赶上家长心情不好，孩子的回答不顺心就会责骂孩子，进而发生冲突，闹得大家都不愉快。

还有很多家长在和孩子沟通上存在很大的一个误区，主要表现在只要是家长说的话，孩子听了就是沟通了，孩子不听就是沟通不了。由于时代的发展，这种老式的沟通方式已经被淘汰了。家长的思维受到限制，使得他们教育自己孩子的方式跟不上时代的发展。比如有个孩子抱怨母亲一天只和自己说三句话：第一句是“快点起床，要不就上学迟到了”；第二句是“路上小心”；第三句是“先写作业，写完看电视”。如此反反复复，母亲是做到了不厌其烦，但是孩子会感到厌烦，导致家长和孩子之间产生严重的代沟，亲子关系疏远。具体影响表现在以下两个方面：

首先，家长忽视了亲子沟通的重要性，不理解孩子心里到底想什么，导致孩子和父母之间沟通困难，孩子不理解父母的用心良苦，逐渐产生代沟，孩子心里的话都不想和父母说。久而久之，孩子会产生严重的心理问题和与他人沟通障碍。

其次，家长不了解孩子的内心世界，会让孩子产生逆反心理，不想听父母的话，做事我行我素。严重的情况下，会出现过激行为。

所以家长要时刻注意和孩子进行亲子沟通，哪怕再忙都要抽出时间了解孩子的内心。

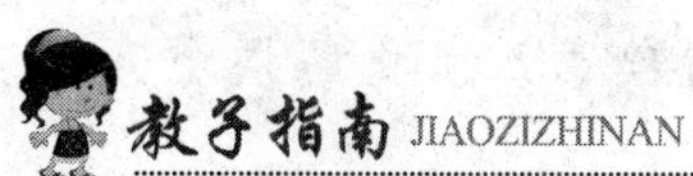

1. 和孩子交流要以礼相待

礼貌是人与人交流的基本准则，和孩子交流时也需要以礼相待，尊

重孩子的选择，尊重孩子的隐私。不要随便对孩子发脾气甚至责骂孩子，要以身作则，给孩子做一个好榜样。

2.多听少说

学会聆听孩子的心声，可以有效地增进感情，及时发现孩子需要什么，也让孩子明白你时时刻刻都在关心他。

3.和孩子交朋友

不摆家长架子，尝试做孩子的朋友，从一个朋友的角度分析问题，给孩子提建议。让孩子把你当作倾诉的对象，多了解孩子的内心世界。

4.让孩子懂得“可怜天下父母心”

和孩子交流时，向孩子诉说自己的想法，孩子可以独立思考判断问题，让孩子体会到父母的良苦用心。

5.经常和老师沟通

家长要时常和老师沟通，毕竟孩子每天大部分的时间是在学校里，向班主任了解孩子的近期表现和学习情况，了解孩子内心世界，再进行适当的教育。

6.注意语气与声调

家长不要老是用责备的口吻，多使用和善、建议的语气说“你能说说看……”、“你的想法是……”这样有助于沟通。

7.和孩子商量解决冲突

家长与孩子难免会发生冲突，这时不要拿出父母的权威，要求孩子要听自己的；要让孩子说出自己的理由，并且与孩子商量解决事情的办法，针对问题，与孩子一起思考一个两全其美的办法。如果父母本身有过错，应该向孩子表达自己的歉意，以化解误会，促进家庭和谐。

第六章　任凭孩子滥发脾气

——在情商方面的教子误区

情商是什么？情商比智商重要吗？为什么要培养孩子的情商呢？高情商的孩子就一定会有一个美好的未来吗？很多人在接触到“情商”这个词的时候，会有这样的疑问。其实，情商就是一个人的情绪智商。如果家长想造就一个优秀的孩子，让他们将来前程似锦，那么就要重视培养孩子的情商。

52. 不注重为孩子创造良好的家庭环境

“家”应该是一个温暖的地方，对每个人来说，不论在学习和工作中遇到什么样的烦恼，踏进家门的那一刻将会将这些烦恼全部抛到脑后。这里所说的温暖、忘记烦恼是指良好的家庭环境。父母是孩子的第一任老师，能否给孩子一个好的家庭环境，直接影响孩子能否健康成长。这里的好环境并不是指富裕或贫穷，而是指好的家风。不良的家庭环境对孩子的成长极其不利。

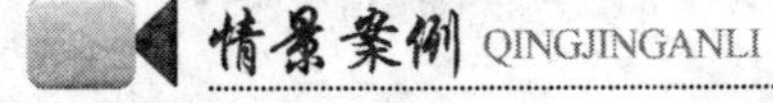

镜头一：叮叮的妈妈是一家私企老板，爸爸是高级工程师，家里非

常富有。叮叮吃的、穿的、用的都是最好的，要什么有什么，但优越的物质条件并没有让叮叮的身心得到健康成长。不到六岁半的他不但上课心不在焉，不喜欢学习，还常常在学校里故意惹是生非，和其他小男生打架，欺负小女生，老师批评教育他时，他与老师顶嘴；经常炫富摆阔，对同学又非常自私小气，有什么好吃的都一个人吃，好玩的就算玩够了也从来不跟的小朋友分享。班主任老师通过多次打电话和家访才了解到，原来，叮叮生活在一个物质上富有、精神上极端空虚的家庭：叮叮妈妈一有时间就召集一帮牌友在家打麻将赌博，平时就将叮叮扔给从乡下请来的保姆，或者让叮叮去看电视、玩玩具、打电脑游戏等。叮叮长期生活在这样的家庭环境中，渐渐地沾染上了爱享受、霸道、自私等不良习性。

镜头二：父母关系不融洽，动不动就吵架，对孩子产生了极为不良的影响。一个女孩儿因此离家出走，在外流浪两年了，至今仍清楚地记得从前家里的日子。下面是记者跟她的一段对话：

记者："你能告诉我你出来到现在有多长时间了吗？"

女孩儿："应该有两年了吧。"

记者："还确切记得是什么时间从家里出来的吗？"

女孩儿："应该是2007年2月20日。"

记者："你为什么会记得这么清楚呢？这一天是不是对你很重要？"

女孩儿："是的，很重要。"

记者："为什么呢？是什么事情让你记得这样深刻？"

女孩儿："因为爸爸、妈妈那天吵架了。"

记者："他们吵得很厉害吗？"

女孩儿："是的。"

记者："你为什么一个人出来呢？"

女孩儿："他们吵得很凶，我觉得很害怕，心里非常不舒服，我就出来了。"

记者："就是因为害怕，你跑出来了？没有其他原因吗？"

女孩儿“是的，没有。”

记者：“他们经常吵架吗？”

女孩儿：“是的。”

记者：“既然这样，为什么以前他们吵架时你没有出来，而这一次你离家出走了呢？”

女孩儿：“因为他们吵得很烦恼，我实在受不了了，所以就出来了。”

专家解析 ZHUANJIAJIEXI

古语有云：“近朱者赤，近墨者黑。”家庭环境对孩子的健康成长十分重要，家长能否为孩子营造一个良好的家庭环境，直接影响到孩子健康成长与否。我们从上述镜头——叮叮的事例中可以看出，虽然物质条件优越，但是父母根本没注意到家庭环境对孩子的影响，生活在这种家庭环境下的叮叮最终养成了不爱学习、蛮横霸道、自私小气的坏习惯。

研究表明，孩子在成长过程中，家长如果注重为孩子营造一个和睦友爱、充满生气的生活环境，孩子身体素质和心理素质的健康发展将会得到保障。反之，如果家长不注重生活环境对孩子的影响，让孩子生活在一个不和谐、不温暖、冷冷清清的家庭环境里，不但孩子的身心健康发展没保障，还容易使其养成各种各样的坏习惯，甚至因厌恶而离家出走，走上违法犯罪之路。

综上所述，家长应该给孩子一个良好的家庭环境，否则，孩子不可能“出淤泥而不染”。这就需要家长做到以下几点。

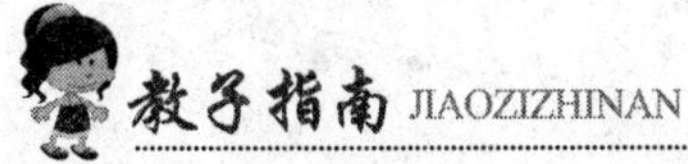

1. 给孩子一个温暖的家

为孩子营造一个温暖的家，首先保证环境整洁，赏心悦目。家长要

和孩子融洽相处，给孩子安全感。每天尽量抽出一点儿时间陪孩子学习、游戏，给孩子一个温馨、舒适的生活环境。

2.适当地反省

身为父母的家长们需要经常反省，对待孩子的态度够不够好？工作压力大的时候会不会冷落孩子？会不会经常邀朋友来家里喝酒、赌博？是否在孩子学习的时候大声说话或者看电视……经常这样思考就可以发现不足之处，给孩子一份安全感，为孩子创建一个和谐的生活环境。

3.和平相处

夫妻之间切忌在孩子面前吵架，甚至大打出手。家庭成员应该和睦相处，这样孩子才会体会到亲情的存在，感受到家的温暖。

4.良好的生活习惯

家长自身要养成良好的生活习惯，否则将在不知不觉中给孩子带来一定的影响。比如说家长有晚睡的习惯，一宿半夜地看电视或者是干其他事情，那么孩子肯定在这个过程中会受到影响，所以家长自身要养成好习惯。

53.夫妻在孩子面前公开对抗

现在很多家长因工作压力、家庭压力等原因，经常爆发“家庭大战”，时不时也会来一场“冷战”。这就导致了夫妻双方喋喋不休地争吵，相互冷漠，甚至冷言相对。双方发生矛盾争吵时可能完全失去了理智，只顾着自己生气或出气，完全忽视了孩子的感受。经常生活在这样的环境下的孩子，会产生严重的畸形心理，以至于不能正常学习和成长。

在记者的眼里，向南的症状是那么让人费解，因为“美食”这一概念在他身上被完全颠覆。别人品尝美味是为了享受，他同样也能“享受”美食，却并不是因为食物本身味道好，而是为了吃下很多就能有东西呕吐，他甚至痴迷呕吐时的那份畅快。一吃东西就呕吐，这种情况已经在向南身上持续了好几个月，去医院作全身检查，结果显示一切正常，最后家人决定带他找心理医生。

咨询现场

向南是个带着几分腼腆，又不失阳光型的帅小伙。

心理医生：你的情况听起来很特殊，能和我说具体点吗？

向南：一直以来，我对任何美味都没什么热情，吃饭仅仅是为了不让自己饿肚子，我在家里吃饭也非常快，扒拉几口，速战速决。大概是在两个月前，爸爸妈妈带我去酒店吃喜酒，可能是由于吃得太快，最后竟然吐了。哇，这是我从未感觉到的痛快！我很迷恋这样的感觉，自此以后每次吃完饭，我就跑到卫生间里挖喉咙，然后全部吐掉，慢慢地形成了条件反射，只要东西一进到胃里就想吐，几乎是天天在吐、餐餐在吐。

心理医生：你为什么迷恋呕吐的感觉？它能让你想到什么？

向南：我感觉就像跟别人打了一架，把别人打趴下了，出了一口气，很痛快！

心理医生：你能跟我讲述一下你的家庭环境吗？

向南：自我懂事起，我父母就经常闹矛盾，他们不是三天一小吵，五天一大吵，而是属于非常典型的冷暴力型，生活在同一屋檐下，却几乎没有沟通和交流，每天说的话屈指可数。最让我感觉难熬的是在饭桌上，没有一个人主动说话，一家三口各自扒拉着饭。通常我只吃摆在我面前的那盘菜，匆匆吃完饭，马上躲进自己的房间里，在家里吃饭就是活受罪。我非常羡慕其他同学，一家人吃饭有说有笑，其乐融融。

心理医生：在这样的家庭环境里生活你感受到了什么？

向南：没有一点儿温暖的感觉，到处都是冷冰冰的，我快要窒息了。在亲戚朋友眼里父母却是很幸福的一对：夫妻关系和睦，从不吵架拌嘴，儿子又乖学习成绩又好。我一听到这样的话就感觉很虚伪，我真希望能跟父母吵上一架，憋在心里我快疯了。

心理医生：你觉得爸爸妈妈爱你吗？

向南：他们应该是很爱我的，尽管他们没有感情，却一直坚持不离婚，都是为了让我有个完整的家。尤其是妈妈照顾着我的衣食住行，为我付出了很多。而爸爸也在努力赚钱，苦心经营生意就是为了我有一个很美好的前程，他们送我到最好的学校读书。在物质上我要什么他们给什么。我知道他们一定很爱我，但是我却感受不到父母的爱和家庭的温暖。

心理医生：你的话听上去挺矛盾，父母为你付出了这么多，你会怎么做呢？

向南：我只能用我的成绩回报他们，每当我拿回成绩单，就能感觉家里的气氛缓和不少，尤其是爸爸，脸上会由阴转晴，露出难得的笑容，甚至还会主动跟妈妈说上两句，我的成绩单似乎成了家里唯一可以“出声”的话题。

专家解析 ZHUANJIAJIEXI

父母发生矛盾时，无视孩子感受的行为潜移默化地影响着孩子的未来，这是不言而喻的。有些父母可能因为感情问题或者生活上的一些琐碎事情经常喋喋不休地争吵；也有些年轻的父母们，自身还残留着孩子气，经常闹情绪。这些家长在发生矛盾的时候根本就没有考虑到孩子的感受，甚至还会拿孩子出气。这样的行为严重影响了孩子的心理健康，给孩子带来不安全感，主要体现在以下三方面：

1. 影响孩子学习

家长发生矛盾，忽视孩子的感受，导致孩子不可能一心一意地学习。孩子在家里面对父母冷漠的面孔无可奈何，在学校的课堂上会胡思乱想，这样下去成绩必定直线下降。

2. 孩子心灵受到伤害，产生畸形心理

家长在发生矛盾时，只顾着生气或者是怎样出气，忽视了孩子的存在和内心感受，这不亚于精神虐待。孩子经常生活在这样的环境下，会对父母产生厌恶感和不安全感，甚至不愿意与人接触，形成一种悲观、孤僻的性格，产生畸形心理。

3. 自暴自弃，放任自流

对孩子来说，父母是他们的依靠，如果父母经常发生矛盾，忽略他们的感受，他们会认为父母再也不爱自己了，不管自己了，甚至不要自己了。一旦产生这种想法，孩子将失去上进心，自暴自弃，放任自流。

鉴于以上严重后果，家长该怎么做，才能避免这样的事情发生呢？

教子指南 JIAOZIZHINAN

1. 要相互包容，相互体谅

首先要有一颗宽容的心，家长在生活中发生摩擦时，多为对方着想，尽量避免冲突。这样才能营造一个安定和谐的家庭环境，让孩子生活在一个充满温暖的环境中，对其学习和成长都是有益处的。

2. 控制情绪

生活中常常会出现一些矛盾，这是避免不了的。父母这时要尽量控制情绪，在孩子面前心平气和地讨论，如果实在不能达成一致，两个人可以私下解决。

54. 不知道孩子也需要宣泄情绪

成人往往都能“喜怒不形于色”，而在孩子的世界里恰恰相反，什么事情都会“喜怒形于色”。随着年龄的增长，接触面不断扩大，学习的烦恼、升学考试的压力、同学之间交往和情感的烦恼都堆积在心里，孩子需要宣泄。如果家长漠视孩子的这种需要，会导致一系列不良后果。

情景案例 QINGJINGANLI

黄帆上班时突然接到儿子班主任老师的电话，让他今天一定给儿子黄小雨写假条，明天带到学校去。黄帆听了觉得很奇怪，儿子根本没有请假，为什么要写假条?

带着满腹的疑惑，终于熬到了下班，黄帆急忙赶回家。刚进家门他就把儿子叫到跟前，问他老师说的假条是怎么回事儿。黄小雨看了看爸爸，低下头没有说话。黄帆这时感觉事情不对劲，因为儿子一向勤奋好学、成绩优秀，对父母、老师都非常尊重，从没有发生这样的情况。“到底是怎么回事?”黄帆紧盯着儿子，追问道。儿子犹豫了一会儿，一向对父母诚实和尊重的他没法儿再继续隐瞒下去了，他对爸爸说：“我昨天没有去学校，我打电话和老师请假了，今天告诉老师我病了，昨天去医院了。老师一定要你们给补一张假条。”黄帆听完儿子的话，简直惊呆了——一向很乖的儿子竟然会逃学一天！黄帆马上脸色大变，对儿子吼道：“你赶紧说，你为什么逃学？你怎么敢逃学？你逃学去干了什么？都去了哪里?”把一连串的问题抛向儿子。儿子说：“我就是觉得上学特累，压力很大，特别想有一天自由。我没去学校，也没有做什么，就是在咱家附近的街上和公园里瞎逛了一天。”黄帆怎么也不会想到儿子会逃学！而儿子的这个解释更是让他无论如何也无法接受！黄帆对儿子大

发雷霆："你越来越不像话了，越来越本事了，真是好的不学偏学坏啊，你竟然学会逃学了！你说你就在瞎逛，什么也没干？我也不相信，你赶紧给我说实话！"

面对爸爸的气愤，黄小雨再也控制不住自己的情绪了，他大声说："你爱信不信，反正我就是逛了一天！我天天上学，周末都不能休息，除了作业还要上课外辅导班。我就是想休息一天，单独呆一天，为什么不行？"

专家解析 ZHUANJIAJIEXI

孩子的心理在不断成熟，他们已经不会只满足于衣食无忧和学习上的成就。他们有自己的烦心事，希望有自由发展的空间和属于自己的世界。孩子每天面对繁重的学习任务、巨大的心理压力，使他们的生活、学习和情绪处于十分紧张的状态下，所以需要寻找一种方式宣泄，尤其是那些平日里学习成绩优异、听话的孩子。在这种情况下，一些孩子难免会做一些父母、老师都意想不到的事情。父母有时会无法接受"乖孩子"的反叛行为，就对孩子大加指责、训斥，甚至认为孩子是学坏了。

首先，孩子在众多压力下，心理负担远远超过了实际承受能力。所以孩子需要通过宣泄情绪减轻这些压力，虽然有时孩子选择的发泄方式不一定正确。但如果父母对孩子的行为不能正确认识，漠视孩子宣泄情绪的需要，完全不给孩子这种宣泄的机会，孩子把遇到的所有不愉快闷在心里，长此以往，很可能造成更加严重的心理障碍。

其次，如果家长从来都不去了解孩子的压力有多大，更不理解孩子的心理感受，而是对孩子宣泄情绪的行为大加指责，并认为孩子是学坏了。孩子很可能因为父母的误解和不信任而感到伤心、难过，因得不到理解而痛苦和茫然，甚至使自尊心、自信心受到伤害，并对父母产生深深的怨恨，亲子关系出现隔阂，给孩子造成更大的心理压力。

由此可以看出，漠视孩子宣泄情绪的需要对孩子会产生很多不利影

响。那么家长需要怎么样做才能避免以上现象的产生呢？下面给予具体方法和建议。

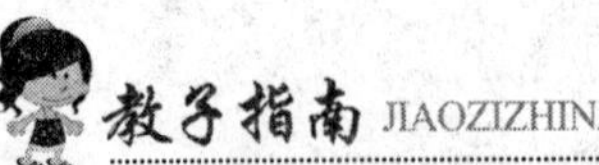

1.家长要时时刻刻注意孩子的言行举止的变化

当发现孩子情绪低落时，及时和孩子交流，给予正确的指导，引导孩子找一种正确的情绪宣泄方式，调节情绪。

2.走进孩子的内心世界

家长要理解孩子的这种需要，孩子的心理承受能力有限，当压力堆积到一定程度的时候，一定需要宣泄出来。家长要对孩子的这种行为给予一个正确的评价，这对孩子的健康发展是有好处的。

3.用正确的方法帮助孩子宣泄情绪

家长要根据孩子的年龄和心理等方面的因素，找到合适的方法帮助孩子宣泄情绪。如：可以带孩子去欣赏艺术，看一幅美景画，可以让人赏心悦目；听一曲音乐，可以让人心情舒畅；看一场话剧，可以让人感动。还可以用运动调节，带孩子跑跑步、打打球，去公园划船，到郊外去大喊，这样心情自然豁然开朗，把一切烦恼都抛到了九霄云外。最后，家长可以让孩子把心里的不良情绪用“哭”的方式发泄出来。

55.不能放下姿态与孩子平等交谈

很多家长都有这样的困惑和不解，为什么孩子越来越不听话了？为什么孩子有什么话宁肯憋在心里，或者和同学、朋友说，也不愿意和我讲了呢？其实这个让家长百思不得其解的问题的答案很简单，那就是家

长不能和孩子坦诚、平等地交心。在孩子眼里家长总是高高在上，孩子会感觉和家长之间没有共同语言。久而久之，家长和孩子之间会产生严重的代沟。

情景案例 QINGJINGANLI

镜头一：前几天放假回家，偶然在路上碰见了一位老同学，多年不见，一路上聊了很多，聊事业、家庭。当说到孩子的时候，他很难过地和我讲起了自己的孩子：

我儿子今年 7 岁了，一点儿也不听话，不用功读书。无论我怎么哄他都是徒劳，他把我的话都当耳旁风了。每天他放学回家，不是一头倒在床上睡觉，就是看电视。

记得有一天我苦口婆心地劝他做作业要认真，不能三心二意，可他像完全没听见我说的话一样，还是一边做作业一边东张西望。我看见孩子爱理不理的态度，越说越气愤，最后动手打了他，他哭着跑开了。我也没耐心再管他了，结果孩子一星期没和我说话，也不让我插手他的任何事情。我发现孩子现在越来越皮、越来越不听话了。

镜头二：还记得送儿子去幼儿园的前一天晚上，孩子准备睡觉的时候我告诉他明天送他去幼儿园，当时孩子还小，误解为上公园，所以听了我的话又蹦又跳，表示很开心。

第二天早上一大早就从暖和的被窝里爬起来，满脸兴奋，一进幼儿园的大门，孩子就径直跑到滑梯那儿玩。我忙着给孩子办理入学手续，全部办好后就将他交给幼儿园的老师，老师把他带到中班。我趁他没有注意就溜了出来，站在窗外观察孩子。只见他一走进教室，就被老师安排到前排的一个小椅子上坐下。此时其他小朋友都正在津津有味地听老师在讲什么。儿子刚刚坐下一会儿就坐不住了，站起来拔腿开门往外跑。老师见此情景，追上去将他抱回到原来的座位上，批评了几句。这时，

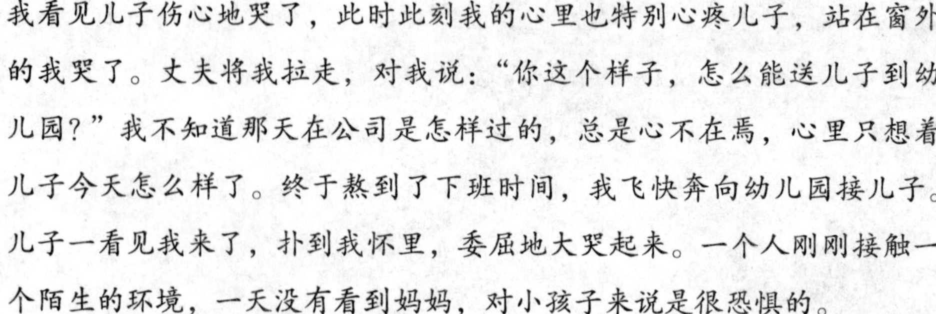

我看见儿子伤心地哭了，此时此刻我的心里也特别心疼儿子，站在窗外的我哭了。丈夫将我拉走，对我说：“你这个样子，怎么能送儿子到幼儿园？”我不知道那天在公司是怎样过的，总是心不在焉，心里只想着儿子今天怎么样了。终于熬到了下班时间，我飞快奔向幼儿园接儿子。儿子一看见我来了，扑到我怀里，委屈地大哭起来。一个人刚刚接触一个陌生的环境，一天没有看到妈妈，对小孩子来说是很恐惧的。

次日，不论我怎么叫，儿子死活不肯起床，他虽然什么也不说，但是我心里明白为什么。我没有顺着他，叫不起就强行将他从床上拉起来，替他穿好衣服，拖着他向幼儿园走去。刚走到幼儿园门口，他就开始哭，死活不肯进去，走进教室的时候我听见孩子放声大哭，哭得我无法离开。我很生气，将他拖出来狠狠地在他屁股上拍了两下，厉声呵斥：“老老实实在这呆着，以后不许再哭了，再哭我还揍你！”顿时儿子的哭声没了，但是眼泪还是止不住地流下来。

现在我很后悔，因为我发现从那以后我和儿子产生了隔膜，我感觉自己的做法不对，如果给孩子讲出自己的想法，孩子可能会明白的。

专家解析 ZHUANJIAJIEXI

从上面两则实例中不难看出，家长在教育孩子时，经常用自己的主观意愿去要求孩子，当孩子做得不好的时候，就责骂或体罚孩子，不懂得与孩子坦诚地、平等地交心，结果导致了孩子和家长之间产生代沟。

之所以会产生上述结果，主要是因为家长自认为高高在上，说的话就是有道理，孩子必须听从。所以当在某些问题的看法上，家长和孩子两代人之间出现一定的偏差，父母觉得不理解，就用粗暴的方式压制孩子，而没有站在孩子角度，也没有用孩子的思维方式去考虑问题。这样不与孩子坦诚、平等地沟通，会抑制孩子正常思维的健康发展。

那么，怎样预防这种错误的产生呢？下面笔者给出几点建议。

1.向孩子坦露自己的喜怒哀乐

当孩子不听话的时候，或者是在孩子遇到困难的时候，家长可以给孩子讲自己成功和失败的经历，向孩子坦露自己的喜怒哀乐。这种平等地和孩子交心的做法，不仅可以达到教育孩子的目的，还能让孩子更加信任父母，亲子关系融洽，远离代沟。

2.遇到问题时共同商讨解决

家长和孩子应该是平等的，孩子对一个问题有不同看法时，家长要认真考虑，合理就接受。当孩子的看法不合理时，家长要把自己的想法告诉孩子，共同商讨解决。这样，不仅不会产生上述实例中的结果，而且会让孩子感觉到自己在家里受重视。

3.用平等的心态和孩子交流

家长要用平等的心态和孩子交流，要注意尊重孩子，和孩子交朋友，与孩子交心，与孩子建立相互信任的关系。这样才能赢得孩子的信任，孩子心里有什么话也愿意向家长坦露。

4.勇于向孩子承认错误

家长在教育孩子时难免会出现一些错误，家长在认识到错误以后应该坦率地向孩子承认错误，并向孩子道歉，这样做孩子对家长会更加信任。

56.不允许孩子向大人申辩

现实生活中，有些家长为了面子，为了在别人面前不尴尬，要求孩子不要和大人争辩；也有一些家长们认为孩子小，见识少，阅历浅，处世不深，不成熟，从而形成了“父母说话孩子听”的定势思维，孩子只

能“言听计从”。不少家长不允许孩子争辩，奉行“父母之言”的教诲，在这种思想下教育出来的孩子会缺乏自信心和创造力。

情景案例 QINGJINGANLI

镜头一：“妈妈，您这样做是不对的。”7岁的儿子大声说，“我有看电视的自由！”听到这话，我非常恼火，自古都是母慈子孝，哪有孩子这么和自己妈妈说话的？“我说不许看就不许看，明天你要上学，早上还得早点起床。”我把电视机关掉，“不错，你是有自由，不过，我也有管教你的义务。”

“你要打我吗？”儿子可能从我的语气中感受到了威胁，“打我是犯法的，触犯未成年人保护法！”

“看看谁来保护你！”我实在忍不住，把他从沙发上拖起来，照着他的小屁股打了几巴掌。儿子大哭起来，直到我把他拉到床上，他仍在啜泣，迟迟才入睡。

镜头二：曾经在上学的时候结识了学校的宿管员王阿姨，她是一位五十多岁、很和蔼的女人，因为是老乡，所以经常和她聊天。她经常和我说她这么大年纪还来做宿管员这个工作，就是因为自己的儿子太不省心了，没出息，不得不这么大岁数还出来工作，但是有时候自己也很后悔。当时没能明白王阿姨这句话的意思，在后来的聊天中才明白，原来王阿姨所谓的儿子“不省心”是什么意思，自己又在后悔什么。

王阿姨是中年得子，那时候她三十多岁，为了照顾好这个儿子、教育好儿子，她放弃了一份待遇非常好的工作，也放弃了学习的机会。为了把孩子培养成一个既听话成绩又好的孩子，王阿姨付出了许多。但是她却忽视了一点，他从来不让孩子对她的话质疑，更不允许孩子和她争辩，她要求孩子拿她的话当“圣旨”一样。孩子在这样的家教下成长了二十几年，虽然学习成绩很好，但是一点儿信心和思想都没有。现在是妈妈拨一下他就动一下，都

二十多岁的人了，做什么事情都要先问问妈妈，自己一点儿主见都没有。

在王阿姨这样不许和大人争辩的思想教育下，最后教出了这样一个孩子，很值得我们深思。

专家解析 ZHUANJIAJIEXI

常听有的家长抱怨："孩子太不听话了，竟然和我争辩。"其实，家长反对孩子争辩的一个主要原因是，认为孩子这样做是不尊重自己，是在与自己为难，家长感觉很没面子，所以不允许孩子和大人争辩。

对孩子来说，与家长争辩是一种自信、自立、自尊、自强的表现，是一种心理的宣泄。在对一个问题产生不同想法时，孩子通过争辩表明自己的想法和自己要走的路，这说明孩子在认真思考问题。如果一个孩子从不与人争辩，总是大人说什么是什么，与世无争，那么他的勇气、智商、进取心、自信心、正义感等就值得怀疑了。

家长不允许孩子争辩，对孩子的成长是极其不利的。争辩是争论、辩论的意思，是各执已见，相互辩论说理。这样做有利于思想沟通，通过争辩达成共识、解决问题。在遇到任何事情时，家长不让孩子说出自己的想法，孩子不知道事情的是非曲直，总是规规矩矩，别人说什么就是什么,久而久之,孩子就会对自己失去信心和独立性,进而失去创造力。

家长不允许孩子和大人争辩，还会影响孩子的动手能力，该会的事情不会做，该做的事情不想做，遇到任何事情总是依赖父母，进而在心理上产生"依赖病"。这种病症主要表现为：懒惰、没有精神、不喜欢参加集体活动、依赖别人、胆小怕事、缺少求知欲望和创造精神、不敢尝试，最终导致的结果是不能抵抗任何挫折。

综上所述，我们看到了家长的这种教育理念和教育模式将会给孩子带来的巨大影响。那么，家长面对此问题应如何解决呢？下面笔者给出几点可行性建议。

教子指南 JIAOZIZHINAN

1. 让孩子学会争辩

在这里说的让孩子学会争辩，不是胡搅蛮缠、随心所欲，而是要遵循一定的规则，在讲道理的基础上进行。如果孩子违反了规则，家长就应该加以制止。值得提醒的是，由于家长是规则的制定者，所以在制定规则的时候，一定要从客观实际出发，否则，这种争辩就不平等了，也没有意义了。

2. 鼓励孩子争辩

家长要鼓励孩子争辩。这种争辩不是无理的争辩，更不是大事小事都要争辩，要保证争辩的内容有价值，也要有范围和次数，在友好的氛围内进行。通过争辩，让孩子明白其中的道理，心悦诚服。通过孩子的争辩，能帮助孩子找到问题的解决办法，还可使孩子弄清是非曲直，树立自信心，进而激发出孩子的想象力和创造力。

57. 对孩子的任性不加约束

普天之下的父母，没有一个是不疼爱自已孩子的。但是疼爱不等于纵容，很多家长怕孩子受委屈，过分地骄纵孩子，总是想方设法满足孩子的要求，顺着孩子的意愿做事，这样对孩子的健康成长非常不利。

情景案例 QINGJINGANLI

袁立的妈妈在办公室里处理一些文件，突然学校来了一个紧急电话，让她马上到学校去一趟。袁立妈妈赶紧放下手头上的活，匆忙赶到了学校。校长详细地向她述说了事情的经过。

中午放学休息时间，同班一位女同学拿出一款最新手机，里面下载

了很多游戏。袁立看见了，非要借过来玩一下，可是，那位同学说是爸爸从香港买回来的，自己都舍不得用，也没玩够呢，不借给袁立。袁立先是软磨硬泡，那位同学是吃了秤砣铁了心，就是不肯借。最后袁立失去了耐心，干脆在那名同学不注意的情况下，伸手去抢。结果两个孩子发生了争执，袁立竟然随手拿起一支圆珠笔，朝对方的脸划去，造成了对方孩子的眼睛受重伤，被及时送往医院，现在虽然没有生命危险，但是还要留院观察，不确定对方的视力是否会受到影响。对方家长希望学校出面和袁立的父母协商如何解决这个问题。

校长说："袁立这已经不是第一次和同学动手了，只是以前几次没有造成这么严重的后果。这个孩子现在已经在学校里出名了，大部分学生都知道她刁蛮、任性，老师已经处理过好几次这样的事了。她在学校里，总是要求每个同学顺她的意愿做事，如果有人不服从，她轻则大发雷霆，重则大打出手，弄得班里的同学都不愿意和她一起玩。这样下去，对孩子的发展是非常不利的。"

袁立妈妈听完校长的一番话，无可奈何地说："您说得没错，我和她爸爸也想让她改掉这个坏毛病，但这孩子从小让我们给惯坏了，我们从来都是顺着她的意愿做事，她有什么要求我们都会尽量地满足，我知道这孩子不是一般的任性，可我对她也没什么办法啊！"

专家解析 ZHUANJIAJIEXI

读完了上述实例，您有什么感受吗？为什么会产生这样的结果呢？下面笔者将分析一下此问题产生的原因和给孩子带来的不利影响。

任性，是指一个人不管在任何场合，自己想说什么就说什么，想做什么就做什么，想怎么做就怎么做，任何人的阻拦和劝告都起不到任何作用的一种性格特点。表现在孩子身上为放任自己，对自己的行为不管不顾、不加约束。现实生活中许多父母疼爱孩子，把孩子当成家里的"小

皇帝”、“小公主”，不让孩子受一点委屈，所以孩子提出任何要求都会满足。无论孩子提出的要求是否合理，都一味地迁就、放纵。所以养成了孩子任性的性格特点。

从小到大习惯了家长的骄纵，孩子不管做什么事情、在什么场合下都要由着自己的性子来，从不为他人着想，更不会听人劝告。从例子中我们可以看出，袁立就是因不遂自己的意愿，对同学乱发脾气，甚至用大打出手的方式解决问题。这样的孩子不仅会在人际交往中遇到障碍，难以结交朋友，甚至走向社会后难以立足。

如果家长纵容孩子任性，孩子一旦养成了习惯，当他们在与同伴相处时，就会因得不到自己想得到的东西而感到失望、气愤，甚至在这种情况下做出过激行为，如上述例子中的袁立一样，伤害了同学，有时也可能给自己带来一定的危险。

综上所述，任性的孩子遇到事情很容易冲动，情绪波动大，对孩子的身心有害。任性的孩子做事一切从感情出发，我行我素，这样发展下去就会形成蛮横无理、胡作非为的坏毛病，甚至造成不堪设想的严重后果。长大后这种性格还将影响到孩子的工作以及人际关系。

鉴于以上严重后果，请广大家长予以重视，切不可纵容孩子的任性。对此给予以下忠告。

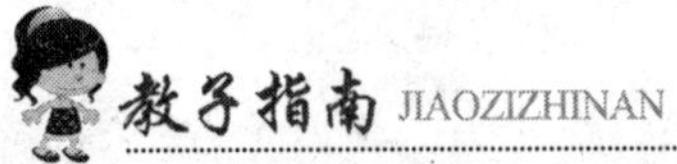

1.给孩子讲清楚任性的危害

对于孩子的任性，家长千万不能一味地顺从、放纵，更不能用暴力解决问题。家长应该让孩子认识到任性的危害，明确告诉孩子，任性是一种不良品质，家长、同学、老师都不喜欢这样的孩子，必须自觉改正这种不良的性格。

2. 适当地给予批评

家长应该尊重孩子,但不是纵容。家长要学会以平等的态度对待孩子,既保持和孩子的良好沟通,也要保持家长在家庭中的主导地位,对孩子的不合理要求给予限制,对孩子的任性行为给予批评,纠正孩子的错误。

3. 帮助孩子耐心地分析对错

了解孩子任性的原因,在批评孩子的时候要让孩子知道自己错在哪里,而不要只告诉孩子“这样做不对”、“这样做才是正确的”,或是对孩子全盘否定,这样不仅不利于孩子接受,还会使孩子产生逆反心理。

4. 让孩子自己承担任性的后果

让孩子独立承担任性的后果。比如说当他因为得不到同伴的东西而故意毁坏时,家长拿他的零花钱赔给人家,并告诉孩子以后自己犯了错,要自己承担后果。

5. 家长骄纵要把握好度

家长要选择正确的教育方式教育孩子,不能在生活中一味纵容孩子。在日常生活中,纵容要把握好一个度,不要过分、毫无原则地骄纵孩子。

58. 对孩子的早恋问题不够重视

“爱情”是一个神圣的词语,爱一个人就意味着有义务对对方负责任。但是现实生活中,大多数孩子世界观没有完全形成,对爱情的认识很肤浅。他们在人格上和经济上根本不能承担爱一个人的责任和义务,只是凭借一时的冲动,过早地踏进了“早恋”这一禁区。大多数早恋的孩子都会尝到苦果。社会上一些孩子因早恋付出了沉重的代价。

情景案例 QINGJINGANLI

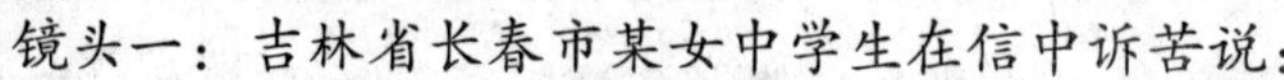

镜头一：吉林省长春市某女中学生在信中诉苦说：

15岁那年我离开了父母来到了城里读书，开始了脱离父母的庇护独立生活。由于我初次离家在外，什么都不懂，什么都不会，就在我需要别人照顾的时候，他出现在我的视线里，他对我温存体贴，又不失男子汉的风度。从此以后我们俩的关系越来越好。

在一个夜深人静的晚上，我们俩在操场上散步，聊学习，谈人生，畅想未来。后来他吻了我，从此我的心就再也不能平静了。我开始整天胡思乱想，成绩越来越差，他看我这个样子也很着急，劝我定下心来，可我根本无法控制自己。期末考试了，我万万没想到我居然两门成绩不及格。一向名列前茅的我竟然落得如此地步，我开始后悔了。然而那颗少女的心却总是不能平静。一个假期都没过好，父母的责怪是一方面，另一方面还有自己内心的不安。时间悄悄地在指尖滑过，新学期开始了，我打算抛开一切，忘记所有，认真学习，可一见到他，和他一接触，我又开始魂不守舍，完全没有心思学习了。

镜头二：一次偶然的机会，小B认识了一班的小A。两人感觉很投缘，两人在一起经常有无穷的乐趣。可是没几天放暑假了，小B见不着小A，一种莫名的失落涌上心头。小B知道自己爱上了小A,整个假期过得魂不守舍。

小B感觉度日如年，终于把假期熬过去了，很快他们俩又见面了，也因此很快恋爱了。小B为小A献上了自己的初吻。可是自从俩人好上以后，成绩就是一团糟，俩人根本就不再把精力放在学习上了。最后小A和小B高考双双落榜。

专家解析 ZHUANJIAJIEXI

青春期的孩子最容易有冲动的想法，他们经常想去接触和尝试新鲜

的东西，于是产生了早恋现象。早恋的孩子大多数会像《圣经》中的亚当和夏娃，为偷吃“禁果”付出沉重的代价。青少年时期是记忆的黄金期、学习的黄金时期、为锦绣前途努力拼搏的时期，早恋会让孩子失去所有的一切。早恋对孩子的危害具体表现在以下几个方面：

1. 影响学习，理想破灭

每个孩子小的时候都有自己的理想、宏伟的抱负，都梦想长大以后成为社会的栋梁之材。但是任何的理想和抱负都离不开兢兢业业地努力。这个时期孩子最主要的任务是学习科学文化知识，为将来建设祖国、攀登科学高峰，打下坚实的基础。如果孩子过早地被恋爱问题纠缠，必定分散有限的精力，浪费大好时光，这无异于亲手葬送自己一生的大好前途，最终后悔莫及。

2. 对孩子的健康心理极为不利

孩子一旦早恋，自知会受家长、老师同学的责备和议论，因而就会远离人群，不敢多与人交谈。长此以往，不仅影响了孩子与同学、家人之间的关系，甚至会给其思想上带来严重负担，从而影响了孩子心理的正常发展。有的甚至会因此改变性格，本来活泼开朗、天真可爱的女孩，就会变得孤僻、冷漠，在心理上出现超自身年龄的现象，对健康成长极为不利。

3. 荒废学业

早恋会导致不少本来各方面都很优秀的孩子荒废学业，毁掉大好前程。早恋的孩子中有不少成绩优秀、出类拔萃的，只是因为爱情，让他们过分地好奇、兴奋，甚至痴迷，当他们过分沉醉于爱的幻想时，就再没有心思投入学习。其实，学习如逆水行舟，不进则退。一边学习，一边谈情说爱，就容易三心二意，心猿意马，最终将一事无成。

4. 带来终身遗憾

爱情之所以被称为每个人的终身大事，是因为在人生中占有相当重要的位置。由于孩子小，涉世浅，对社会缺乏了解，理智被情感蒙蔽了。

因此在对待感情的问题上容易冲动，遇到挫折会变得意志消沉，形成严重的心理障碍。

5. 出现过火行为，引发犯罪

孩子早恋，是在好奇心的驱使下，盲目效仿导致的结果。当感情出现危机时，理智的防线被冲垮，在这种情况下孩子往往会走向违法之路，甚至造成无法挽回的后果。

教子指南 JIAOZIZHINAN

1. 让孩子清楚早恋的危害

父母在日常生活中，经常引导孩子清楚地认识早恋的危害，帮助孩子把目光放长远，鼓励孩子用理智战胜不成熟的情感，摆脱早恋的困扰。

2. 注意孩子心理卫生

家长不要让孩子接触一些不健康的读物，例如一些不适宜的报刊杂志、图书。给孩子一个健康的成长环境，时时刻刻注意孩子的心理卫生，保持孩子的良好心态。

59. 舍不得孩子吃苦

“可怜天下父母心”，在当今社会，不少家长的教育观念是绝对不能让孩子受一点儿苦，还要让孩子成才。这样的观点很矛盾，不让孩子吃一点儿苦，孩子就会像温室里的花朵，根本就经不起外界的风吹雨打。等到孩子离开家走上社会后遇到一点儿挫折就会想不开，一点儿苦也吃不了，根本就无法适应这个竞争激烈的社会。

情景案例 QINGJINGANLI

班中的杨东，第一次见他，没人会觉得他调皮，实际上也是，一副金丝眼镜，一张稚嫩的脸，看上去很斯文。但是他的缺点是怕吃苦，衍生出的缺点是撒谎。

上周二，杨东因为贪玩没做好作业，装肚子疼，打电话来请半天假不来上课，家长好不容易把他拽来，他又躲在厕所里死活不出来。家长连说带哄好不容易正常了一周，今天周一，他老毛病又犯了。第一节课没见到他人影，我的第一反应：一定是作业没做好，在家抱佛脚呢。发了一条消息给他，等了一节课没回音。上第二节课时，还是不见踪影，出于无奈打电话给他父亲，说早已经送出门了，而且作业都按时完成了。父亲很是着急，不管如何，出来寻找，在学校附近兜了几圈，还是没有找到。我安慰他父亲说："按他的脾气，不至于做出想不通的事情来，您先别太着急。"父亲还是报了案。

下午正在上第一节课时，团委书记叫我说："警察局打来电话了，说在学校附近一家酒店门口发现杨东的书包，但是并没有发现孩子的踪迹。"话说到这里，大家都一脸惨白，替孩子担心。听了这些话，我的心也猛地一沉：难道他真的会想不通吗？于是我问书记："您是否问清书包的状况，凌乱的还是整齐的？"他回答说没想到问。

匆忙跟着书记再打电话到那家酒店，听电话的人告诉我们书包是整齐的，我们心头的郁闷稍稍减了些，我想应该不会出什么事。但是无论如何，还是得去看看，毕竟还是不能确定。于是我赶紧打电话给他父亲，正赶上他又在学校附近寻找杨呢。真是可怜天下父母心啊！我说："别着急，我和你一起去找。"他激动得说不出话来。一路上，一边寻找孩子，一边谈平时的家庭教育，他说："我们从来不让孩子吃一点儿苦，只想他能把学业学好，我们就知足了……"他还在滔滔不绝地讲他的教育孩子的经历。我在想，看不让孩子吃苦，会养成这样

的习惯啊。

我们先到那家酒店，问酒店里面的服务员情况，她告诉我们说是上午9点左右，看见一个孩子把书包放在酒店门口就走了。听完我的心里咯噔一下，都过了那么久了！我看见此时孩子父亲拎着书包的手都颤抖了，看得出他心里的惊慌和恐惧。我再找不到任何词语来安慰他。我静静地跟在这位父亲的后面，走到大卖场里网吧继续寻找，在一条很长的走廊里，一个一个仔细地辨认，还是没有孩子的影子。问吧台的收银员，也说没看到。他到底会去哪里呢？我一直都在考虑这个问题。孩子的父亲突然想到大卖场里的图书角，连忙直奔过去。由于重新装修，里面的摆设有所改变，又着急，一时半会也没找到。这时我的心里彻底绝望了。

跑去问营业员，告诉我们说有这样的孩子，今天从早上来一直呆了大半天才走的！我和他父亲不约而同地问："他走了多久了？""半小时。"营业员回答说。这是个天大的喜讯。我们急忙往外走，边走边劝他父亲说："放心好了，肯定不会有事的。"父亲此时不时地东张西望，希望孩子能出现在他的视线里。

最后，在走到二楼时，我们发现了杨东，父亲拔腿就向孩子跑过去。面对孩子，我们问他："为什么不想上学呢？"孩子说：从小到大没吃过这样的苦，学习太累了，我受不了了，所以就想逃学了。

专家解析 ZHUANJIAJIEXI

为了不让孩子吃苦，自己吃再多的苦都心甘情愿，这是中国绝大多数父母的心态。父母们的想法很简单，让孩子现在和将来都生活得好，能够出人头地，能成就一番事业。父母的愿望是美好的，但是这种教育观念是违背教育规律的。家长的做法不仅剥夺了孩子在生活中自我锻炼的机会，而且会使孩子永远也长不大，成熟不起来。父母不能跟孩子一

辈子，不让孩子吃一点苦，孩子一旦缺乏锻炼，必将失去生存的本领。有些家长的目光很短浅，这样做表面上看是呵护孩子，实际上则是害了孩子。

家长要注重培养孩子的吃苦精神。只有这样孩子在将来面对困难和挫折的时候才能百折不挠，才能懂得世上的任何事情，想要成功就必须经过艰苦的奋斗和不断的努力，克服重重困难，不能吃苦就永远不能到达胜利的彼岸。现在的生活水平都有了明显的提高，许多家长不让孩子吃一点苦，经常在生活上迁就他们，宠爱他们，使孩子不懂吃苦，更不能吃苦，最终导致了孩子意志薄弱，害怕困难，经不起失败和挫折。

由此我们不难看出，不让孩子吃一点苦将给孩子带来的影响，所以家长要谨记这个教训。下面对此问题给出几点参考建议。

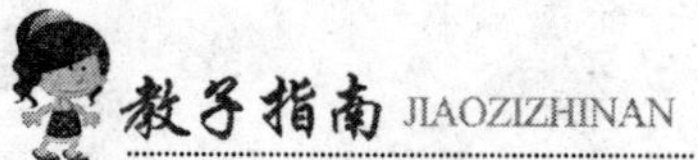

教子指南 JIAOZIZHINAN

1. 让孩子吃苦

我们这里所说的让孩子吃苦，不是让孩子吃不饱、穿不暖，没“苦”为孩子创造“苦”吃，而是让孩子在生活中多做些事情。孩子通过自己动手，不仅能体会到生活的艰辛，还可以更多地理解父母，有益于孩子的健康成长。

2. 挫折教育

家长要经常鼓励孩子吃苦，当他们面对困难和挫折畏缩不前的时候，家长要及时地鼓励孩子。当孩子得到了家长的鼓励时，会信心百倍地迎接困难的挑战，想方设法战胜困难，不断鞭策自己向成功迈进。

60. 随意处理孩子所珍惜的东西

“敝帚自珍”是成年人的习惯，青少年具有他们这个年龄特有的性格特点，在他们眼里，一些东西在吸引着他们，比如说旧卡片、书籍，甚至一些捡来的不值钱的东西等等。但是有些家长不分青红皂白就扔掉孩子想保留的东西。事实证明，家长的这种做法不但扔掉了孩子眼里的“珍宝”，也扔掉了孩子的自尊和自信。

情景案例 QINGJINGANLI

镜头一：妈妈在帮小风整理书包时，发现他的书包里有一个破旧的玩具车，显然不是小风的东西，就询问这是从哪儿来的。小风告诉妈妈，这是他在放学的时候，在学校自行车棚边捡到的。因为已经放学了，所以无法交给老师了，明天上学的时候再拿去交给老师。

妈妈拿起这个玩具车仔细看看，又旧又脏，就对小风说：“这么破旧的玩具你也捡，还放到自己书包里，脏死了！这根本就是别人不要了扔掉的，你还当宝贝似的捡回来。”小风说：“那可不一定。我试过了，这个玩具车还能跑呢，明天我去问问老师这个是谁的，还给人家。”妈妈用不屑的口气说：“要是你，这么旧的一个玩具丢了，你还会去找吗？你有这么爱惜东西吗？”小风不好意思地说：“要是我的话，可能就不找了。”妈妈又说：“就是呀，你自己的东西不爱惜，倒挺知道帮别人爱惜东西的，你们现在这些孩子才不会为它费劲呢。而且这个玩具车也值不了几个钱，谁那么小气、抠门，还费劲到处找呀。要是你丢了一个玩具，妈妈肯定不会让你找，再给你买个新的就行了。你看这多脏啊，多不卫生。反正你捡没捡也没人看见，别放在书包里等着人家回来找了，扔掉算了。”说完，拿起那个玩具车就往外走。

小风赶紧拦住妈妈：“别扔！妈妈，我明天去学校还要交给老师呢。我保证以后爱惜东西还不行？”可妈妈哪里能听进去孩子说的这一套，头也不回地把玩具车丢进垃圾桶。

镜头二：“瞧你，像个捡破烂的，都快成老古董的东西了，当成心肝宝贝似的藏着。”江磊的妈妈一边唠叨着，一边把床底下的小木箱打开，把里面的一个小锤子、一个破望远镜和其他几样东西扔进了垃圾桶。

“妈妈，谁让你动这些东西的？”小磊扑上去，从垃圾桶里捡回妈妈已扔掉的东西，并小心地放回小木箱，然后用自己瘦小的身体护在小木箱上，不让妈妈再动一下。

“儿子，这些东西都是你以前玩过的，现在又破又烂，留着有什么用呢？你想招老鼠、蟑螂呀！”妈妈说完，准备拉开小磊，再一次帮他清理木箱。

“妈妈，这些都是我的宝贝，我都舍不得扔，你就让我留着吧！”小磊请求道。

“傻孩子，没出息。这些破烂玩意儿在你眼里都成了宝贝了，你是不是脑子有毛病啊！”妈妈生气地说。

“妈妈，你和爸爸除了忙着挣钱，什么时候陪我玩过啊？这风筝、这玩具枪，它们陪我度过了好多时光，它们……它们比你们对我还亲。”已上初三的小磊突然哭了。

“都男子汉了，还为这点芝麻小事哭？扔了，都给我扔了！”小磊的爸爸也在一旁说，并且不顾小磊的哀求，一把抱起小木箱，跨出了家门，将它扔到门外的垃圾桶去了。

小磊的父母自以为做了一件很对的事，他们在帮助孩子扔掉垃圾。可是，他们不知道，他们轻轻松松扔掉的都是儿子记忆中最美好的东西，扔掉的是儿子的欢乐。从那以后，小磊回到家便将自己关在房里，很少和父母说话。因为在小磊的心里，父母是那样的冷酷无情，他们不但很

少给他欢乐，还扔掉了那些曾给自己带来无穷快乐的东西，他们太自私，太不理解自己了。

渐渐地，这个家庭两代人之间的隔阂也越来越深了。父母抱怨小磊不体谅自己的辛苦，小磊抱怨父母除了忙着挣钱，从来就没真正关心过自己。更为重要的是，他无法原谅父母扔掉了他最珍贵的东西。

专家解析 ZHUANJIAJIEXI

很多家长认为现在生活水平提高了，经济条件好了，对一些不值钱的旧东西没必要保留。从卫生的角度考虑，父母更加不愿意让孩子保留一些不卫生的东西，就强行扔掉了，而忽视了这样做对孩子道德品质的影响。

随着经济的飞速发展，人们的生活水平提高了，广大家长可以给孩子提供良好的物质条件，但爱惜物品、爱惜别人劳动成果的品德不能因此被忽视。虽然一个玩具没有多少钱，父母也许不会在乎孩子丢一个、毁坏一个，但却会使孩子因为东西、物品来得太容易而从来不懂得珍惜，养成大手大脚、随意丢弃的毛病。家长的做法让孩子产生这样的心理：反正没有用了，扔了父母就会给买新的，所以不喜欢原来的东西了或是看到别人有什么更加流行、新奇的玩意儿，就故意扔掉或毁坏旧的要新的。这样的话，还会引出作假、撒谎的问题，对孩子的成长是很不利的。

鉴于以上危害，给出家长几点建议作为参考。

教子指南 JIAOZIZHINAN

1. 给孩子选择保留的权力

家长如果想替孩子收拾东西，自认为一些东西没有用处了，想要扔掉，也要征求孩子的意见，尊重和接受孩子的合理建议，给孩子自己选

择的权力，不要事事替孩子当家做主。

2. 不要把自己的想法和价值观强加在孩子身上

孩子眼里的世界和大人眼里的世界是不一样的，有时大人认为不值钱的东西，甚至是该扔掉的东西，在孩子的眼里也许是“无价之宝”，所以家长不要把自己的想法和价值观强加在孩子身上。

3. 帮助孩子收藏他以前喜欢的东西

站在孩子的角度想问题，帮助孩子收藏他以前喜欢的不值钱的东西，这样孩子会把父母当做可信赖的人。

第七章　全方位为孩子规划一切
——在个性方面的教子误区

很多家长过分地宠爱孩子，为孩子规划好一切，这让孩子从小就养成了自私自利、好逸恶劳、对他人缺乏同情心的个性。由此可以看出，家长的不正当教育会毁灭孩子的前途和未来。所以家长要科学地培养和教育孩子，不要盲目地溺爱孩子，甚至为孩子规划好一切。

61. 为孩子操办一切

“可怜天下父母心”，在当今社会里，大多数家长希望为孩子规划好一切，为孩子铺好路，让孩子在成长过程中一帆风顺，朝着家长期望的方向前进。但是反过来想想，家长的这种做法对孩子来说实际上很苛刻，有多少孩子是按家长画出的轨迹成长？他们的一切都掌握在父母手中，在成长的道路上就会失去面对困难的勇气。家长为孩子规划一切，无形之中剥夺了孩子的自主选择权，也扼杀了孩子的兴趣爱好，容易使孩子产生逆反心理，长大后丧失自主能力。

情景案例 QINGJINGANLI

镜头一："丹丹，快过来，看妈妈给你买的新衣服漂不漂亮、喜不喜欢，快过来穿上试试！"妈妈一踏进门就兴高采烈地朝女儿喊道。在屋里做作业的女儿一动没动，好像没听见妈妈的话一样，头也不抬地继续做作业。妈妈以为孩子没有听见，又说了一遍。这时候，丹丹爱理不理地抬起头，瞥了一眼妈妈手里拿的新衣服，说道："我的事情你什么都替我做，你认为好看留着自己穿吧。""唉，你这孩子怎么这样跟妈妈说话呢，每次我为你做什么，你都看不顺眼，你这是什么态度啊？越来越不像话了……""不单是这件衣服的事，我什么事情你都替我做主，都替我安排好，我现在就是你手里的木偶……"女儿朝着妈妈大声吼道。

镜头二：某市少年宫前家长们不辞辛苦，为的只是能给孩子假期报上一个好培训班。当记者问家长是否辛苦时，家长的答案几乎是统一的，为了孩子再苦再累都值得。可怜天下父母心啊！当记者问及孩子的时候，大多数孩子都想过一个轻松愉快的假期，并不想参加什么培训班。但父母之命不可违，他们只能硬着头皮去上课。

专家解析 ZHUANJIAJIEXI

有的家长认为，学习是孩子的唯一出路，就自以为是地给孩子报这个辅导班、那个培训班。还有些家长认为，孩子学才艺比学习轻松，就打算让孩子去学才艺。他们总觉得为孩子规划好了，孩子就一定得学，不管他们自己喜欢与否。家长大都认为孩子还小，需要他们为孩子规划好将来该如何发展。

父母的苦心笔者当然明白，只是，家长更多是在为成长中的孩子担心。家长这样不顾孩子的兴趣爱好和主观意愿为他们规划好一切，会产生反面效果，孩子因为要面对过多自己不喜欢的东西，渐渐地会产生厌

倦情绪。笔者一直觉得，对孩子的成长，重要的是尊重他们的兴趣爱好。如果孩子从一开始就对家长安排的东西不感兴趣，在以后漫长的学习中就会失去动力，停滞不前。

家长是帆，孩子才是掌船的舵手。父母只要为孩子把握好一个大体正确的方向，让孩子亲自驾船，他才会知道人生的旅途中是有风暴的，他们才能学会战胜这些困难，坚强地成长。家长要多给孩子一些思考空间，也许他们还小，也许他们还不会判断，但他们会在困难和挫折中健康成长。

爱孩子不是为孩子规划好一切，比尔 · 盖茨没有留给他的孩子很多遗产，他让孩子们自己去创造属于自己的财富。家庭条件、家庭背景并不重要，重要的是孩子自己寻找一个努力的方向，没有多少人一出生就是“贵族”。笔者认为应该用正确的价值观去引导孩子，父母应该以身作则，不要在孩子小时候就为孩子规划好一切。

每个家长都不希望孩子输在起跑线上，所以很多父母不惜重金，千方百计地托关系让孩子进最好的学校，希望孩子在成长过程中一帆风顺。其实学校好不好并不重要，重要的是孩子是否努力学习，家长再怎样为孩子规划好一切，孩子自己不喜欢，家长也只能是徒劳无功。

即使孩子接受家长为他们规划好的一切，愿意走父母铺好的路，那家长有没有想过，孩子一旦习惯了这种生活方式，就会失去自主能力。没有主见，将如何走向社会？当今社会需要的是能独当一面的人才，不是温室里的花朵。家长没有权利决定孩子的将来，为孩子规划好一切，否则将让他们的人生失去光彩。

综上所述，家长不要为孩子规划好一切。下面对此问题给出几点具体建议。

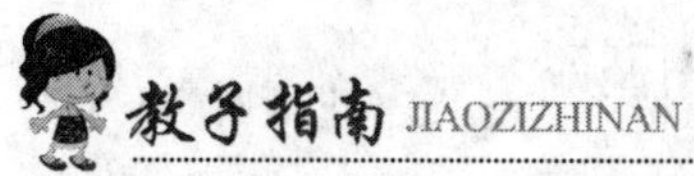

1. 让孩子自己选择

在孩子成长的道路上，家长要学会引导孩子自主选择，这样做不仅培养孩子独立思考的能力，也增加了孩子面对困难的勇气。

2. 从孩子的兴趣出发

所谓“己所不欲，勿施于人”，家长应该明白其中的道理。为孩子规划未来时要以孩子的兴趣爱好为出发点，因势利导，这样可以开发孩子的智力，还可以激发孩子的创造力。

3. 产生分歧时和孩子共同作决定

家长和孩子的观点往往存在一些分歧，在这种情况下，家长不妨尝试和孩子共同探讨，取长补短，找出一个让家长和孩子都满意的办法。

62. 无条件满足孩子一切要求

孩子的毛病不是与生俱来的，有些毛病往往是和父母的教育方式密切相关的。现代社会的构成以独生子女家庭为主，一家几代人围着孩子转，给孩子吃最好的，用最好的，孩子要什么给什么，孩子成了家庭的“霸主”。在这样环境下成长的孩子骄纵任性，以自我为中心，看见喜欢的东西就想据为己有，从而会经常向家长提出无理要求。家长一味地满足孩子的无理要求，会使孩子养成自私自利的不良品质。

情景案例 QINGJINGANLI

镜头一：邻居张哥的儿子小涵在开心宝贝幼儿园读大班，每天张哥开着家里的奥拓接送，风雨无阻。但最近小涵却怎么也不肯上爸爸的车

了。经过爸爸再三询问，他才说班上的小朋友都嘲笑他说：“你还好意思向大家吹牛说你们家有车，我们还以为是什么名牌跑车呢？你看看吧，现在扫大街的都开奥拓了。”小涵的爸爸妈妈很吃惊，他们就这么一个宝贝儿子，看见他每天茶饭不思，一天一天憔悴，张哥夫妇决定给孩子租一辆好车送他上学，他们达成一致，接下来是每天开名车送孩子上学，孩子的心情有了明显改善，张哥夫妇看在眼里喜在心里。一段时间内孩子倒是过得不亦乐乎。过了几天，小涵回到家又很不开心地和张哥说：“爸爸,你的车是租来的,同学知道了又开始笑我说没钱还学人家开名车,我不想上学了。”张哥夫妇听到这里束手无策,一时不知道到底该怎么办。

镜头二：有一次我下班回家顺便到超市买了两块巧克力给儿子吃。他拿到巧克力很开心，很快就吃完了。吃完了还想吃，这时天色已经不早了，我在忙着做饭，附近又没地方卖。但我怎么哄也哄不好他，孩子就是坚持要吃，我想给他换点别的东西吃都不行，最后竟哇哇大哭起来，哭得一把眼泪一把鼻涕，没办法，我只好停止做饭带他出去买。吃了以后他不再哭了，但是从那次以后孩子就变本加厉，经常提出一些无理要求，稍有不称心就大哭大闹。

镜头三：一次，幼儿园里分苹果，一个孩子走到老师面前对老师说：“我要个最大的。”老师问他：“为什么？”孩子不慌不忙地回答道：“我在家里一直都是这样的。”

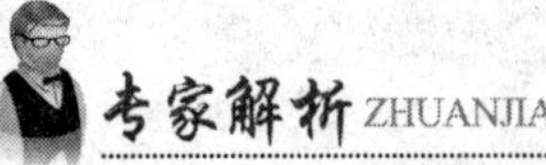

专家解析 ZHUANJIAJIEXI

孩子为什么有经常提出无理要求的坏毛病呢？笔者认为，和父母的教育观念紧紧相连,密不可分。在日常生活中,大多数家长都围着孩子转,孩子说往东，家长就不敢往西。孩子已经形成了这样一种心理：“不管我想做什么，爸爸妈妈一定不会拒绝我，我就是家里的‘小祖宗’，我想干什么就得干什么，谁也管不着。”在这样心理的驱使下，孩子就会经常向

家长提出一些不合理甚至不切实际的要求。那么，如果家长一味地满足孩子的无理要求会给孩子带来哪些不利影响呢？下面我们来具体分析。

首先，家长一味地满足孩子的无理要求，会给孩子的成长造成很多不良影响。一旦养成这种习惯，孩子就会经常无理取闹，将变得自私自利，不会站在别人角度看问题。这时就需要家长面对孩子的无理要求说“不”，帮助孩子养成好习惯。

其次，如果孩子提出了无理要求，家长就要及时告诉孩子：这样的要求是不合理的，父母满足不了孩子这样的要求，而且会让父母为难，本来一家人可以开心愉快地相处，就是因为他这样一个无理要求，让全家人情绪都不好，得不偿失。孩子面对家长的解释会有所醒悟。如果家长长期顺从孩子，只知道一味地满足孩子的无理要求，势必会导致孩子越来越任性，难以管束。

综上所述，我们可以看出，一味地满足孩子的无理要求对孩子是有害而无益的，所以家长必须引起重视。那么家长应该怎样做才能避免此问题产生呢？或者家长怎样面对孩子的无理要求呢？下面笔者给出几点建议以供参考。

教子指南 JIAOZIZHINAN

1. 用生气的表情告诉孩子“不行”

当孩子提出无理要求的时候，家长可以把气愤写在脸上，一般孩子都会察言观色，面对家长这样的表情，他们会放弃自己的无理要求。

2. 不予理睬

面对孩子的无理要求，家长可以采取不予理睬的方式解决。孩子爱怎么闹就让他怎么闹，就是不搭理他，过一会儿自然而然就没事了。

3. 自然后果法

有些孩子会要求做一些自己根本做不了的事情，家长可以在保证安

全的情况下让孩子亲自尝试一下，让他们亲自体会到其中的害处。

4. 告诉孩子人与人之间是平等的

当孩子把家长当做仆人对待的时候，家长应该告诉孩子人与人之间是平等的，请别人帮忙的时候一定要有礼貌，否则令人讨厌。

63. 对孩子溺爱与娇惯

卢梭曾经说过这样一句话：“你知道用什么办法，一定可以让你的孩子成为不幸的人吗？这办法就是百依百顺，娇惯孩子！”我国古代著名教育家朱熹也说过：“溺爱不明。”的确，现实中，有很多父母对孩子的大事小事全部包揽，连孩子力所能及的事情也亲力亲为。这种过分的保护，严重影响了孩子的正常发展，最终会使孩子缺乏自理能力。

情景案例 QINGJINGANLI

镜头一：一天，有一位家长带着读二年级的女儿找到一位教育专家，说：“这孩子多动，在家里贪玩，在学校听课不认真，家庭作业做得乱七八糟，不能按时完成，尤其不听父母的话，我的赏识、教育、唠叨就像刮大风，她左耳听右耳冒，在脑子里过不留痕。”通过教育家与家长的沟通交流，才发现这位母亲是个溺爱孩子的“标兵”，她对孩子的讲话方式和教育方式存在严重问题。孩子已经上幼儿园了，她依然像照顾婴儿一般照顾女儿，和女儿说话也是轻声细语，生怕声音大了吓到孩子。

女儿在幼儿园又蹦、又跳、又打、又闹，就是不喜欢学习，想做什么就做什么，老师说也不管用，迫于无奈找到孩子的妈妈，妈妈却不急不躁地：“孩子还小，不要让太多规矩束缚了孩子。”老师迫于无奈，也只好放任她，让她为所欲为。女儿读小学了，妈妈感到了问题的严重性，

她辞去了工作，开始和孩子一起坐在教室上课，可孩子始终像头倔强的小毛驴无法正常学习。老师劝这位妈妈把孩子带回家，否则会影响其他孩子，女儿只好休学回家。面对这样的情况教育专家建议这位家长让孩子暂时脱离现在的家庭教育环境，改变对她的教育方式，用全托方式帮助孩子矫正恶习，这位家长同意了。

当这位教育专家把该母亲送到门口时，她不停地唠叨："孩子还小，她可能听不懂老师的话，您要交代老师多照顾她。你说她能变成一个听话的孩子吗？她是不是很笨呀？孩子从小就没有离开过家，她会洗脸吗？还有穿衣服……"倾听着这位母亲的心声，专家仿佛看到了鲁迅笔下的祥林嫂，一时竟不知如何回答。现在唯一能做的是尽全力帮助她改正女儿的坏习惯。

镜头二：老金中年得子，取名阿福，一家三代同住，使阿福享受百般宠爱。已经上高中的阿福学习从来不主动，在课堂上课和在家里一样，一点都不知道遵守纪律，对于老师提出的问题不是爱理不理，就是答非所问。

老师无奈请来了阿福的父母，才知道原来是家长过于娇纵孩子导致了现在的结果。老金说家里就这么一个，在家里都是衣来伸手，饭来张口，孩子的所有事情我们都为他做。现在我们每天送他上学、接他放学，阿福现在自己连鞋带还不会系呢……老金在滔滔不绝地讲着孩子的事情，老师却陷入了沉思。

专家解析 ZHUANJIAJIEXI

一位著名的教育家曾经说过这样一句话："父母们经常说，我是父亲，我是母亲，我所做的一切都是为了孩子，为他牺牲一切，甚至牺牲自己的幸福也心甘情愿。这是父母送给孩子最可怕的礼物。这个可怕的礼物可以这样形象地比喻为：如果家长想毒死自己的孩子，那你就给他吃一顿你给他的爱心和娇惯，他就可以被毒死。"这段话的意思是说，

父母的爱心泛滥和娇惯实际上对孩子来说是致命的毒药。

随着社会的进步，经济飞速发展，家长尽最大的努力给孩子造就了一个优越的生活环境。让他们不再为吃穿发愁。这现成的一切，让孩子不知道什么叫吃苦，甚至玩着玩着都觉得无聊，于是稍不如意，便认为自己受了天大的委屈，向父母发泄，养成娇纵、跋扈的坏习惯。

娇惯，是父母对孩子倾注过分的关爱，对孩子的要求百依百顺，孩子不需要遵守任何规矩，言行肆无忌惮没有限制。家长总是担心严格要求会影响孩子发育，担心孩子会认为父母不爱他，担心家长的管束会使孩子对家庭有不温暖的感觉。爱心泛滥、娇惯孩子的父母总是避免一切可能和孩子发生的冲突的事情发生，这类家庭的父母一般年龄偏大。被娇惯的孩子就会常用哭闹、抱怨、威胁、发脾气和察言观色等方式来控制父母，他们也许不会对其他长辈表现出这种行为，但常常会在一些家外场合，如商店、同事家里等地方向父母发难来达到自己的目的。大多数娇惯的孩子行为都很幼稚、自私，不能承受任何打击，缺乏自信；在困难面前退缩，缺乏勇气面对，对自己没有适当的评价和期望；当没有达到期望目标时很容易灰心沮丧。这种孩子往往自控能力很差，在面对必须服从的命令时容易产生不良行为，与同伴交往不顺利，同伴往往认为他们骄傲自大。

由此可以看出，娇惯孩子的做法是不对的，家长要引以为戒，下面笔者给出几点具体建议。

教子指南 JIAOZIZHINAN

1. 让孩子从哪里跌倒就从哪里爬起来

家长不要一切为孩子计划好，什么都一手包办，让他们在生活中锻炼自己。如果孩子跌倒了，不要伸手去扶，让孩子知道从哪里跌倒从哪里爬起来。

2.再富也要“穷”孩子

不管现在的生活水平多么高，生活条件多么好，家长不能让孩子认为父母能为他们提供一切，要让他们明白好的生活条件是经过努力创造出来的。再富也要“穷”孩子。

3.分配给孩子一些力所能及的工作

在日常生活中，家长不要事事代劳，根据孩子的实际年龄，分配给孩子一些力所能及的工作，让孩子亲身体会到父母的辛苦。

4.培养孩子良好的动手习惯

在日常生活中，根据孩子的实际情况，让孩子自己动手做事，如穿衣服、系鞋带、洗脸等。这样不仅能够培养孩子的动手习惯，还可以锻炼孩子的意志。

64.孩子一哭闹就妥协

现在的孩子都是衣来伸手，饭来张口。家长大多对孩子百依百顺，稍有怠慢，不顺其意，要求得不到满足时，孩子就会用哭闹当作保护伞，软缠硬磨，以达到其目的。家长一旦迁就，就会使孩子找到了要挟家长的法宝，他们会经常使用这一法宝迫使家长就范，给今后的教育带来困难。因此，家长千万不要被孩子的泪水冲垮了理智的闸门，那么，家长要如何摆脱被孩子哭闹的要挟呢？

情景案例 QINGJINGANLI

镜头一：我带儿子和朋友一起逛商场，走着走着，一回头发现儿子不见了，转了一圈，发现儿子正在目不转睛地在盯着玩具店里一只漂亮

的玩具小狗。朋友走近他，说："小叶，你喜欢这个玩具狗吗？"儿子说："可爱的小狗真漂亮，和幼儿园里小朋友的小狗一模一样。就是因为他有这样一个小狗，大家都愿意和他一起玩。我要是也有一只就好了。"说完，眼睛转向我好像在说："妈妈，给我买一个吧！"但是他没有直接坦率地说出来。因为家里的玩具房已经丢满了大大小小的玩具，我不打算给孩子买这只玩具狗。拉着孩子就往别处走，但是孩子就是站在原地不动。我使劲拖着儿子往商场外走。孩子"哇"的一声就哭了。当时朋友也在场，我不想让朋友看笑话，就顺儿子的意思买下来了。自此以后，儿子每次看见自己喜欢的东西不给买就又哭又闹。有时甚至还满地打滚,很难管教。

镜头二：明明的妈妈说：女儿小时候，我就常常给她讲，不是她喜欢的东西就能得到，有些东西就算是想买，也要等父母认为合适的时候才能给她买的。在这种思想的教育下，孩子学会了等待，不会见什么要什么。可是自从有一次带女儿去朋友家里吃饭妥协了一次，就一发不可收拾。

那次到朋友家做客，明明特别懂礼貌，等大家都入席以后才开始动筷子吃饭。当时朋友和家人都夸明明是个好孩子，不仅懂礼貌，还很可爱。吃过饭后，朋友建议带孩子去公园玩，自然而然我们就一起去了。在公园里明明看见什么就要什么，朋友很喜欢她，她要什么朋友都照单全收了。过了一段时间，我发现女儿经常提出一些无理要求，稍有不顺心就大哭大闹，而且专门在我有同事或者朋友在场的时候闹个不停，每次我都为了保全面子妥协。我渐渐地发现自己错了，我发现女儿越来越难管教了。

专家解析 ZHUANJIAJIEXI

在日常生活中，孩子经常会因得不到自己想要的东西，就向家长哭闹，很多家长在这种情况下会向孩子妥协。家长的这种做法将会给孩子带来以下不良影响。

首先，父母为了平息孩子的哭闹满足了孩子的欲望，经常这样做，

对孩子是无益的，甚至是有害的。向孩子哭闹妥协的后果是，孩子会养成急躁、缺乏耐心、骄横跋扈的不良性格。轻而易举得到的东西，孩子不会珍惜，也感受不到幸福，反而会觉得这是应该的。

其次，家长向孩子的哭闹行为妥协，会导致孩子以自我为中心，不分情况和场合随意放纵自己，毫无约束地向家长索要自己希望得到的东西。这样就导致孩子形成一种消极的品质。任其发展下去，还会使孩子不管做任何事情，都会从自己的角度思考问题，我行我素，难以接受劝告，甚至形成蛮横无理、胡作非为的人格特征。

最后，当孩子得不到他要的东西的时候就会哭闹，他们所要的一般是不合理的，有些家长面对孩子这种行为会妥协。但是笔者在这里告诫家长们，这样的做法是错误的。一次次的妥协会带来孩子变本加厉的哭闹，孩子拿哭闹当作迫使父母妥协的武器。

综上所述，我们可以看出，家长向孩子哭闹妥协对孩子成长的不利影响。那么家长面对孩子的哭闹行为该怎样做呢？下面给出几点具体建议。

教子指南 JIAOZIZHINAN

1. 对孩子的无理要求采用冷却策略

当孩子因索要东西得不到满足而哭闹时，家长面对孩子的大哭大闹应采取不理不睬的态度，孩子哭一会儿看你不理睬，自然就不哭了。

2. 父母保持一致

当孩子哭闹时，千万不要妈妈说“不行”，爸爸一心疼立刻就答应了孩子的要求。父母要保持一致，这样才能根治孩子的坏毛病。

3. 让孩子用零花钱“凑份子”

当孩子对自己喜欢的东西不依不饶时，家长可采用这样的方式：一部分让孩子从自己的零花钱中出，一部分由父母承担。这样孩子就不会轻易向家长哭闹，也会备珍惜自己的东西。

4. 明确告诉孩子需要的东西可以满足，无理要求不能答应

家长可以明确告诉孩子：你正常需要的东西，我们一定为你准备齐全；你想要的东西，可以告诉我们，我们会仔细斟酌，看情况决定要不要满足你。但如果你用哭闹或发脾气的方式来争取，我们一定不会答应的。

65. 宽容孩子丢三落四的毛病

丢三落四，是孩子成长道路上一个障碍，如果家长不及时帮孩子清除，将会给孩子的成长带来不利影响。做事考虑不周，会导致不该发生的错误发生，也可能导致孩子苦心经营的“事业”功亏一篑。

情景案例 QINGJINGANLI

镜头一：一个女孩的自述

每当我焦头烂额地写完作业，收拾书本时，都会丢三落四，导致自己几乎背上了“撒谎、不诚实”的“罪名”。那一次的经历让我终生难忘。

那是去年九月的一天，老师对我说：“你的作业怎么没有交？”我顿时吓得目瞪口呆，心想：可能是昨天晚上写得太晚，早上忘记把作业本装进书包里了。这下逃不掉了，肯定要挨训了。果然不出所料，老师说我没做作业，可我的确做完了，就是忘记带了。可是我费尽唇舌，无论怎么解释，老师就是不相信，非让我把作业拿出来不可，我真是百口莫辩，我觉得自己好委屈，可又不能怪别人。谁让我总是个丢三落四的呢？我请求回家拿作业本。老师允许了。

我急急忙忙往家跑，边跑边想：“阿弥陀佛，老天保佑我找到我的作业本。”当我跑到家门口，发现自己忘记带钥匙了，我又急急忙忙跑回学校，幸好老师没发现，我带着钥匙气喘喘吁吁地又跑回家。

进了家门，到我的小屋子里东翻西找，忙得满身是汗，可就是找不到我的作业本，我心想：“这回可惨了，老师肯定会说我撒谎，其他同学会说我不诚实,爸爸妈妈也会批评我的。”想到这里我不敢再回学校了。

当我无精打采地走进老师的办公室，蹑手蹑脚地走到老师面前，眼含泪花怯生生地说：“老师，我没有找到作业本。”只见老师两眼一瞪。我胆怯地说：“可能在书包里。”老师听罢，拉着我走进班里。我的心就像压了一块大石头，硬着头皮和老师走进教室。假如书包里再找不到，那“撒谎”的黑锅就背定了，让我今后怎么面对老师和同学啊！我忐忑不安地走到座位上，把书包翻了个底朝天，作业本终于不和我玩捉迷藏了。我倒吸了一口气，心里的一块石头也随之落了地，泪水却怎么也忍不住夺眶而出。

镜头二：我是一个小学 8 岁孩子的妈妈，作为一个普通的妈妈我也有着望子成龙的梦想，但我发现往往希望越大，失望也就越大，我的梦想越来越遥远。

孩子的表现越来越让我失望。在生活上我不用他帮我做任何事，我只希望孩子能自理，但是孩子经常丢三落四，不愿在自己的房间睡觉，不愿自己整理书桌，不会自己收拾书包，连每天早上穿衣服都不自己去找。我想过很多办法让孩子改掉这个坏毛病。鼓励、奖金甚至恐吓都不管用。我说急了孩子就低头不说话，过后依旧我行我素。我很无奈，不知道自己该怎样做。

专家解析 ZHUANJIAJIEXI

不少家长因为生活水平提高，不仅孩子要什么给什么，还为孩子代劳所有的事。比如在孩子丢了东西找不到的情况下，家长会主动地帮着孩子找。在这样的情况下，孩子就养成了丢三落四的坏毛病。家长忽视孩子的这个坏毛病将给孩子在成长过程中带来哪些不良影响呢？下面我

们来作具体分析。

首先，有的家长不给孩子制定一定的规范，拿东西、用东西、放东西，都是随意而为。久而久之，就会形成一种没有管理责任的观念，也不会意识到丢三落四会导致严重的后果。一旦缺少了家长的帮助，孩子就会感觉到无助。

其次，也有很多家长走进了只关注学习的误区，忽视了对孩子生活习惯的培养，认为孩子还小，要以学习为重，生活方面的事情长大了自然而然就会做了。其实，学习上细心和生活习惯是密不可分的。如果一个孩子做什么事都丢三落四，缺乏条理，那么在学习上肯定会出现粗心的毛病。

最后，如果家长纵容孩子做事只凭兴趣，那么长大后孩子做事也会没有顺序，缺乏思考，在学习方面也难以做到持之以恒。许多孩子的书本前两页非常干净整齐，后面越来越脏乱，看到他的书本就看到了孩子的生活习惯，肯定是一团糟，东西经常找不着。有这样一句话——播种行为，收获习惯；播种习惯，收获个性。因此，家长不要忽视孩子的生活细节，细节造就个性，个性影响未来。

综上所述，我们很容易看出家长忽视孩子丢三落四的坏毛病所导致的严重后果，所以家长要引以为戒。那么，怎样才能避免此问题产生呢？下面笔者给出几点建议供广大家长参考。

教子指南 JIAOZIZHINAN

1. 创造有序的生活秩序

良好的习惯是长期培养起来的。如果孩子生活在杂乱无章的环境中，什么东西都可以乱丢乱放，作息习惯杂乱无章，就会使孩子养成丢三落四、做事浮躁、敷衍了事的坏习惯、所以，家长应该创造有序的生活秩序。

2. 以身作则

用自己的细心去感染孩子，家长给孩子的影响是耳濡目染的。家长

要把家里布置得井井有条，每件东西都要放在固定的地方，这样孩子的好习惯自然而然就会养成。

66. 不重视对孩子时间观念的培养

詹姆士 · 杜布森说："善于利用时间的人，永远能找得到富裕的时间。学会做时间的主人，将会使你受益无穷。"每个人都是在时间的长河里开始旅途的，每个人都是在时间的长河里长大的。会把握时间、会利用时间的人才能在最短的时间内走向成功。但是，很多家长无视孩子缺乏时间观念这一坏习惯，这样就会导致孩子在做任何事情的时候都磨磨蹭蹭、拖拖拉拉。

情景案例 QINGJINGANLI

丹尼今年上初中二年级了，学习并不是很出色。妈妈认为她学习不好的主要原因是做什么事都磨磨蹭蹭，该着急的时候也不着急，起床穿衣服就能磨半小时。半个小时可以完成的作业到她那儿就得两个小时。妈妈为此经常说她，可是她"左耳进，右耳出"，根本没拿妈妈说的话当回事，妈妈为此感到很烦恼。

专家解析 ZHUANJIAJIEXI

古人有诗云："一寸光阴一寸金，寸金难买寸光阴。寸金失落容易得，光阴失去难再寻。"时间意味着什么？时间就是金钱，时间就是生命。鲁迅先生曾说过，无端地浪费别人的时间无异于谋财害命。鲁迅先生的

话非常深刻，直指要害。时间对每个人都是平等的，谁有时间观念，谁就可以在生活的快节奏中忙而不乱，这自然也会影响到身边的孩子。反之，如果家长饱食终日，无所事事，孩子也自然而然地效仿，久而久之，养成了办事拖拖拉拉、磨磨蹭蹭的坏习惯。在孩子意识到了这种危害以后，才懂得珍惜时间，就会走很长一段弯路。

时间在悄无声息地逝去。在每一段时间里，孩子所做的事情并不是都有意义的，有时候甚至在浪费时间和生命。很多孩子根本就没有珍惜时间这个概念，很多父母也无视孩子缺乏时间观念。比如说，有的孩子喜欢睡懒觉，家长也不帮孩子养成一个好习惯，而是在快迟到的时候叫醒孩子，孩子在穿衣服的时候，父母帮助孩子收拾好书包、叠被子。家长的这种做法，不但使孩子没有时间观念，还使孩子养成了懒惰、办事磨蹭的坏习惯。总有一天孩子会亲自尝到缺乏时间观念的苦果。

下面举个事例，让我们来看一下美国发明家爱迪生是如何珍惜时间的。

爱迪生一生只上过三个月的小学，他的学问是靠母亲的教导和自修得来的。他的成功，应该归功于母亲自小对他的谅解与耐心的教导，才使原来被人认为是低能儿的爱迪生，长大后成为举世闻名的发明大王。

爱迪生从小就对很多事物感到好奇，而且喜欢亲自去试验一下，直到明白了其中的道理为止。长大以后，他就根据自己这方面的特点，一心一意做研究和发明的工作。他在新泽西州建立了一个实验室，一生共发明了电灯、电报机、留声机、电影机、磁力析矿机、压碎机等等总计两千余种东西。爱迪生的强烈研究精神，使他对改进人类的生活方式，作出了重大的贡献。

“浪费，最大的浪费莫过于浪费时间了。”爱迪生常对助手说，“人生太短暂了，要多想办法，用极少的时间办更多的事情。”

一天，爱迪生在实验室里工作，他递给助手一个没上灯口的空玻璃灯泡，说：“你量量灯泡的容量。”他又低头工作了。

过了好半天，他问：“容量多少？”他没听见回答，转头看见助手拿着软尺在测量灯泡的周长、斜度，并拿了测得的数字伏在桌上计算。他说：“时间，时间，怎么费那么多的时间呢？”爱迪生走过来，拿起那个空灯泡，向里面斟满了水，交给助手，说：“里面的水倒在量杯里，马上告诉我它的容量。”

助手立刻读出了数字。

爱迪生说：“这是多么容易的测量方法啊，它又准确，又节省时间，你怎么想不到呢？还去算，那岂不是白白地浪费时间吗？”

助手的脸红了。

爱迪生喃喃地说：“人生太短暂了，太短暂了，要节省时间，多做事情啊！”

由此可以看出珍惜时间的重要性。所以家长要帮助孩子养成珍惜时间的良好习惯，这非一日之功，需要父母从以下几点做起。

教子指南 JIAOZIZHINAN

1. 培养孩子良好的时间观念

让孩子知道时间的重要性，时间对每个人都是平等的，时间是每个人获得成功的金钥匙，谁懂得珍惜时间，谁会利用时间，谁就能够最早接近成功的终点。

2. 教育、引导孩子“今日事今日毕”

教育并引导从小养成今天的事今天做完的习惯，督促孩子每天按时完成作业，不要随意将任务推迟。切忌“明天复明天，明天何其多”的拖拉作风。在养成按时完成任务这个好习惯的过程中，父母要耐心细致地说服帮助，不可性急、焦躁，更不可采取粗暴强制的办法。在督促孩子完成他自己排定的任务时，要着眼于时间观念的培养，而不仅仅是应付差事。

3. 学会提高时间的利用率

有的孩子虽然很勤奋，但不会利用时间。同样是一个小时，有的孩子可以把整个作业做完，而有的孩子却只能做完一半。此时，父母可以帮助孩子提高学习效率，纠正浪费时间的习惯，从而达到花尽量少的时间，完成尽量多的事情的目的。

4. 合理安排时间

为了让孩子养成珍惜时间的好习惯，家长应要求孩子把生活与学习用品摆放有序。若摆得杂乱无章，常常为找东西浪费许多宝贵的时间。家长要教会孩子在学习和生活中制作时间表，根据孩子的实际情况，科学地、合理地安排时间，让孩子按照时间表去做事，这样不仅不会浪费时间，还可以提高做事的效率。

67. 不会与孩子轻松交谈

很多家长认为与孩子的交流应该是严肃的。其实这样做不仅达不到了解孩子的目的，还可能适得其反，导致家长和孩子之间心理距离越来越大。

情景案例 QINGJINGANLI

张强一直认为自己是一个很懂得与孩子交流的父亲。从女儿上小学起，张强总要拿出一些时间与女儿坐下来谈心，尤其是大大小小的考试前后。女儿会告诉他很多学校里的事情，诸如班里今天发生了什么有趣的事，哪个老师今天讲什么了，哪个老师好，她爱学哪门课程，谁考了全班的第一名，班里谁和谁是好朋友，甚至今天哪个同学挨老师批评了，都会详细地给爸爸描述一遍。

张强会经常提醒女儿学习上常犯的一些错误，教给她如何与同学相处，如何解决和同学的矛盾。在女儿成绩不好或是做作业马虎时当然也免不了批评她几句。这种谈话的交流方式，几乎成了家里的一个传统。

但最近张强发现，每当他要像以前一样严肃地和女儿谈话时，女儿总是找理由推托。不是说她的作业多还没写完，就是说她还要预习明天的功课，实在没有借口推托了，也是张强刚开口没说几句话，女儿就用要上个厕所、喝口水等理由，故意打断爸爸的话，弄得张强很恼火。有几次，女儿见张强马上要生气了，才不得不坐下来摆出严肃谈话的架势，但无论爸爸说什么，她也只是听着，再也不像以前那样和爸爸说个不停了。

张强很不明白，自己不算是个专制的父亲，这是女儿也认可的，但是现在女儿为什么变得不愿意听他说话，更不肯和他交流了呢？这个问题一直困扰着张强，让他百思不得其解。

偶尔一次要与女儿谈话，而没有得到女儿响应后，张强开始怀疑女儿是否有什么事情瞒着他。左思右想了一个晚上，张强想："不行，明天我说什么也要把女儿按住，好好问问清楚，她再不愿意也要叫她开口。如果她向我隐瞒什么，我就狠狠地批评她。"

专家解析 ZHUANJIAJIEXI

鉴于以上案例，我们不难看出，总是一副声严色厉的态度和孩子谈话所导致的后果是多么的严重。那么为什么会出现这样的现象呢？在现实生活中，很多家长认为与孩子交流就是严肃对话，而忽略了分析孩子的心理，当孩子长大了心理自然而然就随之会发生变化。家长忽视了这个特点，仍然按照原来的方式对待孩子，经常怀疑孩子隐瞒了什么事，所以家长认为一定要和孩子严肃对话。

随着孩子年龄的增长，他们的独立意识越来越强，心理发育也越来越成熟，既希望父母了解和关心自己，又不愿意主动地向父母表达，不

愿意父母用拥抱或其他方式接近自己。

所以，和父母一起坐下来，严肃认真地谈话，会让他们感到不自然，甚至是紧张不安，反而因为不知道该如何应对父母、不知道该和父母说什么，而把自己的心封闭得更紧。

当孩子处于不愿向父母倾诉这一心态时，父母仍然按照以前的方式对待孩子，孩子会因为不愿意接受而想方设法逃避父母。如果父母不能明白孩子的感受，强迫孩子接受，会使孩子觉得父母不尊重自己，从而对父母产生反感，有意疏远父母，使亲子之间的隔阂加大，关系紧张。

一旦父母因为孩子的有意疏远，而怀疑孩子对他们隐瞒什么，会指责、逼问孩子，甚至用检查书包、偷看日记、偷听电话等方式来了解孩子的内心世界。这样孩子心里会感到父母对自己的不信任、不尊重，行为上可能因此做出一些过激的事情。

综上所述，家长要用适当的方式和孩子沟通，了解孩子，千万不要一味地和孩子严肃对话。

教子指南 JIAOZIZHINAN

1. 找一个轻松愉悦的环境和孩子对话

家长和孩子的交流还是必要的。家长不要用一种方式和孩子对话，应该尝试用不同于以往的方式与孩子对话，比如：在外出游玩时，在共进晚餐时，在和孩子一起打球或游戏时，把与孩子的对话放在一个放松、随意的环境中，孩子更容易向父母敞开心扉。

2. 写信交流

家长尝试一下把想对孩子说的话写下来，给孩子看。这也是一种好办法。

3. 当孩子遇到问题的时候，帮助孩子解决

父母不要做孩子的领导，要做孩子的顾问。在孩子遇到问题甚至是

犯错误时，家长对孩子发号施令，横加指责，而是要帮他分析出现错误的原因,总结教训。这样,孩子才能更相信父母,更愿意和父母交谈、对话。

4.学习青少年心理知识，及时了解孩子的心理

多看一些有关描写青少年心理的书籍，了解孩子某个年龄段的心理特点。在这时，不要再希望孩子还像小时候那样事事通报父母。首先，孩子心理正在走向成熟，家长要给孩子自己处理和决定一些事情的自由；即使是孩子自己拿不定主意的事情，父母也不要用严肃的态度追问，一定要按捺急切的心情。这样当孩子在心情好的时候，自然就会主动告诉父母。这时,父母再帮助他分析并提出建议,最后还要让孩子自己作决定。

68.将亲子时间用作教育时间

将亲子时间用作教育时间，顾名思义，就是家长把陪孩子娱乐的时间当成教育孩子学习的时间。很多父母觉得，平日里自己要忙家务，忙事业，很少有时间关心孩子的学习，好不容易有周末、节假日这样完整的时间,应该利用这个时间来教育孩子,多帮助孩子温习功课。事实证明，这种做法是不对的。

情景案例 QINGJINGANLI

今天是星期五，同桌的思思高兴地对小雪说:“真好，又到周末了。”小雪奇怪地问:“周末怎么了？每周都有，有什么值得高兴的？”思思说:“当然高兴了，爸爸妈妈周末不上班，又可以陪我玩了，你说怎么能不高兴啊。爸爸妈妈有时周末带我去爷爷奶奶家，有时去游乐场，有时去看演出，有时就在家里看书、讲故事、玩游戏，可有意思了。难道你不愿意过周末？”小雪摇摇头说:“真羡慕你，但是像我爸爸妈妈那样陪我，

我宁肯天天上学，永远也不想过周末。”

小雪带着一脸痛苦的表情对思思说：“每到周末，爸爸要是陪我，就会不停地给我讲学习有多重要，反反复复地告诉我学习不好上不了大学，上不了大学就没有好的工作，没有好工作就没有好前途……听得我耳朵都要起茧子了，恨不得堵上棉花，甚至去死。轮到妈妈陪我的时候，不是让我做卷子、写习题，就是听写、背课文，写得我手也疼、眼睛也疼。我只要一表示我不愿意听、不愿意写了，爸爸妈妈就会说，人家的孩子都愿意爸爸妈妈陪着，你倒好，我们这么忙，只要一休息就花时间陪你，跟你一起学习、做功课，你还不愿意！然后就是爸爸新的一轮教育和妈妈的唉声叹气。我多希望他们也像你爸爸妈妈那样，陪我出去玩玩，哪怕就是上街转转，根本不用买什么。要不就在家里，给我讲讲故事，陪我下会儿棋、玩会儿游戏机，也行呀。可是，那是根本不可能的。”

小雪停了半天，又对思思说：“所以，现在从周一到周五，我就问他们星期六、星期天加不加班。我希望他们每周末都加班，当他们去加班，或是有事出去，我会觉得非常开心，因为我就能做些自己想做的事情了。”说完，小雪的眼睛里充满了希望。

专家解析 ZHUANJIAJIEXI

以上案例不得不引起广大家长深思。孩子需要父母在百忙之中抽出一点时间多陪伴他们，需要父母的关心。家长要多了解孩子，这比父母让孩子多做几道题、多背几篇课文更重要。如果家长只注重孩子的学习，把陪伴孩子的时间全部用来对孩子进行说教，让孩子无休止地完成父母加码的学习任务，使亲子时间变成教育时间、额外学习时间，就失去了它应有的效率。家长的这种做法不仅不能与孩子进行良好的沟通和交流，还会使孩子厌倦甚至讨厌和父母在一起，把父母的这种陪伴当做沉重的负担。

孩子还会从父母的行为中体会到，他们只是为了变相地监督检查自

己的学习，变相地对自己进行说教，才肯花费时间来陪自己。他们所说的话和心里所想的根本不一样，根本就是在欺骗自己，因此认为父母是自私的、虚伪的。

综上所述，家长应该注意自己教育孩子的方式，不能把亲子时间当做教育时间。对此给家长几点建议。

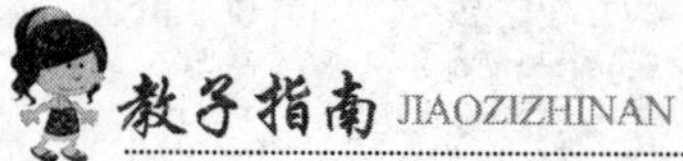

教子指南 JIAOZIZHINAN

1. 家长应该明确亲子时间的重要性

父母抽时间陪孩子，目的不应该只是为教育孩子，而且要了解孩子的感受、需要，增进亲子之间的感情。在亲子时间里，父母应该暂时放下孩子的学习、功课和成绩，放下自己的工作、家务，参与到孩子的活动中，切身体会孩子的感受。

2. 亲子时间该做些什么

亲子时间也不一定非要刻意安排什么特别的节目，家长有时只是和孩子一起聊聊学校的事情、同学之间的事，或是一起看书、下棋、玩游戏，都可以达到同样的目的。只要父母真正把心思用在孩子的健康成长上，真正从孩子的角度来与孩子相处，让孩子度过一个美好的周末和假期就可以了。

3. 家长要明白亲子时间也可以教会孩子很多东西

各种活动中都蕴涵着知识、道理和教育理念，家长可以有意识地把这些知识贯穿在与孩子的共同娱乐中，而不是仅凭靠说教、讲大道理才能完成的。比如说，在外出游玩时，引导孩子观察环境、花草，培养孩子的好奇心和观察能力等；通过下棋让孩子树立规则意识，知道公平竞争；通过打电动游戏，让孩子接受合作观念。在娱乐中孩子会更加容易地接受这些知识和道理，也使得亲子关系更融洽。

69. 对孩子缺乏信任

信任是人与人能进行正常沟通和交流的前提条件。孩子随着年龄的增长慢慢会形成自己的思维方式，他们有自己的思想，会做出一些在家长眼里可能是正确的也可能是错误的事情。在这样的情况下，家长要充分信任孩子。如果不信任孩子，甚至用怀疑的眼光看孩子，会使孩子在成长过程中对做任何事情失去信心和兴趣。

情景案例 QINGJINGANLI

镜头一：儿子上小学五年级寒假时，每天早起上奥数课。一天我恰巧遇到他的老师。老师告诉我说："你儿子有一天没上课，可能去游戏厅了。"晚上回家，经我再三追问，他说他那天去给班里同学讲作业去了。当时我很生气地说道："你还会狡辩。"儿子哭着说："你为什么不相信我？"说完跑开了，母子俩几天没说话。后来那个同学的家长还打来电话表示感谢，我才意识到孩子没有说谎，我没相信他，错怪了儿子。

镜头二：我曾很崇拜一个人，她既不是什么明星大腕，也不是什么富豪，而是个普普通通的人。

那一年我16岁，正在县里一所重点中学读初三，当时家里恰好刚搬入新居，新居对面是另一栋楼房，她就住在对面的楼上。我家住四层，她家也住四层。透过玻璃窗，我可以清楚地看见她家的阳台和客厅。

我猜，她大概大我一两岁左右，可能已经工作了。现在回想起来，她虽然不是很美，但是有与众不同的气质。她的脸有些清瘦，可能是因为一头长发遮盖的缘故。夏天里她喜欢穿一件黑色蝙蝠衫，为她增添了许多高贵的气质。

我印象中的她经常出现在阳台上，有时悬挂一些洗过的衣服，有时

读书，有时是乘凉……我便经常站在窗前，透过玻璃窗向对面望。我甚至每天都想看见她，这么大一个男孩子整天趴在窗前看对面总不是办法。我灵机一动想出了一个好点子，出去买了一面镜子，回来放在书架上，调好角度。这样即使坐到远离窗户的写字台前，也可以通过镜子望见那边阳台的她。我为自己的聪明得意了好一阵子。

然而，这一切都逃脱不了当老师的爸爸的眼睛。本来该放书的地方却放着一面镜子，就让人生疑，况且我每次都对着镜子看得如痴如醉，就连爸爸推门进来，我都不知道。当我发现爸爸站在我身后，四目相对时，我的眼神飘忽不定，我想他一定什么都明白了。但他只是望望我，没有说什么，走开了。

这样又过了一段时间。

突然有一天我想，要是能和对面的她说上几句话，该有多好啊！这个念头时时刻刻在我脑子里浮现。于是我便幻想了种种可能与她接触的情景。当时的我很腼腆，如果真的见到她，我会腼腆到一句话都不敢说出口。我便悄悄把想见到她的心事写在纸上，我开始动手写。首先写自己学习成绩很好，我不能让她以为我是个坏孩子，然后又写了自己为什么想见到她。至于具体内容，现在我记不清楚了，只记得每次写完都不满意，反反复复修改，写了很多不同的内容。

最后选中一张比较满意的，其余的都随手放在了一边。没想到那几张纸条被妈妈看见了。当我意识到这一点时，已经来不及了，说什么都无法挽回了。果然不出所料，妈妈严厉地批评了我，还把我的房间换了。不管我怎么解释都于事无补。我的自尊心受到重创。从此以后，我对任何事情都失去了兴趣。

一年以后，高考成绩公布的时候，我名落孙山。其实她只是我崇拜的一个陌生人！

专家解析 ZHUANJIAJIEXI

不信任孩子是中国家长普遍存在的教育误区。大多数家长没有意识到，对孩子的不信任是对其尊严无情的挑战。当家长怀疑孩子撒谎，对孩子的话进行挑剔、质疑的同时，也无形地在孩子心中栽下了一颗被怀疑的种子。

相反，家长的信任，在无形中带给孩子一种很巨大的力量，它能使孩子产生强烈的自信心和责任感，无论做任何事都能充分发挥潜能，克服各种各样的阻力，到达成功的彼岸。获得信任的孩子，会觉得身后有股强大的力量在支撑着自己，虽然是无形的，但家长的信任却带给孩子精神上的莫大安慰。

同时，信任孩子也是尊重孩子。如果家长对孩子说“宝贝，你当然可以的，妈妈相信你”，那么这就是对他的价值和能力的充分肯定。虽然由于孩子小可能还无法意识到这一点，但是他心里肯定明白自己受到了“重视”,受到了肯定。而这,往往可以激励孩子为他的目标努力奋斗，不轻言放弃。孩子一旦有了“成就”感，有了希望，就会产生主动做事情的积极性，也会具有成功的信念。

在家长的信任中成长的孩子往往对生活充满自信，信任的力量正让孩子觉得“我能行”。家长每天总是不断提醒孩子干这干那，结果反而会使他丢三落四，孩子本应具有的自理能力都会渐渐失去，家长的不信任也使他们失去了自信。

对于每个孩子来说，父母的一句话说得好与坏，都会对孩子的成长产生影响，所以，家长要时刻谨记：相信孩子。

教子指南 JIAOZIZHINAN

1.在生活方面，信任孩子自己可以处理好自己的事情

很多孩子在一定的年龄阶段想自己单独处理自己的事情。家长要充

分信任孩子自己能做好，不要总是无端地挑剔、猜疑孩子。这样可以让孩子信心倍增，做事也会产生积极性。

2. 对孩子说“你能行”

家长要经常鼓励孩子，对孩子自己力所能及的事情，鼓励他们自己做。经常对孩子说：“宝贝，做得好！”“宝贝，你能行！”让孩子在家长的信任和鼓励中健康成长。

70. 心情不好时，拿孩子当发泄对象

人的情绪时好时坏，每个人都不例外。情绪好的时候，眼里的一切都是美好的，但是当遇到不顺心的事情就会看什么都不顺眼，吹毛求疵，不自觉地找人发泄。大多数家长会把自己的发泄对象锁定为孩子，拿孩子当“出气筒”。这种做法不仅影响了亲子关系，让孩子对父母敬而远之，还会影响孩子的健康成长。

情景案例 QINGJINGANLI

镜头一：下面是一位家长的忏悔：

我现在不知道自己有多懊悔，每次我心情不好的时候都发泄在孩子身上。就拿最近的事情来说，也不知道是怎么回事，我的心情极其烦躁，看什么都不顺眼。我就去学校接儿子放学，刚走进儿子所在的班级，就看见孩子在低着头思考着什么，在本子上乱画，见到我来了，就拉着我说：“妈妈，这个题目我不会做，你给我讲讲好不？”本来我儿子爱学习、有求知欲，我该高兴才是，可是我当时很没耐心地对他说：“自己动脑筋。”“我真的不会。”儿子一脸茫然地说。

“不会就别写，要不就留下来问老师。”我气呼呼地离开了教室，等

我处理好事情回来的时候，看见儿子的眼睛红红的，他看见我来了，又惊又怕。看见他这个样子我又来气了，大声呵斥道："哭什么，你妈还没死呢，快点和我回家，要不我就不管你了！"

在我的恐吓下，儿子胆怯地走出了教室，哭得更厉害了。回家的路上，我一直在训斥他，而且走得很快，孩子跟不上我就拽他，上楼时，孩子几乎是被我拎上来的。

回到家，我打开孩子的作业本往桌子上一摔，吼了一句："快点写！"当我看见本子上刺眼的血迹时猛地愣住了，我问他怎么回事？儿子哭着说："妈妈，别这么凶好吗？我流鼻血了。"霎时我醒悟了，自责涌上心头，一把把孩子搂进怀里。

镜头二：阿克，17 岁，父母离异，父亲有酗酒的不良嗜好。他从上幼儿园、小学到初中，成绩都非常好，但是老师发现孩子经常来学校脸上都带着伤痕，作业本也是用胶带补了又补。一次家访，老师来到阿克的家里，眼前的一幕让他惊呆了，爸爸因为工作受了老板的气，正在拿阿克出气，他把孩子绑起来打，还把孩子的作业本撕得粉碎，扔了一地。据阿克说父亲的责骂、挖苦、殴打竟成了家常便饭。后来，阿克受不了父亲的虐待，退了学流向社会，逐渐学会偷东西，很快又加入一个抢劫犯罪团伙，最后以抢劫罪被判 7 年有期徒刑。

专家解析 ZHUANJIAJIEXI

现代社会竞争激烈，工作压力大，人际关系复杂，因此很多家长会把工作中的不良情绪带回家。不懂察言观色的孩子通常会因为一点小事惹得父母不高兴，家长就趁机发泄在孩子身上，轻则是破口大骂，重则是拳脚相加，使得孩子整天生活在恐惧之中。孩子会因为父母无缘无故对自己发火，产生父母不重视自己、不爱自己的心理。

我们不难想象，一个长期被家长当做"出气筒"的孩子，怎能建立

起自尊心和自信心呢？他又怎能感觉受到重视呢？孩子从小到大的记忆中永远都会是一些不开心的事。事实证明，孩子的记忆是有选择的，他们会把小时候痛并快乐和特别伤心的事情都一直牢牢地记在心底。家长拿孩子做“出气筒”不仅会对孩子的心理造成很大伤害，还会潜移默化地影响孩子的情绪。如果家长一直不控制自己的不良情绪，经常烦躁、发脾气，孩子长大后也会情绪失控，脾气怪异。

家庭教育要重视前因后果的一致性，家长不要因为平时一点不起眼的小事或者自身的心情不好就拿孩子出气。这样会让孩子在成长过程中对人生观产生错误的认识。同样，如果家长经常拿孩子出气，会在孩子心理上留下很深的烙印，导致孩子对父母产生惧怕心理和不安全感。一个家长应该懂得如何去教育孩子，无缘无故把怒火发泄在孩子身上是非常不理智的。情绪是与生俱来的，虽然每个人都会有不如意的事，但是不管怎样，家长都不能把孩子当做“出气筒”。下面给可能犯这样错误的家长提出几点建议。

教子指南 JIAOZIZHINAN

1. 换一种发泄方式

发泄的方式不止一种，家长在心情烦躁的时候，找个空旷的地方大声吼，把心里的愤懑全部发泄出来，也可以把不良情绪转移：运动、写日记，或者和孩子一起打游戏也可转移不良情绪。

2. 宽容孩子的错误和过失

孩子不会犯下不可原谅的错，家长要宽容孩子的错误和过失，不要带有任何的情绪。这样孩子能感觉到家长的爱，利于孩子健康成长。

3. 不要把不良的情绪带回家

家长在工作中遇到什么不顺心、不如意，可以想办法去解决，不要把不良情绪带回家。给孩子一个温馨、和谐的家，让孩子知道你爱他。

71. 用“语言暴力”对待孩子

孩子在犯错的时候，大多数父母舍不得动手打孩子，一般来说这是好事，但是，当他们在心情不好的时候会对孩子使用语言暴力。殊不知，这种惩罚方式比打孩子影响还大，语言暴力会让孩子产生心理恐惧，时间长了会对孩子心灵造成莫大伤害。

情景案例 QINGJINGANLI

一个云南的小女孩儿，从小喜欢芭蕾舞，她决心报考正规院校进行专业训练，并打算将舞蹈作为自己的终身职业。当她很想知道自己是否有跳芭蕾舞的天分的时候，刚好一个芭蕾团来到女孩居住的城市演出，她就跑去求见团长。

女孩说，“我想成为一名出色的芭蕾舞演员，只是不知道自己是否具有这样的天分。”

“你跳一段芭蕾舞给我看看。”团长回答说。

五分钟后，团长打断了女孩的舞蹈，摇摇头说：“不行，你没有这个天分。”

女孩回到家伤心地哭了，把衣服、舞鞋统统扔到了箱底，再也没有看一眼更没有穿过。很多年以后，小女孩结婚生子，在平淡与忙碌中慢慢步入了中年。

一天，她在剧院门口恰巧遇到了当年的芭蕾舞团的团长。尽管团长已头发花白，老态龙钟，但她还是一眼便认了出来了。她亲切地上前和他打招呼，当聊起当年的梦想和如今的职业后，她突然问团长：“我百思不得其解，当年您怎么那么快就判断出我没有跳舞的天分呢？”

“哦，我当时很忙根本没有看你的舞蹈。”团长回答说，“我对每一

个来求教的人都给予同样的回答！”

“天那，您怎么可以这样做？”她尖叫道，“你的一句话毁掉了我的一生，我原本可以成为一名出色的芭蕾舞演员！”

“我并不这么认为，”团长答道，“如果你真的有志于舞蹈，无论别人说什么你都不会在乎的。”

专家解析 ZHUANJIAJIEXI

很多时候，当孩子在日常生活中犯了一点小错误时，有的父母会对孩子咬牙切齿地说：你等着，你要是再怎么样，看我怎样收拾你；你如果不这样做，我就饶不了你；你必须怎样，否则我会怎样。这些话就是语言暴力，家长对孩子施加语言暴力将会给孩子的健康成长带来哪些影响呢？

首先，为人父母，动不动就要挟孩子，逼迫孩子。有时候一些话说出来，大人可能觉得没有什么，不轻不沉，但是孩子心里会是什么滋味，做父母的从来没有去体谅过。家长有没有想过孩子听到这些话，会有什么反应。自己在说完这些话后，有去细致观察过孩子的表情吗？想过孩子的心里感受吗？

有时候语言的力量是巨大的，一句话完全可以改变一个人的命运，充当权威的家长怎能不出言谨慎？特别是在面对充满理想与激情的孩子时要更加注意！孩子听完后，会从心理上产生一种强烈的恐惧感，久而久之，孩子的心灵会受到严重的创伤。

其次，父母教育孩子，合情合理，但是肆无忌惮地用语言欺负自己的孩子，完全不合情理，于天不公啊！而毫无权力、毫无反抗能力、毫无地位的孩子们，就只能乖乖地听着、忍着，敢怒不敢言，对父母的语言暴力伤害无可奈何！这些暴力语言不仅摧残着孩子的心灵，折磨着孩子的思想，更会扭曲孩子的灵魂，给孩子造成巨大的心里压力，带来的

痛苦和灾难将会让家长后悔莫及。作为父母，不要只图自己一时心里痛快，不要只图发泄，不要只顾自己的心情就口不择言，请不要忘了我们的孩子还小，不要忘了孩子的心理承受力有限，我们每句不适当的语言都会让孩子吃不消，背负沉重的心理负担。

最后，如果孩子真的做得很不好，作为父母尽管会生气，也不要总是说三道四，特别是母亲，别抓住孩子的小辫子没完没了。孩子听了会特烦，有的孩子心理承受能力弱会受不了。严重的甚至会离家出走，不是因为父母打了他一顿，而是整天语言暴力迫使他们不得不躲避，不得不逃。实际上,有些孩子不是怕父母打骂,而是怕父母没有休止地说说说。这些话深深伤害了孩子的心，父母如果把话说到孩子的心坎上，一句就顶一万句。如果不注意分寸，不注意孩子的心理承受能力，每一句都可能让孩子背上沉重的心理包袱。

实际上，有时好话说多了，也会成为语言暴力。比如说，家长怕孩子出错过分地提醒，过分地加油，过分地规范。话说多了，说得孩子无所适从了，不知怎么做了。

综上所述，我们可以看出，家长对孩子施加语言暴力的做法是错误的，所以家长要引以为戒，不要犯相同的错误。

教子指南 JIAOZIZHINAN

家长们教育孩子时,要尽量注意自己的言行,要珍惜自己的每一句话,尽量把话说到关键之处，说话之前要仔细斟酌，不要想说什么就说什么，想怎么说就怎么说。万一说不好，每一句都可能变成语言暴力！万一说不好，每一句可能都对孩子造成伤害。尽量理解孩子的心情，讲道理时要让孩子有亲切感，以保护孩子的心灵不受伤害，也使亲子关系融洽。

第八章 父母为孩子担当一切

——在生存方面的教子误区

每个人从呱呱坠地开始，就面临着单独生存的问题。不管小时候学哪些科学技术，学哪些艺术特长，其实都是为了在将来能够独立生存下去。这就给广大家长敲响了警钟，为了孩子将来能够在离开家长的羽翼后独立生存下去，现在教育孩子时请不要犯下面的错误。

72. 不鼓励孩子多为集体做事

俗话说得好，“枪打出头鸟”，很多家长教育孩子在班级里少出头。告诉孩子做得越多错得越多，还是安分守己好。家长的这种教育观念，将对孩子的心理产生不良影响，甚至导致孩子将来在社会上难以立足。

情景案例 QINGJINGANLI

圣诞节到了，班里决定开一个圣诞晚会，因为在晚会节目里穿插了很多游戏，所以老师就安排同学们去采购奖品。因为家里离文化用品批发市场很近，徐建航主动承担下这个任务。

一放学，徐建航就拿着老师给的班费，拉上一个比较要好的同学，

来到文化用品批发市场。市场里有各式各样的笔、本、小挂件、小玩具、小贴画，还有男孩子喜欢的玩具手枪，女孩子最喜欢的头花、发卡，应有尽有，让他们俩看得眼花缭乱。开始，心里还一直想着老师交给的任务，是为班里买奖品。可看着看着，他们就动心了，忍不住也给自己挑了几件可心的东西。然后，心满意足地回家了。

第二天一大早到学校，徐建航就把昨天买的东西交给老师。老师先谢谢他为班里所做的事情，接着就问这些东西一共花了多少钱，还剩下多少班费。这下，把徐建航给问住了。因为是班里的东西、自己的东西一起买，又没有记账，那么多样东西都是多少钱买的，他早已经记不清了。最后老师只好和徐建航一起简单估算了一下，凑个整数，把剩下的钱还回来就算了。

建航觉得很不开心，本来是想帮班集体出一份力，却因为自己的疏忽弄巧成拙，心里很不是滋味。回家就和妈妈说了事情的经过，想缓解缓解自己心中的郁闷。妈妈听了，皱着眉头说："你呀，就是没事找事，爱出头，班里有那么多班干部呢，你瞎积极什么呀。这要让别人知道了，还以为你是拿了班费，给自己买东西，是想占班里的便宜呢。"听了妈妈的话，徐建航愣住了，自己还真的没有想到这一层，如果真有同学这样想，可怎么办？徐建航想：妈妈说得对，以后不能这样蹚浑水了。

专家解析 ZHUANJIAJIEXI

很多家长用成人的观点看问题，认为"做得多，错得多"。当孩子因为在集体生活中积极做事，出现失误时，家长就把事情复杂化，教育孩子"枪打出头鸟"，要求孩子安分点，以后不要再这样做。家长的这种教育方式给孩子带来了很多不良影响。

首先，孩子自告奋勇为集体做事本来是件好事，证明他们有足够的勇气，但是如果家长因为怕孩子犯错误，便阻止孩子为集体做事，会使

孩子的集体意识、责任感、荣誉感及对待事情的积极性严重受挫，变得遇事只管退缩，甚至养成“事不关己，高高挂起”的冷漠性格。孩子毕竟得独立走上社会，社会也是一个大集体，失去勇气的孩子，往往会失去很多成功的机遇。由于父母的阻止，孩子的心理上会刚有一个想法，还没实施，便将它否定。这会使孩子丧失一定的自信心，在以后为人处世方面造成很大影响，最终在社会上可能无法生存。

其次，孩子因年龄的限制，认知能力和自控能力有限，做事可能考虑不周全，所以出现错误是在所难免的。对此，家长应该从孩子的角度出发去理解并且宽慰孩子。出头以后出现失误，是谁都不想看到的，尤其是孩子，自己本身已经很难过，心理压力已经很大了，如果家长一味地责怪不该那样，就会让孩子丧失积极向上的心理。警告孩子不可以如何或不应该怎样而应该怎样的教育方法都是极其错误的，如果碰上叛逆的孩子，那直接后果可能就是孩子的逆反行为。

所以家长要尽量避免犯类似的错误，对于孩子出现这种情况的时候，家长应该怎么做呢？

教子指南 JIAOZIZHINAN

1. 树立正确的观念，鼓励孩子积极做事

家长要常教育孩子主动积极做事，不要畏首畏尾。如果孩子因为自己出头，把事情搞砸了，家长首先应该安慰孩子，告诉孩子以其现在的年龄和阅历出现失误是难免的，老师、同学也会谅解。让孩子尽快走出这一次失利的阴影，恢复好的情绪。

2. 当孩子因积极犯错时，家长应鼓励孩子继续努力

当孩子因积极主动做事出现失误时，家长要帮助孩子寻找原因，教孩子正确的做法，鼓励孩子继续努力。

73. 忽视孩子的语言表达能力

爱因斯坦说：“一个人的智力发展和形成概念的方法，在很大程度上取决于语言。”由此可以看出语言能力对孩子的智力发展起着至关重要的作用，语言能力是发展智力的一个前提条件。作为孩子第一任老师的父母，千万不要忽视对孩子语言能力的培养。

情景案例 QINGJINGANLI

镜头一：新学期开始了，老师正在忙着点名认识班里的新同学。“王康——”“到。”声音怎么那么小？“说话声音要响亮！”边说着老师边抬起头来，噢！原来是坐在第一排东北角的一个小男孩，个子矮小，低着头。老师想，也许他是个内向、害羞、胆怯的学生，也许是因为新的学校、新的环境，一切都还陌生的缘故，等以后熟悉了，一切就会改变的。

“你能抬起头来，看着老师的眼睛回答问题吗？”几个星期后，他还是那样的沉默寡言，课后也不像其他男生那样活跃，一脸的认真。老师还留意到他极少和同学交流，课余时常常是一个人独处。他，缺少了同龄的孩子该有的活泼、天真及快乐。几乎很难看到他的笑脸，很难听到他的笑声。

镜头二：小美现在 12 岁了，一着急说话就语无伦次，表达不清楚。这让小美很痛苦，因为同学经常因为她这个缺点嘲笑她，所以她整天闷闷不乐的。老师找班上的同学了解情况，才知道原来是怎么回事。老师找到小美的妈妈，告诉她小美现在的情况。小美妈妈说：“我本以为孩子会表达自己的想法就行了，没有必要培养孩子的语言能力。现在看来，我的做法真的错了，是我害了孩子。”老师语重心长地说：“您别着急，还是有办法补救的。”小美的妈妈此时意识到自己大错特错了。

专家解析 ZHUANJIAJIEXI

很多家长认为，孩子的语言能力是天生的，小时候不好没关系，长大后自然就会了；有些家长认为没有必要培养孩子“耍嘴皮子”的功夫，能把话说出来，别人能听懂就行了；还有些家长桎梏于对“少说多做”的偏狭理解，认为“埋头做事”才是成才之道。所以许多家长在孩子小的时候有意识地去培养孩子琴棋书画等各种特长，却忽视了语言能力的培养。孩子的语言能力对智力发展起着至关重要的作用。家长不重视孩子语言能力的培养将会导致以下后果：

首先，影响了孩子的智力发展，语言表达能力是孩子思维能力的反映，对孩子的大脑发育有促进作用。如果家长不重视孩子语言能力的培养，那么孩子的智力发展将会受限，对孩子健康成长造成极大的障碍。

其次，孩子将来要独立走上社会，需要和很多人沟通交流，如果家长不重视培养孩子的语言能力，那么孩子将来独自走上社会后将无法与人交流、交往，最终将无法在社会上找到立足之地。

教子指南 JIAOZIZHINAN

1.家长多向孩子提问题，让孩子独立思考回答

家长平时陪孩子玩的时候，多向孩子提一些问题，由孩子自己思考，然后找恰当的词语来表述；当孩子表述出现困难时，家长就需要换个角度向孩子提问，也可以适当给出一些提示，切忌打断孩子的话或是由家长“代劳”。打个比方说，家长让孩子讲讲今天学到的故事，许多孩子讲了一句“古时候，有个什么什么”就说不下去了，此时家长可以给孩子一些提示：“古时候有个什么人呢？”“孙悟空！”“孙悟空都做什么了？”“孙悟空大闹天宫！”“是吗？那你给我们讲讲孙悟空大闹天宫的故事好不好？”这样不仅可以提高孩子的语言能力，还会让孩子的智力得到发展。

2. 和孩子一起做“你说我猜”的游戏

家长和孩子一起做这个游戏，目的是让孩子把随时想到的东西，在不说出名字的情况下，用另外一种方式表达出来，然后由父母来猜，谁先猜到谁获胜。如果家长能很快猜到孩子表述的内容是什么,说明孩子的表达非常成功，家长应当给予奖励。另外，家长还应该鼓励孩子从不同的方面，用不同的说法来描述同一个事物，把培养孩子的思维能力与语言能力巧妙地结合起来。

3. 鼓励孩子多参加演讲、辩论等比赛

现在的学校里为了丰富学生的课余生活，经常会举办一些演讲比赛、讲书比赛、辩论赛等活动，家长要鼓励孩子多参加这些比赛。在众人面前说话，不仅能够锻炼孩子的语言能力，还可以锻炼孩子的心理素质和开发孩子的智力。

4. 让孩子多看书、听广播

在孩子的课余生活中，家长要让孩子多看名人名著，多掌握语言词句，让孩子知道什么词用在什么场合；让孩子多听广播，目的是培养孩子的语言逻辑性。

5. 举办家庭聚会时，让孩子做主持人

每当过年、过节的时候，一家三代人肯定会聚在一起，家长可以让孩子做主持人，在茶余饭后表演几个小节目，不仅达到了教育孩子的目的，还会使得一家人其乐融融。

74. 出言不逊，没大没小不尊重父母

现实生活中，有些孩子对家长越来越不尊重——小小年纪对家长出言不逊，经常用命令的口气同父母说话。比如命令父母说：“把鞋给我拿来。”“我口渴，给我倒杯水！”等。在这种孩子的心目中，自己就是

中心，因此从来不会站在别人的角度想问题。

情景案例 QINGJINGANLI

现象一：

一位母亲的烦恼：

我儿子今年 13 岁，不爱学习，最令我伤心的是他不尊重父母，经常因为达不到目的而大吵大闹，甚至生气时连爸妈都不叫，一副仇视的样子。我很寒心。对外人倒是有礼有让,别人说他挺好的。我该怎么办?

现象二：

馨馨今年刚入小学，学习认真，在班里还是班长呢。不过有一事挺让父母头疼，就是在家里没大没小，经常出言不逊。

星期一早晨六点半，妈妈叫馨馨起床，下床时，馨馨对妈妈说："我的鞋子呢？"妈妈怕女儿迟到，赶紧找。原来鞋子跑进床单里面去了，因为床下是空的，鞋子很容易被不小心踢进去了。妈妈赶紧帮馨馨拿出来，还说了一句："呵呵……，鞋子悄悄跑到床底下睡了一夜。"谁知，馨馨非但不说谢谢，反而不高兴地说："我就知道是你放到床底下的"。然后，不理妈妈，扬长而去。妈妈被噎得哑口无言，很恼火。

现象三：

周末，妈妈带隆隆去参加一个聚会，整个下午，这个 5 岁的孩子让妈妈劳神费力。当妈妈和朋友们聊天时，隆隆不断嚷着要喝苹果汁，妈妈让他稍等一会儿，但隆隆一分钟也不能等待，马上大喊大叫起来。妈妈轻声制止他，说："听话，你看你这样多没礼貌，不要随便闹了。"他却叫喊着让妈妈"闭嘴"。对隆隆的这种行为妈妈深感吃惊。

事实上，平时在家里隆隆也会偶尔对妈妈大喊大叫，出言不逊，但在这次在聚会上隆隆的表现，让妈妈感到事态的严重性。

专家解析 ZHUANJIAJIEXI

孩子怎么会产生不尊重父母，在父母面前出言不逊的不良行为呢？主要有以下几种原因：

一是现在的孩子，大多是独生子女，对于一些愿望，家长大多都会满足，久而久之，孩子在亲人面前一般没有学会控制自己的欲望，一切以自我为中心，稍有不顺心就会出言不逊，不达目的誓不罢休。

二是孩子可能受父母的影响，从父母那里学到了不言不逊“本领”。有些父母认为，在家里面不用客气，因此在家庭成员之间常常用命令的口气讲话，有的父母常在孩子面前命令保姆等。这些都给孩子造成不良影，教孩子学会了说话没礼貌

三是不少父母对自己应具有的父母权威态度模棱两可，同时又急切地想把孩子培养成能独立思考问题而不盲从的孩子。他们片面地认为，在家里对孩子限制太多，会让孩子今后难以适应社会。于是，在生活中向孩子过多地渲染父母与孩子间的朋友关系，并在孩子面前随意抱怨幼儿园老师以及其他一些孩子的长辈，而这些言行其实是在向孩子发出信号：“不尊重权威是可以的”，以至在孩子的心目中也就几乎没有了“尊重”这个条目。

孩子必须学会尊重父母，因为与父母的关系会为他日后对所有其他人的态度打下基础。父母与孩子的关系是孩子拥有的最初、最重要的社会影响，孩子在这一关系中所经历的问题与困惑将在他以后的生活中不断出现。他早期对父母的看法会变成他将来对学校老师、将来的上司、执法者和其他最终将与其一起生活或工作的人的看法的基础。

一个不尊重家长、无法无天的孩子会错误地以为全世界都围绕着他任性的童话王国旋转。但是他迟早会从家里走出来，进入外面的世界。问题是世界并不是他那软弱可欺的爸爸妈妈，他会在现实中碰得头破血流，损失惨重。

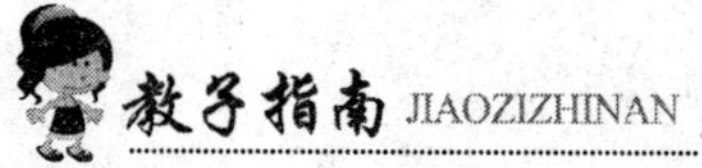

家长如何才能获得孩子们的尊重呢？

1．让孩子学会用尊重的语气说话

有的父母认为，自我表达意识强是一种健康行为，便允许孩子用大哭大闹的手段来发泄情绪。其实，多数孩子在顶撞了父母后会感到愧疚甚至害怕，如果父母对孩子的无理行为无动于衷，渐渐地孩子就不再关心自己的行为是否影响到了别人；同时要明确地向孩子表达“应尊重他人”的想法，要跟孩子说：“我不喜欢你用语言去伤害别人”或“应为你说过的伤人的话道歉”等。

2．父母要做到多商量少命令。

比如提醒孩子该做作业了，可以这样说：“到时间了，你是不是该做作业了？”而不要直来直去地说：“别看电视了，快去做作业！”

如果孩子帮你做了事，你还要记得说一声“谢谢”。这样，孩子就会感觉你很尊重他，心情会很愉快，而且也很愿意听家长的话。

3．给孩子示范尊重人的方式

父母应让孩子懂得，表现出感激之情是显示对他人尊重的一种方式。例如当着孩子的面，称赞他的班主任老师主题班会组织得很好；还可以联合其他父母一起为生病的老师制作问候卡，并让孩子签上名。这些小小的表示和认可，向孩子传达的是：孩子心中的权威人物都在为了孩子努力工作，他们是值得尊重的。

4．多和孩子交朋友，少窥探孩子的“隐私”

很多孩子都特别反感家长翻看自己的书包，偷看自己的日记。而家长之所以这么做，主要是相借此了解自己孩子的所思所想，担心孩子有什么事瞒着家长，有利于跟进教育。家长这样的想法固然不错，但为什么不换一种方式呢？家长平时应多抽时间和孩子聊聊天，问一问孩子学校的事情，人际关系情况，对一些事物的看法等等。如果孩子告诉你一

些真实感受和想法，要站在孩子的立场先去理解他(她)，然后告诉他(她)该怎么办。这样，孩子感受到父母对自己尊重和信任，他们也会越来越信任尊重父母。

75. 舍不得孩子参加体力劳动

前苏联一位著名的教育家曾说过："劳动是最细心、最严格的保姆，是教育中的朋友和助手。"劳动是生存之本。现实生活中，很多家长不让孩子参加任何劳动，这种做法将对孩子的品行有很大影响，对孩子走上社会后的基本生存能力产生阻碍。

情景案例 QINGJINGANLI

镜头一：为了迎接传统节日"五一"劳动节的到来，社区委员会贴出通告，要在这个周末组织公益劳动，号召社区每家每户一起参加卫生大扫除。周六一大早，小琴就被楼下一边搞卫生、一边说说笑笑的人们的声音吵醒了，迷迷糊糊走出卧室，发现爸爸妈妈也都没有在家。小琴趴在窗口往下一看，好多人呀，真是热闹！她想起了那个社区的通告，匆匆地刷牙、洗脸，小琴从家里拿了一把笤帚，就冲下楼去。

小琴碰到同单元的小伙伴，就和他们一起打扫小区绿化带的垃圾。正干得起劲儿的时候，小琴的肩膀突然被人拍了一下，回头一看，原来是妈妈。妈妈嗔怪地对小琴说："好不容易周末可以休息了，你不在家多睡会儿，跑下来干什么？"小琴兴高采烈地对妈妈说："今天大家都劳动，我也要参加劳动呀。"妈妈对小琴做了个"嘘"的手势，小声说："你怎么这么傻。那么多人，谁知道你来没来，来了也显不出你。再说，爸

爸妈妈都在呢，你还是回去吧，这扫大街太累了。”

小琴看看妈妈，不乐意地说：“我不回去。别人能干，我也能干。老师经常教育我们说，要多参加公益劳动，否则没有公德心，到社会上就没本事生存。”妈妈见自己的话不起作用，很不高兴地对小琴说：“你平时在家什么都不干，上外面瞎逞什么能？你看看，这儿多大的灰，刚穿上的衣服都脏了。你还是赶紧回家吧。参加公益劳动也不在这一时半会儿，等你长大了，该会的自然就会了。有这工夫，还不如在家多看会儿书呢。”说完，就牵着小琴的手，硬是把她从人群中拉了出去。

镜头二：花园小学放学了，老师让几个一年级的孩子清扫教室。过了一个多小时，老师过来检查的时候，发现地面还是很脏，一问才知道，原来孩子都不会用笤帚。有的孩子告诉老师说：“家里的地面脏了，都是爸爸、妈妈用吸尘器做清洁的。”也有的孩子告诉老师说：“家里有保姆，这些事情我从来没碰过。”

专家解析 ZHUANJIAJIEXI

现实生活中，有的家长想让孩子有足够的时间学习，也有的家长因为溺爱孩子，怕孩子吃苦受累，所以平时不让孩子参加任何劳动。

那么家长的这种做法给孩子带来哪些不利影响呢？

首先，孩子是社会的组成部分，必然要参与社会。一个人具备社会公德心和责任感，是能独立在社会上生存的基本条件。家长剥夺了孩子参加劳动的权利，会严重影响孩子的社会责任感和公众意识。

其次，孩子通过自己的劳动，得到社会的认可，这样可以满足他们渴望成功的心理需要。父母的阻止，会使孩子失去展示自己、发现自己的机会，也会扼杀孩子的自信心和积极性。

再次，父母不让孩子参加劳动，会使孩子不懂得珍惜，不能体到劳动的辛苦，缺乏动手实践能力。但有时家长又会抱怨孩子不懂事，动手

能力差等，使孩子觉得委屈、无奈，并对父母有意见和看法。

最后，劳动是生存之本，是生存的基本技能。孩子成长的路上不是一帆风顺的，还会有很多的困难与坎坷。家长如果不能让孩子具备各种能力，其中包括劳动能力，会使孩子在今后的生活、工作中很难独立面对很多的事情，成为孩子生存发展的障碍。

因此，劳动的观念必须从小开始培养，孩子经过劳动的锻炼后才会知道工作的辛苦。下面家长的做法很值得借鉴。

一个家在农村的女生叫刘畅，她只有12岁，但是从小到大，父母都不溺爱她，很小的时候她就知道自己的事情要自己做，她4岁起就学会了自己梳头发。在爸爸妈妈的鼓励下，她在今年暑假学会了淘米、洗菜、包饺子、洗碗等家务。她从心里感到非常自豪。

以上对比可以看出，家长鼓励孩子可以让孩子自立。所以说，家长不能阻止孩子参加劳动。

教子指南 JIAOZIZHINAN

1. 让孩子知道劳动是人的生存之本

教育孩子只要人生存在这个社会上，就必须依靠劳动来换取生活所需。告诉孩子脑力劳动固然重要，体力劳动也是不可缺少的。

2. 鼓励孩子参加集体劳动

很多时候，学校会组织一些集体劳动，如：定期到养老院帮助孤寡老人打扫卫生，一周一次的班级大扫除等，家长要鼓励孩子多参加这样的劳动，让孩子在劳动中得到锻炼。

3. 平时让孩子做力所能及的家务劳动

根据孩子的实际情况，教授孩子做点力所能及的家务，不仅可以帮助家长分担劳动，还可以让孩子体会到劳动的快乐。

4. 让孩子参加公益劳动

在孩子假期期间，多参加一些公益劳动，增强孩子的社会责任感和劳动意识。

76. 不培养孩子的自我保护意识

中国有句古话说得好：“害人之心不可有，防人之心不可无。”虽然社会上的坏人是极少数，但是不可否认还是有的。我们不能把身边所有的人当做坏人，草木皆兵。但是，在教育孩子的时候，还是要注重孩子自我保护意识的培养，让孩子提高警惕，增强防范意识。忽视孩子自我保护问题，将会对孩子带来极大的影响。

情景案例 QINGJINGANLI

16 岁的女孩冰冰是一个正值花季的少女，长得亭亭玉立，一张俊俏的脸白里透红，隐约带着几分稚气。冰冰出自一个普通的农民家庭，因为她是独生女，所以父母把她当做掌上明珠。去年初中毕业，中考失利，没有考进重点中学，她执意不再上学，想出去打工。父母在万般无奈的情况下同意女儿出去打工。远房亲戚介绍冰冰到城里一家酒楼当服务员。城里的花花世界深深地吸引了冰冰，她很快就结交了很多朋友，有空的时候，常约朋友去附近网吧聊天。偶尔一次上网，冰冰在 QQ 上与一个叫“爱的起点”的网友很谈得来。有一次，她放假去网吧上网，不经意瞥了一眼，发现坐在旁边的男孩有些面熟，仔细一看才认出对方竟是小学同学谢瀚。而“爱的起点”也正是谢瀚的网名。这天，他们聊了很久，从小到大在父母的百般呵护下成长的她，根本没有自我保护意识，这场相逢成了冰冰噩梦的开始。

16岁的谢瀚长得有些瘦小，却天资聪颖。从小学到初中学习成绩一直名列前茅。然而，突如其来的家庭破裂、不良朋友的引诱改变了他的人生轨迹。爸爸曾是谢瀚崇拜的对象，在谢瀚眼里，爸爸是一个很能干的人，而且很爱他，关心他。谢瀚的爸爸开公司，赚了很多钱，但是自此以后就常与妈妈争吵，夜不归宿。有一次，已经半个月不回家的爸爸突然回来了，但是他看见妈妈却哭得很伤心，爸爸坐在沙发上一言不发。当妈妈哭着告诉谢瀚，爸爸在外面有女人时，他完全不相信，他亲口问爸爸是不是真的，爸爸没有回答，一声不响地离开了家。谢瀚不愿相信这是事实，第二天天还没亮，谢瀚就走出家门，打车去爸爸公司，在那里他看见了自己不相信的事实……后来，谢瀚才知道，爸爸早就已经变了，他的心里再也没有他和妈妈了，他早就给这个女人买了房和车。

谢瀚此时此刻难过极了，他感到亲情在心里轻轻地断裂着，并且恍惚中能听到清脆的声响。他哭着离开了爸爸的公司，任凭爸爸在身后呼喊他的名字……

从那以后，谢瀚变了，他脑袋里总是浮现出那不堪入目的情景，上课时再也无法专心听老师讲课了，成绩直线下降，渐渐地出现了行为问题。在村里一个游手好闲的大龄男青年诱导下，他开始经常出入网吧、游戏厅、录像厅等场所，有时竟连续七天不回家。渐渐地，他还学会了偷东西。谢瀚用偷来的钱买很多同龄人不敢奢望的东西。

高年级的王强(17岁)见他出手很阔气，便怂恿谢瀚请客吃饭。吃完饭已是黄昏时分，在王强的带领下，他们来到一家酒吧找小姐。谢瀚个子不高，一眼看上去就是个孩子模样，上楼时酒吧的服务员忍不住问："还有他？"王强的朋友，一个男青年点了点头。谢瀚觉得自己的脸烫得如火烧一般，他就这样带着羞愧随着他们一起进了包间。在卖淫女的引诱下，谢瀚懵懵懂懂地结束了第一次性经历。

忽然有一天，谢瀚在网上见到冰冰在QQ上向他问好，一旁的王强

看见了，顿生邪念："想钓冰冰。"两个人一拍即合，谢瀚飞快地在键盘上敲击，发出信息，问清楚冰冰所在网吧，马上和王强去那家网吧找到冰冰，以邀请她一起出去玩为由，把她骗到了王强居住的地方。在那里，王强以打耳光、用水果刀威吓等手段，逼迫冰冰脱下衣服，随后对冰冰实施了蹂躏。事发后，冰冰精神受了严重的刺激，跳楼身亡。

专家解析 ZHUANJIAJIEXI

孩子毕竟是孩子，他们身单力薄，思想单纯，对人和事的看法缺乏判断力，行为控制能力较差，反抗能力差，对社会的复杂性缺乏认识，分不清事物的本质，包括美和丑、善和恶、真和假。他们只是单纯地从自己的兴趣爱好出发，做事根本不计后果，这是导致孩子缺乏自我保护的一点原因。

孩子平时都是生活在学校和家庭的大门之内的，从不知道社会如此复杂，更不知道有危险存在。家长和老师的"羽翼"已经将孩子与社会隔绝，所以导致了孩子缺乏自我保护意识。

家长忽视孩子的自我保护问题，当孩子遇到危险的时候，就会不知所措。不知道该如何自我保护，甚至会对孩子的生命造成威胁。

教子指南 JIAOZIZHINAN

1. 教育孩子不要和陌生人接触

告诉孩子当有陌生人接近的时候，不要和陌生人讲话，不要吃陌生人给的东西。向孩子说明这样做的原因，给孩子讲当今社会上一些拐卖儿童的事例，让孩子学会自我保护。

2. 告诉孩子一个人在家时，不要给陌生人开门

为了提高孩子的自我保护意识和能力，家长要教育孩子一个人在家时，要把门反锁上，当有陌生人敲门时，不要开门，告诉陌生人有事情

等家长在家再来，预防危险的发生。

3. 在日常生活中，要经常教孩子如何自我保护

家长这样做才能让孩子在面对危险的时候，有危险意识和自我保护意识。使孩子在遇到危险的时候，懂得如何自救。

4. 教孩子生活中的一些安全知识

家长要教会孩子在突然遭遇烫伤或烧伤、流鼻血、拉伤或扭伤、触电、中毒等等意外情况的时候，该怎样做，让孩子在遇到此类危险情况的时候不至于束手无策，培养孩子的应急自救能力。

77. 孩子缺乏法制教育

法国思想家、教育家卢梭说过这样一段话："人生当中最危险的一段时间是从出生到十二岁。在这段时间中还不采取摧毁种种错误和恶习的手段，它们就发芽滋长，以致以后采取手段去改的时候，它们已经扎下了深根，以致永远也难把它们拔掉了。"由此可以看出，不对孩子进行法制教育所产生的严重后果。

情景案例 QINGJINGANLI

中国北方的一座城市，坐落在长白山脚下，有近600万人口，可是这里青少年的犯罪率真是骇人听闻。据统计，在1991年分4批判处了172名罪犯死刑，其中18~25岁的年轻罪犯115名，占被处死人数的66.9%。为什么这么多的年轻人走上了断头台？调查研究说明，他们违法犯罪均起于少年时期，30.5%曾是少年犯，61.5%少年时犯有前科，基本都有劣迹，有一小部分是从小就有不良表现。

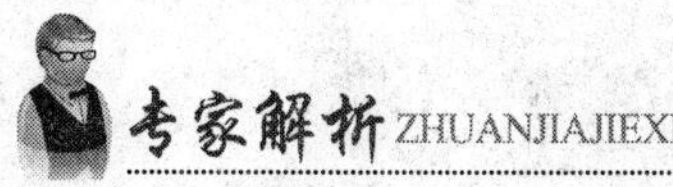

专家解析 ZHUANJIAJIEXI

调查研究表明，这些孩子走上犯罪道路的原因是多方面的，父母有不可推卸的责任。据分析，这些孩子多数受到不良家庭环境的影响，其次是父母的教育方式不当。主要表现在：一是父母不懂得如何教育孩子，管教无方，法制教育更谈不上。二是对孩子百依百顺，有求必应。在115名孩子中，独生子和老小占77.4%，家长百般溺爱，使孩子从小为所欲为。三是父母思想意识不健康，自身就缺乏法制意识，甚至家人中就有违法乱纪现象。四是家庭感情不和，父母离异，孩子缺少家庭温暖。

由于孩子法制观念淡薄，法盲现象严重，在不知什么是违法犯罪的情况下触犯刑律的事也屡有发生。不对孩子进行法制教育，孩子因缺乏法律意识，在自身受到侵害可以运用法律武器保护自已时却不会保护，吃哑巴亏的人也确有不少。

令人痛心的事实告诉我们，孩子缺少法律意识，后果是不堪设想的，而法制教育需要学校、社会、家庭协同进行。

教子指南 JIAOZIZHINAN

1. 对孩子进行法制教育，学习法律常识

我国的法制建设越来越完善。改革开放初期由于法制不健全造成的不良社会现象在逐渐减少，每一个公民都应知法、守法，能够运用法律武器保护自身利益。建议家长买一两本有关法律的书放在家里，让孩子经常翻阅，大有好处。联系社会生活实际，经常给孩子讲一些法律问题，有利于孩子形成法律意识。

2. 注意孩子言行举止，防患于未然

家长平时多观察孩子的言行举止，如果发现了不良苗头，及时找孩子谈心，了解情况，采取教育措施，预防孩子走上邪路。以下现象值得

家长注意：学习成绩突然大幅度下滑，无心向学；情绪反常，烦躁、闹脾气或沉默寡言，忧心忡忡；花钱大手大脚，而且来路不明；经常有不熟识的人来找，放学不按时回家；对异性特别感兴趣，偷看黄色录像和书刊；经常把刀子、棍棒带在身上等行为。家长要做到时刻观察孩子的一言一行。当然，在没有确定孩子有什么不良行为的情况下，千万不可随便怀疑孩子，要多动脑，慢开口。

3. 对孩子不要过分溺爱、放任自流

溺爱、放任会造成孩子以自我为中心，不懂规矩，甚至养成为所欲为的习惯。时间长了，必然置国家法律于不顾，干出违法乱纪的事情来，到那时家长将后悔莫及。建议家长在对孩子加强管教的时候，举一些案例说明从小放任自己必然走向歧途，让孩子懂得没有规矩不成方圆的道理。

4. 重视孩子的青春期教育

许多地区工读学校和少管所的资料说明，青少年走上歧途，性错误是一个普遍性因素。男女孩子在青春萌动期，由于无知、好奇，加上自控能力弱，很容易在两性问题上犯错误。何况，当前大众传媒和社会生活中的不良诱因又很多，不重视青春期教育是不行的。家长应转变“难以启齿”的传统观念，对孩子进行教育。应了解学校青春期教育的内容、步骤，积极配合，把基本生理知识教育、道德教育、法纪教育、审美教育结合起来。父亲多教育儿子，母亲多教育女儿，有的内容父母可以共同教育。

5. 丰富家庭健康的家庭文化环境

如果家庭文化生活贫乏，难以满足孩子的精神需要，孩子往往到外边去寻找各种各样的新鲜事物，寻求刺激：聚群游荡，误入不良团伙；打架斗殴，欺负弱小；劫钱玩乐，赌博酗酒……从违纪到犯法，下坡路走得非常快。家长要充分意识到，孩子除了学习以外，还有多种需要：亲情、友谊、娱乐、审美等等，为了保证孩子健康成长，也为了家庭幸福，家长应该努力丰富家庭的文化生活，追求高品味和高质量的生活环境，摒弃那种金钱至上、无视精神的思想，只管学习轻品德的错误

做法。

6. 教育孩子懂得运用法律武器保护自己的合法权益

在很多大众媒体中，经常报道一些受害者运用法律武器保护合法权益的案例，这是对孩子进行法制教育的活教材。家长应该跟孩子一起看、听、讨论，树立保护自身合法权益的意识。如果身边的亲戚、朋友的合法权益受到侵害，应鼓励受害人积极行动，寻求法律的保护与支持。这个过程对孩子的教育最直接，也最有效。

78. 要求孩子样样都会

现实生活中很多家长培养孩子全面发展，毋庸置疑，家长的出发点是好的。一些家长今天送孩子到书法班，明天送孩子到舞蹈班、美术班……孩子接触到了很多，结果孩子学得样样通，但样样松。由此可见，家长要求孩子万事皆通的想法是不对的，最终将导致孩子一事无成，难以在社会立足。

情景案例 QINGJINGANLI

镜头一：小飞出生在一个普通工薪家庭，父母为了他长大后能成材，不惜交高昂的学费送他到贵族学校读书。除了在校时间学习书本上的知识以外，课余时间妈妈还送他到少年宫学习其他知识。小飞从四岁开始，妈妈把他送去学画画，五岁的时候学钢琴，六岁学书法，七岁学下棋，八岁又送去学习拉丁舞。但是当他把前面学的东西放下学习新课程的时候，前面的就忘记了。现在小飞是什么都懂一点儿，但是什么都学得不精通。

镜头二：小娟昨天期末考试结束了，考得还不错，爸爸妈妈非常高

兴。今天带孩子去游乐场里玩，在路上碰见了小娟一个同学。经过询问才知道她妈妈带着她去舞蹈班上课，这引起了小娟父母的注意，就问同学的妈妈，怎么放假了还带孩子去上课啊？同学的妈妈回答道："孩子光学习可不行啊，现在讲究的是全面发展。你可是不知道啊，我们才学了钢琴、舞蹈、画画、书法这几门课，我们家邻居的小男孩比我女儿还小一岁呢，现在已经学了六门课了。我得赶紧让孩子学，要不以后就晚了。好了,我们赶时间,改天再聊啊！"小娟和父母向她们礼貌地说了句："再见！"此时小娟的那个同学对她流露出羡慕的表情，不情愿地跟着妈妈走了。小娟和父母隐约中还听见小女孩对妈妈说："妈妈，我不想学这些东西，我想像小娟一样和父母出去玩玩。"小娟对父母说："我同学被父母逼着今天学这，明天学那的，导致现在什么都不喜欢学，课堂上经常打盹儿。成绩也是一落千丈……"

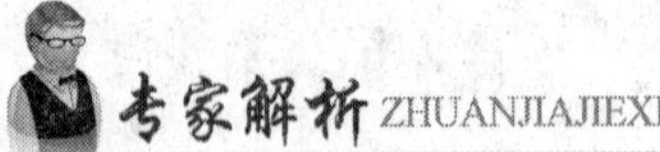

很多家长为了孩子有一个美好的将来，能更好地适应社会，不仅要求孩子将文化课学好，还让孩子今天学这个，明天学那个，要求孩子万事皆通。

家长的这种做法是不对的。孩子的精力是有限的，当家长强迫孩子学某一项技能的时候，孩子可能把全部精力放在上面，把这个东西学好，但是当学习的东西多了,孩子就会顾此失彼,浅尝辄止。导致孩子万事通、万事松，最终将一事无成，很难在社会上立足。

所以家长与其要求孩子万事通，不如让孩子会一种能力，有了这种能力，就有了一个生存保障，不论在哪里都会有自己的一片天地。现代生活中，发现和培养孩子的一技之长是至关重要的。

由此可见，要求孩子万事皆通是不对的，家长要避免此问题产生就要做到以下几点。

1. 要求孩子诸事皆通，不如学习一技之长

有一技之长就会有一种能力。每个孩子都有自己的特别爱好，家长要以孩子的兴趣爱好为出发点，发现并且有意识地培养孩子的一技之长。

2. 从客观实际出发，让孩子量力而行

家长应根据孩子的实际情况，量力而行。有些时候，从孩子的兴趣爱好中，可以发现他们具有某种潜能的线索和萌芽，而孩子的这种潜能，平时可能会丝毫没有引起家长的注意。比如说，一位骄傲地自称能用一条腿平衡身体好长时间的男孩，可能永远也成不了一位棒球明星，但是，倘若给他机会，他极有可能成为一位技术精湛的滑冰运动员。

3. 发现孩子的特长

家长通过不断地观察、比较尝试，会发现孩子在某些方面具有特长，会发现孩子对某些领域有兴趣。越早发现孩子的特长，越有利于对孩子这方面潜力的开发。

4. 培养艺术才能要循序渐进

家长培养孩子某个方面的艺术才能时，不要过于性急。过于性急训练，会打乱孩子兴趣爱好的临界期，使孩子永远地失去某种能力发展的可能。急于求成的结果会使孩子超负荷训练，过于繁重的训练、强迫的刺激将使孩子产生厌烦情绪。

5. 正确引导天赋

爱迪生从小就表现出强烈的好奇心和求知欲。在一般人的眼里他是怪孩子，在老师的眼里简直是糊涂虫，但这正是孩子的天性，是最宝贵的品质。每个孩子都有自己的天赋，但是单有天赋，没有一定的环境与教育，不去开发，天赋就不会发展成为特长。所以家长要正确引导孩子的天赋，让孩子成为有用之才。

6. 学一技之长的课程

家长不要盲目地希望孩子成为万事通，让孩子选择其中一项就完全可以了。

7. 给孩子制订长远目标，要求孩子持之以恒

对孩子教育忽冷忽热，要求忽高忽低，没有细致的教育方案，没有长远的打算，便不能使孩子的艺术活动能力得到明显的提高。家长应该给孩子制定长远目标，并要求孩子持之以恒。

79. 孩子缺乏文明礼貌方面的教育

有的家长认为，现代社会很自由，不像封建社会有“三纲五常”的约束，所以，孩子懂不懂礼貌没有关系，只要他们把知识学好了，长大后有一技之长就行了；还有些家长认为，孩子小不懂事，不讲文明礼貌也无所谓，长大了自然就懂得了。其实，家长的这些想法都是错误的，对孩子的不礼貌行为视而不见，一旦孩子形成坏习惯，就很难改正。

情景案例 QINGJINGANLI

镜头一：外甥女上次考试考了100分，姐姐许诺带她去吃麦当劳。上周末，孩子很早就起来了，兴高采烈地嚷着要出门，姐姐以最快的速度洗漱完毕，给孩子穿戴好，急急忙忙带着外甥女出门了。将近中午我要出门的时候，姐姐带着女儿怒气冲冲地回来了，我赶紧去问她怎么了，姐姐很生气地告诉我：在麦当劳吃饭时，她让孩子少吃些油炸鸡翅和冰激凌，孩子却说：“你这个妈妈！别再整天唠唠叨叨的，吃饭都吃不好！”这时，姐姐一定要女儿立刻道歉，因为这对一个把她养大的妈妈来讲，实在是很不礼貌的言辞。然后姐姐对女儿说：“你让妈妈很失望，

也很生气。因为你对我说了很不该说，也很不礼貌的话，让妈妈很伤心。”如果当时女儿辩说她今天心情不好，姐姐也会原谅她的。但是她就是低着头只顾着吃东西，看也不看妈妈一眼。最后她吃完了抬起头和我说：“妈妈，为什么心情不好的时候就可以不讲礼貌，以前怎么我和别人讲话不讲礼貌，你也没有说过我啊。现在也不应该说我。”姐姐说她快被女儿气死了，她说这都是自己以前惯的，她发誓以后一定要教育孩子不能再这么没礼貌了。

镜头二：星星现在已经10岁了，但是他就是不懂得文明礼貌。这让他的妈妈伤透了脑筋。这不，周末到了，李叔叔来家里做客，给星星带了一个他喜欢的奥特曼。星星很开心，一声谢谢也没说就接过礼物跑进了自己的房间里独自享受去了。李叔叔走了以后，妈妈对此大发雷霆地教育了孩子一番。妈妈表示这都是她一手造成的，以前孩子小的时候，不讲文明礼貌，她根本没重视，以为孩子长大了自然就知道了，但是没想到结果竟然是这样。

专家解析 ZHUANJIAJIEXI

从以上两则例子中我们不难看出，家长对孩子的不礼貌行为视而不见导致的严重后果。那么，家长有没有考虑过孩子为什么会有不讲礼貌的行为呢？其实，孩子不讲礼貌主要原因有以下几方面：

1. 有些家长在孩子面前，不注意自己的行为和语言，对孩子产生了不良影响。在生活中，当家长的常常会不知不觉地说脏话，这些事情虽小，却很有可能给孩子一种负面的教育。在和朋友聊天时，家长有时会说一些不该说的话，让孩子听到了，小孩的模仿力极强，耳濡目染，慢慢就学会了大人的说话方式及语气，这是导致孩子不讲礼貌的一个原因。

2. 孩子在学校上学的时候，接触到一些不讲礼貌的同学，如果父母不够重视，让他们经常与这些坏孩子相处，自然而然就会变得缺乏礼貌。

3. 现在的生活条件好了，很多孩子上网、看电视都不再成问题了，可网络和电视中难免会存在这样或那样的一些不良因素，看多了，便会形成不良习惯。尤其是一些影视剧里带有一些不礼貌的话语，孩子可能盲目地学习，这在无形中影响了正在成长的孩子，导致他们因此养成不礼貌行为。

孩子一旦养成不礼貌的行为习惯，就会在生活中不懂得尊重他人，甚至会经常出言不逊，顶撞父母。家长应该重视孩子的不礼貌行为，一旦发现及时纠正，让孩子养成讲礼貌的好习惯。

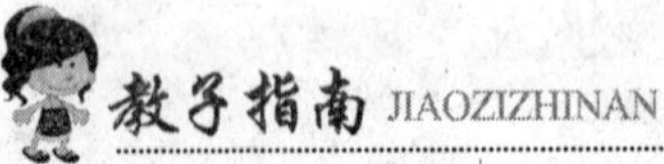

教子指南 JIAOZIZHINAN

1. 父母要尽量使用文明用语

家长面对不文明的孩子，要教育他们使用文明用语，切忌用教训的口吻，要循循善诱，进行善意引导，让孩子明白要做到处处讲文明礼貌。例如，在和熟人见面时要主动打招呼，和别人说话时要学会倾听，不要打断别人等等。

2. 教孩子礼貌待客

当家里来客人的时候，父母要给孩子机会，让孩子学会以主人的身份来招待客人，学会礼貌待客，尽可能地教他们一些待客礼仪。

3. 良好的榜样，以身作则

父母平时要做到语言美，不用不文明的话开玩笑，也不在背后恶语伤人，尊重他人，以免孩子盲目效仿，形成不礼貌的说话习惯却不知这样会伤人。

4. 尊重孩子

文明礼貌虽然是一种外在行为，但是它实际反映的是一个人的内在修养。家长尊重孩子，孩子才能学会维护自尊。这样孩子在说话和做事的时候就会体谅别人的感受。

80. 不让孩子学习生活常识

现在独生子女家庭是构成社会的主体，每个家庭基本上都是几代人围着一个孩子转，孩子的所有事情都由家长全部代劳。家长从不让孩子自己独立做任何事情，也不让孩子掌握些生活常识，家长这样做对孩子的健康成长是非常不利的。

情景案例 QINGJINGANLI

镜头一：玲玲从呱呱坠地到上幼儿园，不会穿衣服，不会系鞋带，甚至被散落的玩具拌个跟头，都会哭着找老师去告玩具的状；上小学了，家长更是照顾得无微不至。读中学了，她还是不会自己梳头发，生活依然不能自理，她前脚走出家门，爸爸妈妈后脚就会跟出来。父母经常感慨说："女儿什么时候才能长大呀！什么时候才能不让我们操心啊？"时间飞逝，转眼玲玲已经上了大学，父母高兴极了，开学的时候父母亲戚朋友背着的、扛着的，不知情的人还以为是搬家队，其实是送女儿上学的。大学毕业了，玲玲就业的烦恼又堵心头，父母送礼求人托关系……

镜头二：有个孩子很喜欢吃速食面，父母只是一味地制止孩子不许吃，但是从没告诉过孩子经常吃会产生什么样的严重后果。后来，这个孩子上大学了，远离了父母的视线，无拘无束的他终于可以每天吃速食面了。不久以后，这个孩子因身体不适去医院看病，医生发现他的胃壁附着一层蜡！原来，速食面的容器里包含一种可食用的蜡！而长时间的食用杯面，将造成我们的肝脏无法分解这种食用蜡。最后，这个孩子不得不寻求手术治疗以移除这层蜡，但是手术失败，这个孩子不幸去世了。

专家解析 ZHUANJIAJIEXI

从上面的实例中，我们可以看出，家长由于过分宠爱，不想让孩子吃一点儿苦，所以把孩子捧在手心怕掉了，含在嘴里怕化了，从不给孩子教授任何生活常识。家长这样的教育方式，将给孩子带来以下不良影响。

首先，家长不给孩子教授生活常识，将会对孩子的安全造成很严重的影响。比如说，当孩子将要过马路时，看到马路上红灯亮的时候，家长如果不告诉孩子："过马路仔细瞅，绿灯行，黄灯慢行，红灯停，一站二看三通过。"那么将会对孩子的安全造成很大危害。

其次，家长不让孩子掌握一些生活常识，对孩子百依百顺，孩子长大后什么都不懂，什么都不会做，所以就会养成依赖父母的坏毛病，也将失去独立生存的能力。

最后，孩子没有任何生活常识，在孩子没有家长陪伴的时候，对日常生活就不知所措，失去自理能力。长大后，孩子就会对生活一无所知，将无法在社会上立足。

综上所述，我们可以看出，给孩子传授基本生活常识，是非常必要的。

教子指南 JIAOZIZHINAN

1. 根据孩子的年龄，适当教授孩子基本生活常识

家长在陪伴孩子的过程中，要根据孩子年龄特点，把生活常识通俗地教给孩子，有意无意之中就让孩子学会了这一切。那些日常知识离我们的生活最近，对孩子也最有用，孩子知道得多了，独立意识也会随之增强。

2. 在实际生活中教授孩子安全常识

比如说，孩子因不小心把玻璃杯子打碎了，家长要赶紧告诉孩子："不能下地，因为光着脚，会扎破脚底的！"这样做不仅可以教授孩子生

活常识，还可以让孩子提高自我保护意识。其实这样的镇定也是从打碎杯子、花瓶、花盆后学到的。遇到这种情况家长及时教孩子该如何做，孩子很快就都记住了。告诉孩子横过马路时要走人行道、斑马线，不能闯红灯。

3.教孩子如何应对天气变化

告诉孩子当天气突变的时候，应该注意哪些问题。如当气温骤降的时候，要适当添加衣物，出门前关好门窗。

4.教授孩子一些急救自救常识

告诉孩子当亲身经历或看见有人受伤时，要及时打120呼救；当食物中毒生命受到威胁的时候，要先自行催吐；当被狗咬时，要及时反复冲洗，再去打狂犬疫苗；当手被刀割破时，要及时包扎等等自救方法。

81.为孩子做了言行不一的榜样

古人曾说："身正，不令而行；身不正，虽令不从。"这句话用在家长教育孩子身上，我们应该这样解释：家长的身教胜于言教。在日常生活中，家长的一言一行对孩子的影响是非常大的，所以家长一定要保持言行一致。如果家长的身教和言教相悖，孩子会不自觉地模仿家长，言行不一，不仅养成了坏习惯，甚至有可能走上犯罪道路。

情景案例 QINGJINGANLI

珍珍今年13岁，念初中二年级了，学习任务重了，又是为高考打基础阶段。妈妈让女儿从这个学期开始，每天都在学校的食堂吃午饭，可以让孩子有更充分的时间学习。没过几天，妈妈就听见珍珍念叨学校

的营养餐不好吃，妈妈听了这话对孩子说："学校的午餐都是按照你们这个年龄段的孩子所需要的营养标准搭配的，不好吃也得坚持在学校吃，正好可以扳扳你挑食的坏毛病，省得你老是挑三拣四的，这也不好吃那也不好吃的。"

就这样过了一段时间，珍珍再也不和妈妈提学校营养餐的事情了。期中开家长会时，老师特意找到珍珍的妈妈，和她谈了关于珍珍吃午饭的事情。

老师对珍珍妈妈说："珍珍每天在学校用午餐时，都会把她不喜欢吃的菜剩下，生活老师发现后批评了她，她也表示下决心要改掉这个坏毛病。后来，真的再也没有看见珍珍把菜剩下。但是，又过了几天有同学向我反映，珍珍并不是真的把不喜欢吃的菜吃掉了，而是趁生活老师不注意的时候偷偷倒了，或干脆先用塑料袋装起来，再偷偷地找机会扔掉。老师经过观察证实，同学反映的情况是真的。"

珍珍妈妈一听，急忙对老师说："老师，珍珍这孩子在家里就挑食，我都说了她很多次了，可是怎么说也没用。珍珍以前和我说学校的营养餐不好吃，我还告诉她这些饭菜是专门为她这个年龄段的孩子做的，可以补充他们所需要的各种营养，一定要好好吃饭。而且，从小到大，我都和她讲'锄禾日当午，粒粒皆辛苦'之类的道理，告诉她不要浪费粮食。她说她都明白，但是就是不听话。老师，珍珍最听您的话了，平时有什么我说不听的，只要您一说马上就改正了，您可得好好管管这孩子，让她把这个坏习惯改掉。"

老师耐心地倾听着珍珍妈妈的这些话，直到她全部说完了，才问："您知道当我找到珍珍问她为什么挑食和浪费粮食的时候，她说了什么吗？"珍珍妈妈困惑地摇摇头，老师苦笑着对珍珍妈妈说："珍珍说，妈妈见到不爱吃的东西就丢进垃圾桶，比如说韭菜，说是闻不了这个味……"

珍珍妈妈听了老师的话，愣在那里，半晌没有说话。

专家解析 ZHUANJIAJIEXI

许多孩子的言行举止很像父母，这是在日常生活中孩子不知不觉地模仿的结果。在孩子的青少年时期，模仿是孩子的一个重要心理特点。大多数孩子从小到大是和父母生活在一起，和父母接触得最多，不仅在生活上依附，在感情上也很密切，他们特别相信甚至崇拜父母，父母在他们心里具有绝对的权威性。所以，孩子在日常生活中就会不知不觉地模仿家长的一言一行。

心理学家调查研究表明，父母的身教和言教相悖，是导致一些青少年养成不良习惯，甚至走上犯罪道路的重要原因。这就告诫广大家长：在日常生活中，一定要以身作则，注重自己的一言一行。如果掉以轻心，身教和言教相悖，那么孩子将会盲目模仿父母，在思想行为上沾染不良风气。

家长的身教和言教相悖，会使是非观念、价值观念正在形成中的孩子感到困惑，使他们对家长的教育产生怀疑，并对是非曲直标准产生怀疑。

孩子还会因家长的身教和言教相悖，对家长产生抵触情绪，不听父母的话，甚至顶撞父母，或者以“父母作为榜样”来为自己辩解。那么在这种情况下，家长的教育就失去了权威性和可信性。

综上所述，家长应十分重视身教和言教相一致。

教子指南 JIAOZIZHINAN

1. 以身作则，给孩子做个好榜样

俗话说得好，“有其父必有其子”，这不仅仅是说遗传的问题，在很大程度上也反映出家长的言行对孩子的影响。家长应时时刻刻注意自己的一言一行，给孩子做一个好榜样。

2. 经常向孩子宣传正确的道德观念

家长首先自己应该具备正确的道德观念和良好的思想修养，才能为人师表。对孩子讲话时要讲礼貌，千万不要在生气的时候就控制不住情绪，用污言秽语教训孩子。即使夫妻之间说话也要相敬如宾，不能当着孩子的面互相谩骂。

3. 勇于承认错误

“人非圣贤，孰能无过”，做人难免会有这样那样的缺点。一旦家长意识到自身的坏习惯影响了孩子，就要勇于跟孩子说明这样做是不对的，让孩子不要向父母学。给孩子一个正确的标准，让孩子有一个正确的意识，教孩子怎么去做才是对的。

82. 不管教孩子说脏话的毛病

鲁迅先生当年所尖锐抨击过的“上溯祖宗，旁及姐妹，下连子孙，遍及两性”的“国骂”，竟然在当今孩子嘴里如同炒豆子一样劈啪乱跳，令大人瞠目结舌。而在我们身边，这种不讲文明礼貌的孩子的确不是少数。我们经常能听见一些孩子口出脏话，而且凶神恶煞。如果家长对孩子的脏话粗口置之不理，孩子一旦养成这样的习惯，将很难改正。

情景案例 QINGJINGANLI

镜头一：毛毛从小跟着爷爷在农村长大，直到6岁该上学了，才回到父母身边。毛毛聪明伶俐，活泼可爱，爱动脑筋，这让父母非常高兴，但不久他们就发现，毛毛是个很没礼貌的孩子，常常会出口成“脏”。为此，妈妈骂，爸爸打，过了一段时间，毛毛似乎改掉了这个坏习惯，父母很满意。可有一天，老师来作家访时，告诉毛毛的父母，毛毛在学校里张

口闭口都是脏话，班上大多数同学都挨过他的骂。父母听到这里非常生气，把孩子拉过来就是一阵狂风暴雨式的“教育”，可毛毛始终就改不了这个习惯，毛毛的父母为此事伤透了脑筋，不知怎么办才好。

镜头二：某媒体曾报道过这样一则新闻：说的是在某名牌大学的新生接待日里，一个独自一人来到学校报道的学生，因为去缴费无暇顾及自己随身携带的行李，就随随便便地以“喂，老太太！”叫住一位学校后勤处的老师帮自己看行李。半小时后，这位学生交完学费，回来拿起行李就走，老人在那里站了大半天，他竟然连句谢谢都没向老人说。

镜头三：小光的爸爸开口闭口都是脏话，句句都要加上“×××”这个“三字经”。小光和父母朝夕相处听得多了，但是他根本就不懂得这句话的含义，所以在学校里当着其他小朋友的面模仿老爸的口气将“×××”讲出来。为此，幼儿园老师找小光爸爸说明了情况，希望家长配合学校教育。爸爸一气之下，脱口而出：“×××的再骂人，老子打断你的腿。”小光只知道因为老师才挨了这顿骂，却不知自己错在哪里。

专家解析 ZHUANJIAJIEXI

家长要帮助孩子改掉说粗话的习惯，首先要弄清孩子说污话的原因。经研究证明，孩子之所以能说出粗话，主要原因是，孩子根本不理解粗话的含义，盲目模仿。比如一个孩子同母亲上街，母亲诅咒一个开车的人：“这人怎么这么讨厌，开这么快，不怕撞死。”孩子根本不明白母亲的意思，他却简单认为，令人讨厌的人要被撞死。有一天，他讨厌他的伙伴，就会顺便骂出一句。孩子的年龄小，识别能力差，但是模仿能力强。即使家庭环境注意了文明用语，孩子仍然可以在社会上、电视节目里听到，并且学到一些粗俗的语言。

在日常生活中，许多父母只注重孩子的学习成绩，忽视了孩子的

个人修养教育，导致一些孩子说脏话成了习惯。也许孩子口中飞出的污言秽语没有任何针对性，似乎也没有给任何人造成心灵上的伤害，但脏话粗口毕竟刺耳，不仅会破坏一个人的形象，同时也会妨碍正常的人际交往。试想，谁会喜欢和一个满嘴脏话、没有礼貌的孩子交朋友？而当这样的孩子走向社会以后，他又如何能获得别人的好感，和人和睦相处呢？

综上所述，我们看到了脏话粗口给孩子带来的一系列影响。所以父母在生活中一旦发现孩子有不讲礼貌的坏习惯，应该及时纠正。

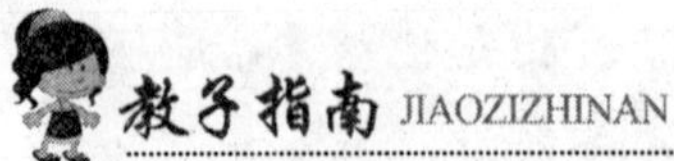

教子指南 JIAOZIZHINAN

1. 家长要以身作则

父母本身要给孩子树立一个好榜样，不得在孩子面前用粗言秽语指责别人；禁止孩子观看不良的电视节目；当陪伴孩子看电视时，听到有关脏话粗口词句，要及时给孩子作指导，让孩子知道那些是不该学的。

2. 批评孩子的这种行为

这里所说的批评不是一味地责骂，要明确告诉孩子哪些是文明用语，哪些是脏话，让孩子明白文明礼貌的重要性。和孩子外出的时候，当看见有人在大街上吵架时，父母应该立即告诉孩子，这种行为是不对的，是不文明的。当孩子在家里说脏话或者有其他不礼貌行为的时候，父母可能非常生气，但一定要控制住情绪，尽量避免对孩子大吼大叫，要语气平和地告诫孩子：“你现在的表现妈妈不喜欢，没有人喜欢讲脏话的孩子，希望你不要再做这样的事了。”

3. 适当地惩罚

如果家长发现孩子讲脏话，可先进行说服教育。如果没有达到预期效果，可以用惩戒的方式，例如不准吃冰淇淋一次等。

4. 教育孩子要循序渐进

家长要明白培养孩子讲文明礼貌是一个循序渐进的过程，孩子不可能在一夜之间就变得彬彬有礼。当发现孩子使用粗话时，应立即批评教育，直到孩子养成了说文明礼貌用语的好习惯为止。父母切不要把孩子的许多问题都集中起来，企图突击解决。正确的做法应该是发现一个问题就立即解决。

83. 孩子性教育缺失

大量事实表明，孩子在进入青春期之后，会产生焦虑、紧张、恐惧等不良情绪。在这个时候，家长给予孩子适当的性教育可以防患于未然。让孩子及时地了解性器官的结构和功能，让他们正确认识和处理性成熟所带来的生理和心理方面的种种变化，消除孩子的好奇心和神秘感。家长从不对孩子进行性教育，可能导致孩子由于好奇引发不良性行为、性犯罪和性变态等严重后果。

情景案例 QINGJINGANLI

镜头一：云南省大理市某工人家庭只有一套住房，兄妹二人从小就和父母睡在同一间房里，处于青春期的哥哥曾多次窥看父母的性行为。出于冲动和好奇，他对睡在同一张床上的妹妹的身体产生了兴趣。一天，趁着父母不在家，妹妹在睡午觉的时候，无知和好奇驱使他和年仅13岁的妹妹有了性体验。

镜头二：那是5月的一天，正是风和日丽的好天气。某重点中学学生小方的心情也像天气一样好。下午，她穿上一身漂亮的背带裙，带着几分兴奋对妈妈说："小西今天过生日，我们几个要在她家开一个生日

party，也许回来晚一点。”

小方的爸爸妈妈都是高级知识分子，妈妈平时工作很忙；爸爸则经常出差，对小方实在抽不出多少时间辅导和照顾。好在这孩子从小到大都很懂事，从来不要父母多操心，自己把学习和生活安排得井井有条。尽管她还是个孩子，但是在父母眼里，小方已经是个“小大人了”。

那天晚上10点多钟，这是平常小方睡觉的时间，家里的电话铃响了，是小方的。她的声音里带着兴奋：“妈妈，今晚我们几个朋友玩得很开心，小西留我在她家住，你就别来接我了，我明天自己回去就行了，你早点休息。”母亲的直觉似乎感到女儿有点不对劲，但是由于工作很累，一时也没多想。

生活还是像平常那样在忙中度过。大约一个月以后，爸爸发现女儿变了，平时孩子走路总是哼着歌，有时还蹦蹦跳跳的，可这一段时间，小方的歌声没了，走路也不那么轻快了，有时还会两眼发直，若有所思。有几次妈妈想问问她，她竟然心不在焉，而这是从来没有过的事情。还有一次，爸爸发现女儿呆呆地坐在房间里流眼泪，但是小方天生是不爱哭的。他意识到女儿可能有了什么心事，但他又想，孩子可能在学习上碰到什么不顺心的事了，她自己一直都处理得很好，这次也会一样。因为在爸爸妈妈眼里，小方是太完美了。

以后的一段日子，小方的父母一直忙于工作。很快地进入了初夏，也就是学校的期末复习阶段，小方的功课更忙了，但是她时时显得有些心神不宁，注意力不集中。那一天是星期三，小方坐在书桌前，眼睛盯着书本，可久久地不翻一页，而是用笔在纸上无意识地画来画去。那天晚上，她房里的灯亮到很晚很晚……

第二天，爸爸天黑下班回家后，觉得家里冷冷清清的，小方还没回来。爸爸感到一阵不安，直到很晚，终于听到了女儿那熟悉的脚步声，只是今天听起来特别沉重……

妈妈看着女儿睡上床，给女儿盖好被子，熄了灯，静静地走出房间。

妈妈的心却忐忑不安起来，有一种不祥的预感侵扰着她。

第二天早晨，小方没有像往常一样按时起床。妈妈想让孩子多睡一会儿，没去打扰她。

时钟在寂静的空气里嘀嗒嘀嗒地走着，谁能知道，每过去一秒钟，就带走女儿的一滴生命？死神正静悄悄地向她走来。

已经快到中午时分了，女儿的房间里突然传来痛苦的惨叫……妈妈和爸爸不顾一切地冲进了女儿的卧室，只见女儿痛苦地抽搐成一团，雪白的床单被血染成红色，衬托得女儿的脸像纸一样白……那以前总是漾着笑容的脸上流满了泪水："妈妈，我疼……救救我……妈妈……"下面的话没说出来，她已经昏了过去，"救救我……"成了她留下的最后一句话。

孩子被送进了医院急救，可她再也没有醒来……一个如花苞一样的生命，还未绽放就夭折了。走出手术室的医生告诉守候的父母：小方是因为在昨天做流产手术不当，造成今天大出血……听到这晴天霹雳般的噩耗，妈妈痛苦地惨呼一声"我可怜的孩子……"就昏了过去。

一个母亲的痛苦呼喊震动了在场每个人的心弦。是啊，一声"太迟了"引起了父母多少悔恨，多少伤心。

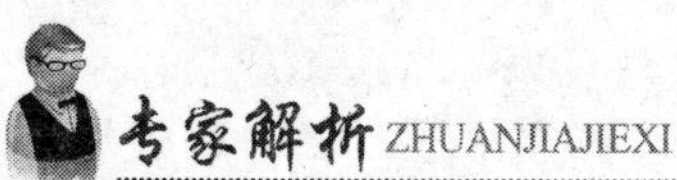

受中国封建思想的影响，经历了几千年的性禁锢，家长们总是觉得和孩子谈"性"是一件很难启齿的事。有些父母认为根本没有必要对孩子进行性教育，长大了自然就懂了。这种做法会让孩子因好奇和冲动走上犯罪道路。

青春期由于性器官的发育成熟、性激素的剧增，性冲动是不可避免的。如果在这个事情上家长不对孩子进行正确的指导，最普遍的结果是孩子在性困扰时，偶然地学会手淫。经调查表明，不论男孩还是女孩

都会出现这种情况。孩子的这种习惯一旦成癖，会危害健康和影响正常学习。

由于孩子不能正确认识自已身体发育和两性差异，一旦产生冲动将会引起上述例子中少年和妹妹乱伦的严重后果。从镜头二中我们还可以看出，由于家长的疏忽，没有帮助孩子了解性知识，孩子不懂得如何处理自已的感情问题，最终付出了生命的代价。

由此可见，对孩子进行性教育是非常必要的。

教子指南 JIAOZIZHINAN

1.密切地注意孩子心理、行为的变化，分析孩子的变化，掌握孩子的心理动向，从而采取有效的教育措施，防微杜渐，防患于未然。

2.家长还要适当地根据孩子的发育，给孩子灌输性知识，让孩子在发育过程中保持理性，用意志力调节自已，抑制冲动。让孩子参加各种各样的体育、文化活动，保证孩子体内的能量健康地释放出来。

第九章　限制孩子与陌生人接触
——在交际方面的教子误区

在竞争激烈的现实社会中，在人人都渴望成功的当今时代，出色的沟通能力是连接成功的黄金纽带。良好的交际能力，能够给一个人提供机会，让一个人在激烈竞争中脱颖而出。家长从现在开始培养孩子的交际能力，就相当于给孩子的未来铺路。

84. 对孩子以自我为中心的意识听之任之

当今社会大多数家庭都以孩子为中心，娇惯孩子。这样培养出的孩子会以自我为中心，心里没有他人的存在，不会关心老人、父母和同学。长此以往，孩子会形成自私自利、缺乏信心的不良性格。所以孩子的以自我为中心是值得每位家长关注的。

情景案例 QINGJINGANLI

镜头一：林老板有一个独生子叫福生，由于林老板夫妇做生意很忙，没时间带孩子，就请了一个保姆带孩子。林老板交代保姆儿子想要什么就给买什么，想吃什么就给做什么。夫妻俩很少有时间陪儿子。他们认

为，唯一可以补偿儿子的方法就是尽量地满足儿子。就这样，孩子慢慢长大了，到了上幼儿园的年龄了，林老板专门给孩子配了一辆专车接送孩子上下学。但是没过几天，林老板就接到幼儿园老师的电话，说儿子和园里其他小朋友相处得不太好，让他赶紧过去一下。林老板听到这里，急忙放下手里的一堆文件，开着车子奔向幼儿园。老师说："福生要园里所有的小朋友都听他的话。只要有一个不听的，他要么就哭，要么就大吼大叫，要么就打人。上课时如果有他会的问题，老师没有提问他，他就发脾气。课间的时候，只要是他想玩的玩具，谁也不能和他一起玩。什么时候自己玩够了才给其他小朋友玩，中午吃饭的时候，看见自己喜欢吃的东西就全部拿走……"林老板陷入了沉思。

镜头二：小萍13岁上初中一年级了，平时少言寡语，孤独冷漠，不喜欢和人接触，不喜欢集体生活，在任何时候都不会关心别人，不喜欢和同学相处。在一次班级郊游野餐中，班里集体交钱买食品和饮料，开始同学在公园里玩耍的时候，他就一个人坐在草地上，同学喊他一起玩，他理也不理。等到了中午吃饭的时候，他将自己爱吃的薯片、鸡腿、百事可乐一股脑儿放在自己的包里，拿到一边独自享用，全然不顾周围的同学。

专家解析 ZHUANJIAJIEXI

孩子以自我为中心的现象越来越普遍，而导致孩子产生这种心理的根源就是家长的溺爱。家长为了不让孩子吃一点儿苦，就一味地给予，把孩子当成家里的"太阳"。孩子从小到大习惯了这样被宠爱，渐渐地形成了以自我为中心的性格。这种性格对孩子的危害主要表现在以下几方面：

1. 自私自利

孩子形成了以自我为中心的性格，眼里只有自己，一切以自己为准。在做任何事情的时候都只想着自己，忽视别人的感受和存在。无论什么，

只要是他想要的，即使不属于他的，他也会去夺取。

2. 孤独、冷漠

孩子习惯了被家长照顾、宠爱，这样的孩子心里只有“我”，没有别人，也不懂得关心和帮助别人。在他们心中，别人对他们的关心帮助是理所当然的，因此也很少有感恩的心。表现在群体生活中很不得人心，慢慢地便会脱离群体，变得冷漠、孤僻。

3. 不合群

以自我为中心的孩子吝啬付出，不喜欢过集体生活，因此在和人相处中，很难与他人合作，在社会中会受到排斥，不合群。

鉴于以上后果，家长要十分注意，多关注孩子的生活，从小给予正确的培养与教育，不要让孩子养成以自我为中心的人格特点。下面给出几点建议。

教子指南 JIAOZIZHINAN

1. 让孩子学会付出与分享

在日常生活中教会孩子学会分享与付出。父母要经常和孩子交流，多说一些贴心的话，培养孩子诚实的品质；在学习和生活中，教育孩子经常和同龄的小朋友一起分享好吃的好玩的；而父母也要以身作则，用自己的行动引导孩子乐于助人，在别人遇到困难的时候，要献出一份爱心。

2. 培养孩子的集体主义精神

父母要让孩子多参与集体活动，让他们感受集体的力量，因为个人的力量是渺小的，集体的力量是巨大的。任何一个人都不能脱离社会而单独存在。一个人在成长的道路上不断地与不同类型的人交往，这样才能增长知识和见识，才能完善自我，更好地适应社会。因此父母要注意对孩子这方面的培养。

3.培养孩子的同情心

同情心是人与生俱来的感情，而对待外人，家长培养孩子的同情心，这样孩子才能从内心里关心他人，为别人着想，把别人的喜怒放在心上，彼此的关心也会增进相互间的感情。与此同时，还要让孩子充分体会到关心他人是一件很愉快的事情，久而久之，孩子就会培养出乐于助人的品德，改掉以自我为中心的毛病。

4.教会孩子关心集体

孩子终究要踏上社会，家长要从小培养孩子的爱心，让孩子学会“把别人的事当做自己的事”的观念。在集体生活中与同学友好相处，把集体的事情当做自己的事情，从集体利益出发，关心同学，关心老师，久而久之就能增强集体荣誉感。如果可能，尽量让孩子多组织活动，锻炼他们的组织能力。

85.纵容孩子攻击别人

当今社会，独生子女家庭占大多数，家长都把孩子捧在手心里，生怕孩子受到一点儿委屈。当孩子和别人产生矛盾的时候，一些家长鼓励孩子去攻击别人，认为只有这样孩子才不会吃亏，这样的孩子以后才能吃得开。事实证明，家长的这种孩子有攻击性才能吃得开的教育观念，对孩子的健康成长极其不利。

情景案例 QINGJINGANLI

镜头一：一位妈妈的自述：

我女儿小时候很听话，很可爱，也很惹人喜欢。后来，不知从什么

时候开始，她学会了发脾气，脾气一来，谁说什么也听不下去，要干什么就一定要去，九头牛也拉不回来。只要她想玩什么，或想要什么，我们就必须立即满足她。否则，她就会又哭又闹、打滚、扔东西或毁坏玩具，甚至自伤——用头撞墙或用手拍打自己的脑袋。她爸爸脾气暴躁，女儿一闹就挨她爸打。女儿的脾气也很倔强，她从来不哭，你越打她，她还越犟，一点也不示弱。一次，她说要去公园，可那天我和她爸都很忙，没时间，可她非要去，不去就在地上打滚、哭闹。本来工作就很忙，她这一闹，心情更不好了，她爸实在是气不过，就顺手拿了个皮鞭，往她身上就使劲抽。可那孩子也怪，你越打她，她越不哭了，眼看就要出人命。我只好央求她爸息怒，把丈夫拉开。然后，又千方百计把工作推了，带她去公园。自此，我都不敢去违拗她的想法，尽量去满足孩子的要求。我成了夹心饼，两面挨烙。丈夫怨我，说我总是护着孩子，而孩子却也不领我的情……

这女士越讲越伤心，终于讲不下去了。

镜头二：儿子今年5岁了，都换了好几个幼儿园了，在每个幼儿园里，孩子都经常和其他小朋友打架。看见自己喜欢的东西就一定要得到手，不管是不是自己的，其他小朋友要是不给，孩子就会来硬夺，甚至大打出手。记得有一次，一个小朋友买了一辆新玩具车，儿子看见了，过去就把人家孩子推下来了，等到自己玩够了才还给人家……

专家解析 ZHUANJIAJIEXI

攻击性行为是一种目的在于使他人受到伤害或引起痛楚的行为。这种行为的形成有两种因素：要么是孩子的要求得不到满足，他们只能以反抗的方式来达到自己的目的；要么是孩子对外界有憎恶感，以给别人带来麻烦为快乐。它在不同的年龄阶段有不同的表现形式，幼儿园阶段主要表现为吵架、打架，是一种身体上的攻击；稍大一些的孩子更多的

是采用语言攻击，谩骂、诋毁，故意给对方造成心理伤害。

孩子之所以会出现这种攻击性行为，一方面是由于大多数孩子都是独生子，从小就受到家长的溺爱，父母对他们百依百顺，这样养成了孩子自私的性格，他们不懂得和他人分享，有极强的占有欲；另一方面，家长对孩子的娇纵，让孩子为所欲为，稍不称心如意，就以“攻击”的手段来发泄不满情绪。而家长觉得这些只是一些小脾气，不妨碍做大事，并不予以重视，久而久之，这些恶习会渐渐侵蚀孩子的心灵，导致一些行为上的怪异。具体来看，家长的这种教育理念会给孩子带来哪些不利影响呢?

首先,有攻击性的孩子习惯了“要风得风,要雨得雨”,在与人交往中,稍有不顺心，就毫无顾忌地攻击他人。他们不顾及别人的感受，也不理会是否给他人造成伤害，只顾自己的利益，久而久之，会形成自私自利的性格特点。他们不懂得理解别人，没法合群，这些都将让孩子在群体生活中失去协调的能力，进而导致性格上的孤僻。

其次，孩子还会以发脾气、耍赖作为要挟大人的手段，虽然愿望达到了，但对自己发脾气时的那种诸如以头撞墙、摔坏心爱的玩具的恶劣行为，也会感到后悔，甚至内疚。但当他们感到，对于自己的行为，父母无可奈何，一定会满足他们时，他们便会以这种方式作为长期的要挟手段；而如果父母不满足他们的要求，他们就会感到自己的无能为力，于是，他们会感到自卑和痛苦。因此，这些行为习惯会让孩子的内心失去平衡。

最后，孩子一直在这种教育理念下成长，就不会懂得“忍一时风平浪静,退一步海阔天空”,他们冲动、任性、肆无忌惮,如果受到对方攻击,就会产生报复心理，并变本加厉地攻击对方。这些行为习惯，如果家长不及时制止并加以教育，任其发展，到孩子成年以后，很有可能会转化为犯罪行为。

鉴于以上种种严重后果，家长切忌认为有攻击性的孩子才能吃得开。

对此，笔者给出几点具体建议。

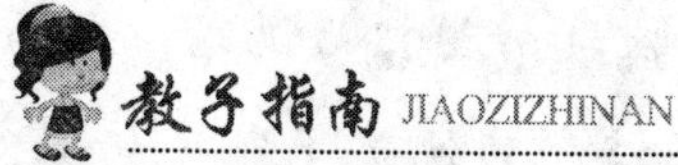

教子指南 JIAOZIZHINAN

1. 当孩子想得到什么东西的时候，家长要引导孩子使用正确的方法，不要用攻击性行为。

2. 面对孩子的攻击性行为，家长应给予适当的惩罚，帮助孩子改掉这个坏毛病。

3. 不要娇惯孩子，让孩子懂得好东西要与他人一起分享。

86. 不许孩子跟外人玩耍

很多家长对自己的孩子“孤芳自赏”。不允许孩子走出家长的视线，更不允许孩子与同伴一起玩耍，要求孩子一个人在家里玩，或者由父母带出去一起玩。这种做法是错误的，将给孩子的健康成长带来极其不利的影响。

情景案例 QINGJINGANLI

期末考试终于结束了，没有了考试前的压力和紧张了，婷婷和几个要好的同学开始商量怎么享受一下这个暑假。经过大家各抒己见，一致认为大家一起玩比较有意思。最后小娜建议：“我们几个分别到各自家里玩。不管到谁家，谁都要准备一些别出心裁的节目和一些好吃的，大家一起活动，但是节目不能重复。”小娜的建议得到了大家的赞成，只有婷婷没吱声。

下午回到家，婷婷看见妈妈正在厨房里忙着做饭，没敢烦妈妈。晚饭后，妈妈坐在客厅里看电视，婷婷走到妈妈跟前说："妈妈，我和几个小伙伴约好了，过几天来家里做客……"还没等婷婷把话说完，妈妈就马上反对说："不行，我早就告诉过你，不许和其他孩子在一起玩，假期就在家里呆着。要出去玩，我和爸爸陪你。不许去同学家里，更不许他们来家里玩。一群孩子万一出点什么事儿，怎么办？"婷婷说："妈妈，我已经不是小孩子了，你平时上班忙的时候不也留我一个人在家吗？邀请同学一起来家里玩，还有个伴，怎么就不行呢？"妈妈生气地说："你烦不烦啊，你自己在家安全，到别人家或是让别人来咱家，出点什么事情，怎么办？再说了，你们一起来家里玩，不知道要把家里祸害成什么样子呢？你一个人就把家里弄得乱七八糟了，要是真来了一群同学，估计我就不用上班了，房子都收拾不过来。"婷婷用恳求的语气对妈妈说："我和同学商量好了，玩过以后保证把家里收拾好，不给您添麻烦，还不行吗？"妈妈对婷婷斩钉截铁地说："你也别烦我了，我说不行就不行，别人家的孩子怎样我管不着，反正你不行！你要实在想出去玩，等周末我放假了就带你一起去公园、去旅游、去看电影，干什么都可以，但要等妈妈跟你一起去，和同学一起玩耍就是不行。"

专家解析 ZHUANJIAJIEXI

从上面的实例中，我们可以联想到现实生活中也有很多这样的事情发生。很多家长是因为怕麻烦，或是怕孩子和同伴一起玩发生冲突，禁止孩子与同伴一起玩耍，家长的做法对孩子将产生以下不良影响。

首先，孩子的成长过程中需要和同龄人玩耍，需要与同伴交往。孩子正常和同伴玩耍，会从矛盾和冲突中学会互相理解、沟通，学会规则、秩序，学会关爱他人和与他人合作。对于孩子，社交能力正是通过小时候与同伴一起玩耍和游戏建立的。如果家长制止孩子与同伴一起玩耍，

不仅会对他们今后的人际交往造成障碍，甚至会引起孤僻、自卑倾向或自闭症。

其次，家长制止孩子与同伴一起玩耍，要求孩子一个人呆在家里，这种做法不仅限制了孩子的创造性思维的发展，而且使孩子缺乏锻炼的机会，这样孩子将来无法生存。

再次，家长制止孩子与同伴一起玩耍，会让孩子对人与人之间关系的认识产生扭曲。孩子将对朋友不仅不会充满友情，甚至还会把朋友看成竞争对手。于是，在处理与朋友或其他人的关系上，也以是否利己作为判断的标准，导致孩子以自我为中心的毛病。

最后，孩子终究要离开父母，独立走上社会，如果家长制止孩子和同伴一起玩耍，那么孩子将会失去社交能力、交友能力，一旦如此，孩子将很难在社会上生存。

综上所述，家长制止孩子和同伴一起玩耍的做法是错误的。那么，在遇到以上情况时，建议家长做到以下几点。

教子指南 JIAOZIZHINAN

1. 支持孩子和同伴一起玩耍

当孩子提出想和同伴一起玩耍时，家长不要一味地制止，要给予支持，这样可以培养孩子的交际能力。

2. 为孩子和同伴一起玩耍创造条件

孩子想去同学家里玩或者是带同学到家里玩时，家长要为孩子创造条件，比如帮助孩子策划一些游戏，给孩子们准备好零食等等。

3. 当孩子和同伴一起玩耍时，家长要教会孩子制定相关的游戏规则。家长帮助孩子约定游戏规则，不仅可以避免孩子之间产生矛盾，还能让孩子懂得什么是规则意识，这样有利于孩子独立走上社会。

4. 主动教孩子与人相处的技巧

家长要避免总是谦让和顺从孩子，主动教孩子一些与人相处的技巧，让孩子懂得在平等协商的情况下与人交流。这对于孩子在与同伴交往时减少矛盾和冲突是有益的。

87. 说一套做一套

很多家长在教育孩子时，对行侠仗义、见义勇为的英雄事迹夸夸其谈，给孩子讲大道理。但是在实际生活中遇到类似事情的时候，就教育孩子多一事不如少一事。家长的这种道理归道理、做事归做事的做法对孩子的健康成长是极其不利的。

情景案例 QINGJINGANLI

周末的一天晚上，小鹏一家三口吃完饭，就坐在客厅里看电视，这时电视里正在播出一个专访：一个小伙子救了一位被肇事逃逸车撞伤的老爷爷，但是这个小伙子却被老人的家人误认为是肇事司机，要求他承担相关法律责任。围观的人们都不愿意蹚这个“浑水”，都拒绝为小伙子作证，使他蒙受了不白之冤。直到老人经过多日治疗重新清醒后，才算还给了他一个清白。在记者采访时，小伙子表示，尽管被冤枉、被误解，以后再遇到这种事他还会见义勇为。

看到这里，爸爸情不自禁地说：“要是老头就这么死了，小伙子就是浑身是嘴也说不清楚了，也没人给他澄清了，还见什么义、勇什么为呀！真是个傻帽儿，还想有下次。”儿子小鹏听了，不解地问爸爸：“您为什么说这个叔叔是个傻帽儿？老师经常教育我们在别人遇到困难的时

候，要挺身而出，在遇到坏人的时候，要见义勇为、帮助别人。您不是也经常给我讲古今中外那些见义勇为的英雄的故事吗？我看那些围观的人就不道德，只有这个叔叔是好人，是个真正的英雄。可我不知道您为什么说他傻帽儿？”爸爸说：“道理是道理，但真遇到事的时候就不一样了。你看他，差一点就得替人背黑锅，要是老头儿醒不过来，那他家里人还不狠敲他一笔啊，那还有完？这种事就是见到也不能管的。”小鹏还是不明白，又问爸爸：“如果那些围观的人都看热闹，这个见义勇为的叔叔也对老爷爷置之不理，那老爷爷不是就会死掉了吗？不管怎么行！”爸爸自顾自地说：“为什么大家都不管？不就是怕招上麻烦。就他傻，要管这事，这不麻烦就找上他了？为一个素不相识的老头，又吃官司又赔钱，还差点去坐牢，多不值当呀！别问那么多为什么，你就给我记住，以后这样的事还是少管为妙。”

专家解析 ZHUANJIAJIEXI

由上述案例我们可以看出，在现实生活中，很多家长在教育孩子时会做出一些道理和事实相悖的事情来，并不断把这样的教育观念传递给孩子。这在很多方面影响了孩子的健康成长，具体表现为以下几点。

首先，家长教育孩子道理归道理，做事归做事。孩子会认为家长的说法和做法自相矛盾，言行不一，认为自己的父母虚伪不可信，这样会影响到亲子关系。

其次，面对父母道理和事实相悖的做法，孩子可能因此会认为父母圆滑，从而轻视父母，不再听从父母的话，导致孩子产生逆反心理。

最后，家长的这种教育方式，导致孩子缺乏正义感和正确的是非观念。父母这种理论教育和面对现实生活事件时完全不同的态度，会让认知水平和分辨能力都不够全面的孩子，在是非、正误、

对错面前感到迷茫、困惑和无所适从，从而影响到孩子正义感和是非观的形成。

由此可以看出，家长不应该教育孩子道理归道理，做事归做事。那么，家长应该怎么摆脱这一教育模式呢？怎样避免这一问题产生呢？下面将给出几点具体做法。

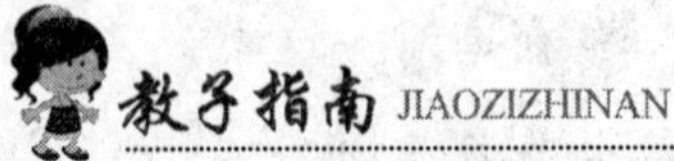

1. 树立正确的观念

家长要灌输给孩子正确的观念，让孩子对是非有个正确的认识，不要把一些违背道德的观念灌输给孩子。

2. 家长言行要保持一致，为孩子做个好榜样

家长要给孩子做个好榜样，给孩子讲道理的时候和面对事实的时候要保持言行一致，让孩子更加信任父母。如果碰到上述案例中的情况，家长可以明确告诉孩子，那位叔叔的做法是正确的，值得我们学习。孩子如果碰到这样的情况，也要帮助别人。但是如果碰到危险的时候，首先要沉着、冷静、不慌张，在保护自己安全的前提下，用一些巧妙的方法向有关部门、人员提供信息，就足够了，就很棒了。

88. 不在意孩子与陌生人交往

当今社会安定，经济繁荣，大部分人都过上了小康生活。虽然社会是美好的，但是还没有达到陶渊明笔下的世外桃源的境界，没有出现路不拾遗的风气。所以家长还是应该看到社会上有危险因素的存在，不要忽视孩子和陌生人交往的问题。如果家长因为百密一疏，忽视了

这个问题的严重性，可能让孩子缺乏安全意识，也很有可能给孩子造成生命危险。

情景案例 QINGJINGANLI

镜头一：前不久，在南方某个城市的一所小学里发生了这样一个真实的案例：深秋的一天，学校刚刚放学，小刚像往常一样与同班同学一起在学校门口排着队伍，等了好半天，都没有看到天天来接自己的爸爸。他刚想转身回教室，却听见有人在叫他，是一个很陌生的声音，转过头来一看，是一个好像什么时候在哪里见过的叔叔，可到底是什么时候在哪里见过，小刚怎么也想不起来了。听见有人叫他，小刚就朝那人走了过去。叔叔很和蔼地说："小刚，你爸爸今天有事，叫我替他来接你回家，来跟我走吧！"小刚愣了一下，心想："这个人我不认识啊！可是他看起来很和蔼可亲，应该没问题吧？要不要先告诉老师呢？算了还是先回家吧！我还着急回去和邻居家的小伙伴们做游戏呢。"就这样小刚没和老师打招呼就和这个陌生人走了。

小刚刚走没多大一会儿，爸爸就急匆匆地赶来接小刚了。可是老师说小刚已经被人接走了，可爸爸却说，他根本没让任何人代他来接小刚。这时，老师和爸爸都意识到小刚被坏人接走了，于是赶紧分头到处寻找，可是已经晚了。几天以后，人们在一个小树林里发现小刚已经被坏人给杀害了。

镜头二：放学后，小辉和同学小明一起来到公交车站等车，才等了一会儿，朝小明家方向去的那趟公交车就来了。小明说："小辉，千万别忘了明天的球赛，我们明天早点儿到学校做准备活动。"小明说完便上了车。谁也没有想到的是，他们的对话恰巧被旁边一个居心叵测的人听到了，他记住了小辉的名字。

小辉向远处眺望了一下，看自己要乘坐的公交车还没有影子，便从书包里拿出一本漫画。正准备看时，肩膀被人拍了一下。"小辉，你在看什么

书啊？”小辉回头见一陌生中年男子笑眯眯地站在自己身后。“叔叔，你有什么事吗？”小辉礼貌地问。“哦，真巧，我正想到你家里去一趟。”“去我家？叔叔，你是谁啊？我怎么不认识你呀！”“可我认识你呀，我是你爸的同事，以前去过你家，你忘了吗？”“哦，我还真想不起来了。”小辉笑着说道，“我爸爸这时差不多已经下班回家了，你和我一起走吧？”那天小辉被拐卖了。经过公安机关的追查，终于在一年以后在一个山村里将小辉解救了出来。

专家解析 ZHUANJIAJIEXI

从上面两则典型案例中，我们不难看出，孩子和陌生人交谈有很大的危险性。在这里我们强调的不让孩子和陌生人交谈，是指在没有家长、亲人或是老师在场的情况下，对于陌生人的搭讪要引起警惕。孩子因年龄小，缺乏警惕性，缺少自我保护意识，所以在这样的实际情况下和陌生人交往可能使孩子受到意外伤害。

个别家长之所以认为孩子和陌生人交谈没有关系，是因为家长认为社会很美好。我们不否认这个观点，但值得提醒家长的是，当今还存在很多不法行为，所以家长要备加重视孩子的安全问题。

也有一些家长认为孩子经常和陌生人接触、和陌生人交谈，可以锻炼孩子的口才和说话能力，以后孩子不管在什么场合都可以侃侃而谈。家长的出发点是好的，但是往往看问题也不全面，导致孩子的安全甚至生命受到严重威胁。

当今大多数孩子都受到良好的素质教育，所以很单纯、热心，而社会上的一些不法分子也正是利用孩子的这一弱点来伤害孩子或其家庭。他们往往会装出一副和善的面孔，用孩子家长的同事或者朋友的身份来询问孩子一些重要的事情。孩子在没有戒心的情况下，经常是有问必答，这就为不良分子实施自己的阴谋提供了帮助。孩子因此陷入危险境地。

由此可见，家长需要时时刻刻教育孩子不要和陌生人交往。对于这

个问题笔者给出几点具体建议供家长参考。

教子指南 JIAOZIZHINAN

1. 教育孩子不要和陌生人讲话，特别是在公共场所。诸如：放学的路上、公共汽车站等。

2. 告诫孩子放学除了父母和亲人，不要轻易和陌生人一起走。

3. 在日常生活中，经常用案例教育孩子，提高自我保护意识。

4. 在公共场合对陌生人的问题要谨慎回答。例如问路，可以告诉他。但不要问太多，他问什么，我们能回答的就回答，不能回答的坚决不说，例如：家住哪？

5. 不要轻信陌生人，并且把陌生人带回家。

89. 不关注孩子的交友情况

古人云："近朱者赤，近墨者黑。"孩子由于年龄小，思想发育不成熟，品质与个性尚未定型，言行举止很容易受到身边的亲人和朋友的熏陶感染，此时一旦交友不慎，就会遗憾终身。家长对孩子交友不闻不问，孩子一旦结交了一些"狐朋狗友"，将导致孩子违背师长的教诲，荒废学业，甚至走上违法犯罪之路。

情景案例 QINGJINGANLI

镜头一：15 岁的杨帆在一次同学的生日宴会上偶然认识了一个社会上的混混小张。小张出手大方，当日在场的所有人都叫他张大哥。自此

以后，张大哥就经常请他去酒店吃饭喝酒，还经常去游戏厅玩游戏。由于父母忙于照料自己的生意，根本没时间管他，很自然地，张大哥也就成了杨帆的好朋友和崇拜对象。一天，张大哥又一次来学校找他，说要请他吃饭。在吃饭的时候，张大哥一直在叹气，杨帆问："为什么总是叹气啊？有什么事吗？"张大哥说："最近总有一个小子和我过不去，我不方便出面教训他，就憋了一肚子气。"杨帆听罢，挥舞着拳头说："你不方便，我替你教训他，反正他也不认识我。"张大哥顿时眉开眼笑地拍了拍他的头说："是好兄弟！"下午放学后，在张大哥的指引下，找到了那个和张大哥过不去的人，杨帆手拿木棍，朝那个人的脑袋猛击下去，随之那人倒在了血泊中。而杨帆，等待他的是法律的惩罚。

镜头二：蓉蓉是个很乖的孩子，从小到大和爷爷奶奶一起生活在农村老家。长到 15 岁到了上中学的年龄，忙于事业的父母不得不为孩子的将来考虑，把孩子接回城里读书。刚从农村走进城里的蓉蓉对一切都充满好奇，她从没见过车水马龙的街道、闪烁的霓虹灯、高楼大厦。父母在家附近帮她找了个中学，蓉蓉刚进学校的时候，学习很刻苦，成绩非常好。一次偶然的机会她认识了邻班的一个同学，这个孩子成绩很差，但是她很能打架，别人谁也不敢欺负她。蓉蓉很崇拜她，不久便和她成了很要好的朋友。有时候那个女孩叫她一起出去玩，蓉蓉也从不拒绝，每次都接受邀请就一起去玩。渐渐地，蓉蓉的心变野了，她不喜欢学习了，还时不时地旷课，成绩直线下滑。在期末考试中，各科成绩全部都"开红灯"，不得不留级。

专家解析 ZHUANJIAJIEXI

家长有时候把目光只放在孩子的学习成绩上，忽视了关注孩子的交往。当我问几位家长："您对您孩子的交友情况了解吗？"并不是每位家长都能对此作出肯定的回答。孩子在成长过程中，接触的人越来越多，交际随之发

展。从小学到初中再到高中，孩子因知识不断积累，自我意识会不断增强，他们不喜欢被老师、家长管，不喜欢受束缚，从而产生了一种想摆脱受管教的心理，喜欢和自己身边的朋友交往，相互倾诉。这个时候，在孩子彼此心目中，“朋友”越来越成为崇高的字眼。同龄人的兴趣爱好比父母对他们的影响还大，孩子潜意识里希望自己得到同龄人的重视和赏识。有些孩子因年纪小，在交友过程中选择不慎，受到所谓“朋友”的不良习惯或嗜好的影响，影响了正常的学习，导致学业荒废，甚至影响孩子的道德品质，最终走上犯罪道路。

孩子年龄小，思想还不成熟，看人和事只能看见表面，根本认不清本质，还不知道什么是真正的友谊。所以家长不能对孩子的交友不闻不问，应该关注孩子怎样交朋友，交什么样的朋友。家长要指导孩子结交良友。

教子指南 JIAOZIZHINAN

1. 关注孩子的交际，鼓励他们交一些可信赖的朋友

家长首先要对孩子交友有一个正确的态度，注意孩子平时和哪些人交往。孩子带朋友来家里，要以诚相待。观察他们的一举一动，从言行举止中不难发现这个孩子的品行。例如，如果孩子的一个朋友来了，举止轻浮，说话不讲礼貌，在一起聊天也是说吃比穿。在这种情况下，家长要注意引导孩子正确地选择朋友。相反，如果孩子的朋友说话很有礼貌，谈吐大方，他们在一起可以互相学习，共同进步，家长就要鼓励孩子交这些可信赖的朋友，促进他们之间的友谊。

2. 一旦发现孩子交了不良朋友，及时干涉制止

家长一旦发现了孩子的朋友影响了孩子的品质和正常学习，就要及时和孩子沟通，将可能产生的后果摆在孩子眼前，让孩子明白其中的道理，求得孩子的认同。

90. 孩子与异性的交往受到限制

与异性交往是处于青春期的孩子应该拥有的一项权利，但是这个问题常常被家长忽视和误解，很多家长不容孩子质疑地限制他们与异性交往，最终导致对孩子的健康成长产生很大影响。

情景案例 QINGJINGANLI

镜头一：王鹤推着自行车走出住宅小区，突然想起作业本忘记带了，他拍了拍脑袋说了句："真倒霉，越着急越有事。"他掉转车头往回返，到了楼下，车都没顾上锁，就向楼上奔。一口气跑上了6楼，推了两下门推不开，心想，妈妈还真是快，我刚走她就出门了。他不得不掏出钥匙打开门，他刚踏进门的那一刻，看见了妈妈满脸惊讶地从自己的房间里走出来。王鹤来不及多问，径直走向自己的卧室拿作业，当他推开门的时候，眼前的景象让他惊呆了：写字台的三个大抽屉都被妈妈打开了，信件和同学送的贺卡散落一地。

王鹤心里又恨又气，刚要开口和母亲理论，却听见母亲气呼呼地先开了口："你真是越来越不像样子了，真不知道你天天在忙什么？今天帮这个女生补课，明天送那个女生回家，周末还要组织活动。你看看，开个联欢会还收到这么多贺卡，告诉我有多少是女同学送的。你就这么下去，我看你还考什么大学啊……"王鹤一肚子委屈，却来不及申辩，拿着作业气呼呼地跑出家门，心里在想："妈妈可真够烦的了！"

专家解析 ZHUANJIAJIEXI

孩子随着年龄的增长，他们会进入青春期，这时他们心理和生理都

逐渐走向成熟，因此家长就特别担心孩子在这一时期与异性交往而荒废学业，往往会限制孩子与异性交往。那么家长的这种做法会对孩子产生哪些不良影响呢？

第一，很多家长一看到孩子和异性交往，就断定孩子“早恋”，就好像是看见自己的另一半同一个异性朋友说了几句话，就断定对方是个第三者一样。所以会不顾一切地限制孩子和异性交往，这样可能导致孩子对家长产生逆反心理，学习成绩下降，走上社会后无法正常与异性沟通相处。

第二，家长限制孩子与异性交往，孩子会对异性的心理一无所知，对孩子的心理健康产生影响，甚至让孩子成为性变态。

由此可以看出，家长不应该限制孩子和异性交往，这样做对孩子是有好处的。下面的实例告诉广大家长们孩子和异性的正常交往有哪些好处。请看镜头二：

雪峰因成绩问题在这学期初留级了，为了能抬起头来和为父母争口气，他发誓发奋学习，从此谢绝了与一切异性交往，不和女生说一句话。家长因此批评他，可是他很倔强地说：“男人要干一番大事业，就不能在这些琐碎的事情上浪费精力！别人怎么看我，我可不管！”

由于排除了所有干扰，雪峰卧薪尝胆，经过一学期的努力，终于成绩有了起色，还被学校选到了重点班。但他仍然谢绝和所有女生说话，因此没有任何一个朋友。

有一天，雪峰上学时左等右等公交车还不来，眼看快要迟到了，一位女生拦了一辆出租车，在钻进车子的一刹那朝雪峰喊：“喂，雪峰，上车！”雪峰一下子愣住了，他并不认识她呀，所以犹豫了一下。女孩又喊了：“快点，要迟到了！”不能再犹豫了，雪峰一头钻进车里。

就这样，雪峰违背了自己的誓言，和一个陌生女生开始说话了。一上车，他就迫不及待地问：“你究竟是谁，你是怎么知道我的名字的，怎么有勇气喊我？”女孩听了哈哈一笑：“为什么喊？笑话，大家都是一个学校的同学，有什么为什么、可不可以的？可以互相帮助、互相交朋

友嘛！”

雪峰那天的心情特别好。因为过去从来没有女孩敢喊他，今天竟然出现了，而且他还居然答应了！下午放学时，两人碰巧又在一起等车。

那天晚上雪峰一到家就兴奋地告诉爸爸妈妈今天发生的事情，讲完了自己还在自言自语：“真的很有意思耶，太有意思啦！太有意思啦！”

从此以后，两人经常在公共汽车上相互交流对各种事物的看法，以及学习上的问题，他们无话不谈。雪峰惊讶地发现，每当他说话时，那个女孩总是在很认真地倾听，这使他很开心，也很感动。女孩在倾听之余，也常常对他讲一些女孩子之间的事，让雪峰了解到了他过去曾漠不关心的另一个世界，从而显得心花怒放。

雪峰由此对爸爸妈妈说：“我发现，原来对异性倾诉与对同性倾诉是不一样的。同性的心灵是封闭的，彼此很难沟通。可异性就不同了，很容易沟通，所以感觉特好。我们这种情感没有任何利益，很单纯，所以是最美好、最珍贵的友谊。两个人在不断地探讨中可以共同提高。”

由此不难看出，孩子与异性交往是有很多好处的，家长不要盲目限制孩子与异性交往。

教子指南 JIAOZIZHINAN

1. 鼓励孩子参加男女同学集体活动。

2. 指导孩子培养健康的交往意识。

3. 指导孩子正确与异性同学单独交往。

4. 告诉孩子在与异性交往时态度要大方得体。

5. 正确认识和异性交往是孩子的心理和生理发展的正常需要。

91. 教导孩子少管闲事

现在社会上流行的是“个人自扫门前雪，哪管他人瓦上霜”。很多家长在教育孩子时也奉行这一观念，教育孩子不要多管闲事，但是这将对孩子的成长带来很多不利影响。

情景案例 QINGJINGANLI

镜头一：刘芳是有礼貌、学习认真、乐于助人的好孩子，老师和同学们都非常喜欢她。刚刚从乡下转学来的同学英姿，因为乡下老师教学水平有限，学校硬件设施不完善，整体教学水平不高，英姿受此影响，英语成绩不好。作为英语课代表的刘芳就主动地向老师请战，帮助英姿学习英语。

转眼间，期末考试结束了，英姿在刘芳的帮助下，英语成绩提高很明显，加上她其他科目的成绩本来就不错，使她的成绩一下子进入为全班的前五名，甚至总体成绩超过了帮助她的刘芳。期末家长会上，老师特别表扬了刘芳放弃自己周末的休息时间主动帮助有困难同学的行为，英姿的妈妈也在老师的引见下特来向刘芳的妈妈道谢。虽然刘芳妈妈也觉得很高兴，但心里总觉得很不是滋味。

回到家里，妈妈对刘芳说：“你知道人家英姿的成绩比你还好吗？”刘芳说：“当然知道了！”然后兴高采烈地告诉妈妈：“其实，她特别聪明，别的几科都挺棒的，就是英语成绩差点。但是，我稍微帮她补习一下，她就进步神速。英姿和她妈妈还郑重其事地向我道谢，弄得我很不好意思。我们现在已经是很要好的朋友了！”妈妈看着女儿心无城府的样子，不知道是该高兴还是该生气：“你真是个傻孩子，你也不知道人家学习到底怎么样，就主动帮助人家，好像你学习多好似的。人家用得

着你帮吗？你把时间用在帮别人上了，耽误了自己的功课。结果，你的帮助对象倒超过了你，你又多了个竞争对手，还高兴呢？以后，你少管闲事，管好你自己的事就行了。”

镜头二：5岁的麦可每次看到邻居家不满一周岁的小孩跌倒，眼眶便浮起泪水，他马上去扶起那个孩子。这时恰巧让妈妈看见了，告诉他：“这样的闲事不要管，孩子妈妈看见了还以为是你把他推到的呢。你看他现在也不会讲话，到时候你浑身是嘴都讲不清楚。”孩子谨记妈妈的教诲。等到麦可8岁的时候，妈妈又给他生了个妹妹。当妹妹哭的时候，他也不管，视而不见，还和妹妹抢玩具。这时麦可的妈妈才感到后悔。

专家解析 ZHUANJIAJIEXI

每个人都知道，助人为乐是中华民族的传统美德，但是很多家长在教育孩子的时候就忽略了这一点，他们教育孩子不要多管闲事。这种做法给孩子的成长带来了很多负面影响。

首先，无论孩子的成绩多好，无论孩子懂多少道理，最重要的是，父母要教孩子怎么做个好人。当孩子在帮助别人的时候，可以体会到付出的快乐，享受到成功的喜悦，认识到自我价值的存在，并且会得到同伴的认可，因此获得珍贵的友谊。如果家长不支持孩子的这种行为，认为这是多管闲事，打击孩子的积极性，不仅会让孩子对自己的正确行为产生怀疑，还会影响孩子与人正常交往和相处，会很迷茫，孩子还将失去锻炼自己能力的机会。

其次，孩子长大了，自然知道什么是对什么是错，如果家长干涉孩子这种行为，会让孩子觉得父母很自私，进而对家长产生不满情绪。

最后，如果家长不让孩子多管闲事，会影响孩子的心理健康，这种

思想观念一旦在孩子脑袋里根深蒂固，那么孩子一旦看见同伴在某一方面超出自己，就会产生嫉妒心理，从而变得自私自利。

综上所述，我们看到了家长的这种教育方式给孩子带来的诸多不良影响。那么，家长对此问题该怎么做呢？下面笔者给出几点具体建议以供参考。

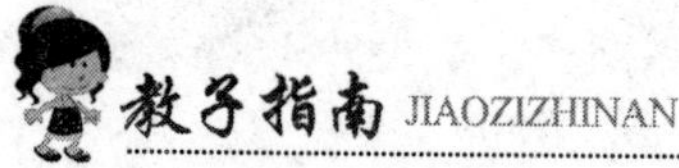

教子指南 JIAOZIZHINAN

1.肯定孩子助人为乐的行为

对于孩子助人为乐的行为给予肯定和支持，鼓励孩子，培养孩子的思想道德品质，并和孩子一起分享帮助他人的快乐。经常告诉孩子："帮助身边的同学，同样可以使自己取得进步，爸爸妈妈为你的这种行为感到骄傲。"家长这样做，不仅可以增加孩子的自信，也可以让孩子在这种心态下积极进取。教育孩子和同伴一起进步，在别人有困难的时候帮助别人，并不是多管闲事。这样做不仅可以让孩子在学习上找到一个竞争对手，也在生活上找到一个好伙伴、好朋友。鼓励孩子相互学习、相互帮助，在竞争中共同进步。如果孩子因为自己的成绩不如同伴而感到伤心难过，家长要帮助孩子找到原因：自己的学习时间少了，是否可以提高效率，是否能够更好地分配帮助别人和自己学习的时间，保证自己的学习；学习方法是否不如别人，能否向同伴请教、取经等。这样有利于增进孩子之间的友谊。

2.为孩子树立一个好榜样

家长在日常生活中，遇到邻居、朋友甚至是陌生人有困难的时候，也要及时伸出援助之手，给孩子树立一个好榜样，身教胜于言教。

92. 轻易介入孩子间的纠纷

孩子喜欢和同龄人在一起游戏玩耍，常常会出现摩擦，因一些鸡毛蒜皮的小事产生分歧。有些家长看见这种情况发生时，害怕自己的孩子吃亏，而介入孩子之间的矛盾，充当调节者。家长的这样做，不仅不能解决问题，反而会使问题复杂化。

情景案例 QINGJINGANLI

周末晚饭过后，李哲同爸爸妈妈到院子里打羽毛球。一到楼下，李哲看到旁边球场上有一群同龄孩子在打篮球，就把拍子交给妈妈，兴高采烈地跑去加入他们的行列。父母就在楼下乘凉聊天。

可是，只一会儿工夫，孩子的争吵声打断了夫妻的聊天。因为离得远，根本听不清楚孩子在争吵什么。爸爸注意到李哲很激动地对着一个高他一头的男孩子连说带比划，一个劲儿地指着边线，好像在说那个男孩出了边线犯规了，而对方死不承认。那个男孩子嘴里也在嚷嚷什么，还抬手推了李哲一把。周围的其他孩子，也都站在两方不同立场上跟着争吵。

爸爸把球拍交给夫人，急忙走到球场边。他拉过一个围观的小朋友打听情况，果然如他猜测的一样。高个男孩的一方把球打出边线，却不承认，于是双方就吵成了一团。正在这时，只见那个高个男孩和他一方的几个孩子，开始推搡李哲一方。因为对方个子高，身体强壮，李哲和其他几个小孩子被推倒栽了跟头。

爸爸几下拨拉开人群，冲了进去，先把倒在地上的儿子扶起来，然后一把拉住带头打人的高个男孩："你犯规，还带头打人？"见他一脸的不服气，更来气了："你是不是这个小区的？你的父母呢？赶紧把他们

叫来，得让他们好好管管你！”

因为李哲爸爸的干预，孩子们不再争吵了。他拉住儿子：“打架都吃亏了，咱不和他们玩儿了，回家！”儿子嘟囔说：“我们的事儿，不要你来管？现在就是你让我玩儿，我也不玩儿了！”

专家解析 ZHUANJIAJIEXI

从上面的案例中我们可以看出，家长介入孩子之间的矛盾是不对的。孩子们正是在这种交往、合作、争议、摩擦中，学会与人相处、与人交流，学会合作的。孩子之间的摩擦、分歧，有时并不一定能够明确地说清楚谁对谁错，孩子也并不会真的把摩擦放在心里，他们在眨眼之间就可以找到双方都认可的解决办法，又玩儿到一起了。如果这时家长表现出大惊小怪的样子，并插手其中，其不稳定的情绪反而使事情复杂化了，还可能产生以下不良影响。

首先，如果家长介入孩子之间的矛盾，很可能使孩子间的摩擦蔓延到大人之间，酿成大人之间的矛盾冲突，事情的后果就更加严重了。

其次，家长总是怕孩子吃亏，经常庇护孩子，会让孩子对父母产生依赖心理，那么，孩子在与他人的交往中往往会缺乏主见和独立解决问题的能力，使其与同伴交往出现障碍，这对孩子心理健康是不利的。

再次，如果孩子之间曾发生过摩擦，不要制止他们再在一起玩耍。孩子本来就不定性，很快就能够捐弃前嫌，和好如初。父母的阻止反而使孩子之间的正常关系和交往变得不正常。

最后，孩子随着年龄的增长，独立意识越来越强。父母介入孩子之间的矛盾会使孩子觉得他们的尊严受到了侵犯，对他们的自尊心和自信心是一种伤害。父母介入的孩子会因为在别人面前丢了面子，而对父母反感、不满；其他孩子还会因此看不起他，嘲笑他，使孩子之间的关系变得紧张。

由此可见，家长介入孩子之间的矛盾是不对的。那么，当孩子之间产生矛盾时，家长应该如何对待呢？

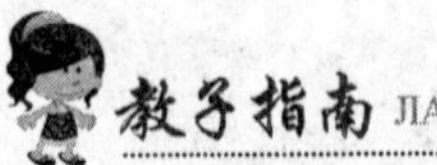

教子指南 JIAOZIZHINAN

1. 家长看到孩子发生矛盾，不要急于介入，静观其变

如果遇到孩子之间发生摩擦，父母不要怕孩子吃亏，急于介入、阻止，更不要去判断谁对谁错。可以在一旁注意观察，只要孩子之间的矛盾没有发展到尖锐、激化的程度，不会对孩子的安全造成危害，就不必去干预。当发现双方的冲突十分尖锐，家长只需把双方分开，把自己的孩子带回家，避免更大的冲突产生，让他们冷静下来，避免互相伤害。

2. 不要偏袒自己的孩子

不要在孩子的面前随便评论孩子之间的冲突。如果证实是自己的孩子错了，不要偏袒，要让他勇于承认错误，并向别人道歉；如果是对方的错误，家长需要开导孩子，对别人要以宽容、大度的态度与人相处，鼓励孩子主动和对方消除误会，建立友谊。

3. 教会孩子主动避让

如果孩子在发生矛盾中，对方的确很没有公共道德、没有规则意识，父母要指导自己的孩子主动避让，避免与他发生冲突，必要时请求父母或其他成人的帮助和保护，以保证自己的安全。

第十章　实行宽松的“货币政策”
——在钱财方面的教子误区

古语有云：“君子爱财，取之有道，用之有方。”所以从小对孩子进行理财教育是很必要的，让孩子明白要有计划地花钱，从小培养理财观念，以及通过怎样的方式获得金钱，进而让孩子在成长中树立正确的金钱观念。

93. 直接用钱奖赏孩子

“金钱奖励”是一把双刃剑，家长如果把握得当，孩子会因此而产生前进的动力，但是如果把握不当，就会伤害到孩子。家长如果经常用金钱来奖励孩子，一旦有金钱满足不了孩子需求的时候，那么前面在金钱的刺激下取得的成绩将全部化为乌有，孩子的正确行为也将自动消失。家长的这种采用金钱方式奖励的做法还将对孩子的品质和价值观等方面产生很多负面影响。

镜头一：女儿的爷爷向我说，孙女在家里不仅不听话，还经常玩得

不吃饭。还和我讲了一件让我无语的事：前几天爷爷对孙女说："只要你下次考试有一门得一百分的话，就奖给你一元钱。"孙女满口答应了。隔天孙女跑去跟爷爷说："爷爷，你看我考了一百分。"爷爷有些疑虑，就说要去问老师证实，孙女不说话了，后来坦白说："那个一百分不是自己得的，是我自己用红笔批的。"

镜头二：小林 4 岁多就表示出对钱的喜好。妈妈说，发现女儿的这个特点后，她在以后的教育中，就常以钱为"诱饵"奖励女儿。当女儿完成了父母交代的任务，就奖她一块或两块钱不等。小林表现出很高的热情，做家务事带劲多了，学习成绩也提高了。但是这种教育方式也出现了一些让妈妈头痛的问题，比如女儿学会了讨价还价，有时候会嫌奖的钱数目少，而且别人不能动她的钱。女儿不允许父母干涉她如何花钱。为此，林妈妈曾有意识地引导着女儿如何花钱。一次，班里一个同学的妈妈生病了，林妈妈让女儿去捐钱，但女儿不肯，她说："我自己辛辛苦苦赚来的钱，为什么要捐给别人呀？"

日常生活中，我们常常会听到这样的话："给爸爸捶捶肩，给你一块钱。""去，给爸爸买盒烟，剩下的零钱就给你买糖吃了。"这种金钱奖励的方法是错误的。

从上述实例我们可以看出，"金钱奖励法"确实在某一方面可以增强孩子劳动和学习的积极性，更重要的是让孩子知道赚钱不容易，鼓励他们通过劳动赚取回报，这无可厚非。但是，单纯的金钱奖励只能收到短期效应，容易使孩子变得功利。另外，有些孩子还小，根本不懂得怎么存钱花钱，可能出现乱用钱的情况。因此，从长远来看，单纯用钱来满足和激励孩子，会导致孩子因此说谎，对孩子的健康成长是不利的。

有些家长给孩子的金钱奖励太多了，从生活到学习，不停地给予金

钱奖励，让孩子觉得自己努力的唯一目标是为了奖励，这样其实对培养孩子的学习兴趣与习惯很不利。如果有朝一日，奖励没有了，恐怕孩子也就失去了前进的动力，也就没有“奔头”了。如果家长一味地用金钱奖励孩子，孩子可能认为可以轻易地得到金钱，奖励对孩子就失去了吸引力，奖励的作用也就大打折扣或不存在了。

家长采用金钱方式奖励孩子，会让孩子失去责任感，家庭成员之间的关系变成买卖和雇佣关系，使亲情意识淡薄。

家长经常用金钱方式奖励孩子，随着孩子年龄的增长，孩子会整天围着钱转，变得越来越势利、自私，只知道钱能用在自己身上，变得如同巴尔扎克笔下的吝啬鬼一样。

此外，家长倘若让孩子养成为了金钱才去学习或者做事，那么孩子就永远不会体会到出色完成一项任务之后的激动和兴奋；同时，孩子也不会成长为任劳任怨、无私奉献的人。

综上所述，家长不要一味地采用金钱方式奖励孩子，要采取正确的方式奖励孩子，对此笔者给出以下几点建议。

教子指南 JIAOZIZHINAN

1. 适当地给予精神奖励

建议家长精神奖励重于物质奖励，以免造成孩子“为钱而怎么做”、“为父母怎么做”的心理。家长如果希望孩子努力学习，建立良好品质，更不能一味地用金钱去奖励孩子的好成绩，适当的精神奖励要比物质奖励更重要。

2. 可以适当地用物质代替金钱奖励孩子

需要家长注意的是，奖品应当是孩子的必需品，如玩具、书画、水果等，不能只为了刺激孩子而不顾孩子是否需要滥发奖品，如为了让孩子睡觉，在睡觉前给他糖吃等。

3. 用其他方式奖励孩子

当孩子学习成绩取得进步的时候，家长可以适当地给予赞美，对孩子说："宝贝！你真棒！"当孩子在生活中帮助父母做家务或是买东西的时候，家长可以对孩子说"谢谢"！

94. 不让孩子知道钱来得不易

如果你是一名医生，孩子没有见过你如何救人，那么在他的意识里就不会有你工作的情形；如果你是一名人民警察，而你的孩子从不曾见过你抓捕罪犯，他就不会明白你到底在做什么。同样道理，如果你不告诉孩子赚钱的辛苦，孩子就永远都不懂得珍惜金钱，甚至会养成盲目与人攀比、花钱大手大脚的坏毛病。

情景案例 QINGJINGANLI

镜头一：小王夫妇俩前几年离开农村老家进城打工，俩人为了儿子能受到良好的教育，把他也带进城里。夫妻俩不管自己多苦多累，也从不让孩子受一点儿委屈，尽他们最大的努力让孩子过得幸福，孩子要多少钱，就给多少钱，从来不让孩子知道自己赚钱的辛苦。今年小王的儿子已经13岁了，上初中一年级。开始孩子表现很好，但是不久前，小王发现孩子滋生出一种不良习气，他经常回家要钱，和班里其他同学比阔，看谁花钱大方。比如说，前一段时间，学校组织春游，本来父母已经给他买了很多零食、饮料。但是他听说有的同学还带钱了，就跟妈妈要了50元钱，妈妈也没说什么就给他了。孩子以前穿的衣服，买什么就穿什么，但是现在父母做主买回来的，他不穿了，吵着要穿名牌。以

前孩子打球穿的运动鞋，一般的就行，现在他说标准太低了，嚷着要阿迪、耐克。父母为了他上学方便，专门给他买了一辆普通自行车，结果他没骑多长时间就不要了，要挟父母如果不给买变速车就不上学了，家长没办法只能又给孩子买……

镜头二：蒙蒙的父母是卖蔬菜和水果的，两个人每天起早贪黑地做生意。他们的目标只有一个，不让孩子再像自己小时候那么遭罪。蒙蒙也是个听话的孩子，什么事情都不让父母操心，学习成绩一直名列前茅。家长因此对女儿更是倍加宠爱，她要什么给买什么，从来不让孩子知道每一分钱都是用辛勤的汗水换来的。孩子读高中了，花费越来越大，夫妇俩挣的钱除去交房租、水电费和各种税，所剩无几。为了省钱，夫妻俩商量让女儿在学校里住。这样不仅孩子不用每天来回坐车耽误学习时间，还可以省钱。父母退了原来的两居室，在小店里隔出一点儿仅够睡觉的地方。把省下来的钱都给孩子了，让孩子在学校吃好喝好。

一个周末，蒙蒙放假回家，和妈妈说想去商店买衣服。妈妈没说什么，告诉爸爸看好店，自己陪着女儿去了附近的商店。母女俩逛到一家精品店门口时，蒙蒙一眼看见了一套很漂亮的衣服，兴奋地对母亲说："妈妈，给我买这个衣服吧，我很喜欢。"说着就叫服务员，然后拿着衣服走进了试衣间。妈妈看着这套价格不菲的衣服，想想自己手里屈指可数的钞票，犹豫了，想和孩子说又不知道如何开口，最后一狠心还是给孩子买下了。

专家解析 ZHUANJIAJIEXI

"锄禾日当午，汗滴禾下土。谁知盘中餐，粒粒皆辛苦。"对于这首诗，相信每个人都能倒背如流。但是现实生活中在教育孩子的时候，又有几个家长能让孩子明白其中的道理呢？只知道一味地满足孩子的要求，要什么就给什么，从来不告诉孩子赚钱的辛苦，在孩子的意识里面根本就

不知道钱是怎么来的。有需要的时候就和父母要，他们觉得要多少有多少，一点也不知道节省，不知道爱惜金钱。家长不告诉孩子赚钱的辛苦，会使孩子养成以下不良习惯：

1. 花钱大手大脚

现在孩子是家里的宝，家长会把自己用血汗换来的钱毫不吝惜地全部花在孩子身上，他们唯一的目的就是孩子学习好，考出好成绩，这就是他们最大的心愿。所以根本不告诉孩子赚钱的辛苦，不告诉孩子钱到底是怎么赚来的，孩子要家长就给，也不管孩子怎么花。久而久之，孩子乱花钱的习惯就会根深蒂固。

2. 盲目与人攀比

家长从来不告诉孩子赚钱的辛苦，要什么买什么，孩子看见别人有的，自己就想拥有，一味地向家长索要，根本就不会考虑家里的经济能力是否能够承受，进而产生一种盲目攀比的心理。

由此可以看出，家长不告诉孩子赚钱的辛苦，给孩子带来了很多不良影响。其实，现实生活中，没有一个父母会赏识孩子大把大把地花钱。家长想要杜绝这种结果的产生，就要让孩子知道金钱的来源、赚钱的辛苦，帮助孩子树立正确的金钱观。

教子指南 JIAOZIZHINAN

1. 教育孩子认识金钱的价值

父母在带孩子上街购物时，孩子看见自己喜欢的东西一定会向父母索要。当孩子要玩具的时候，家长要耐心地告诉孩子，买玩具的钱能供全家人吃一天的饭。让孩子认识到金钱的价值。

2. 让孩子了解家庭的收支状况

家长要让孩子知道家里收入是多少，有哪些支出，家庭的经济压力有多大。告诉孩子，钱是用劳动换来的，父母不是“银行”，想要多少

提多少。这样做利于养成勤俭节约的好习惯。

3. 带孩子到自己工作的地方体验

许多孩子根本不知道钱是怎么来的，花钱如流水。家长要改掉孩子这个毛病，可以带孩子到工作的地方，让孩子亲身体会到钱是用血汗换来的。

95. 对孩子的零花钱掌控过死

很多父母常常抱怨子女不会用钱，却很少去检讨自己是否曾让孩子自己支配零花钱。随着现代社会的进步、经济的繁荣，家庭收入明显提高，家长在“要不要让孩子自己支配零用钱”这个问题上没有明显的转变，大多数家长认为让孩子自己支配零花钱会养成大手大脚的坏习惯，但是家长自己支配孩子的零用钱也存在一定的弊端，如果处理不得当，孩子将会在以后失去金钱观念和理财能力。

情景案例 QINGJINGANLI

镜头一：一位同事的孩子 8 岁了，每天吃完晚饭孩子都会带着家里的哈叭狗到小区的广场上散步。那只哈巴狗身价是 300 元。一天，当孩子正带着狗散步时，碰到一个金发碧眼的外国人，那个人一见到这只狗表示非常喜欢，欲出价 800 美元买走那只狗，孩子就是不卖，还一个劲问 800 美元是多少？

镜头二：邻居黄太太从来不让儿子自己支配零花钱。有一天她从菜场买菜回来，6 岁的儿子见了就问：“妈妈，这些蛋呀、肉呀是从哪里借来的？”黄太太听了哭笑不得。显然孩子根本没有买卖观念。

镜头三：我大学时的一位中文老师，她的女儿现在已读小学一年级了，却处于不会花钱、只对钱有所认识的水平。老师给女儿一只储蓄罐，女儿有零钱就拿去"喂小猪"，母亲再用储蓄金购买孩子的用品；孩子只是觉得"喂猪"十分有趣，根本就不知道这些钱有什么用途，也从来没用过，只知道拿钱喂猪妈妈会夸奖自己，会很有成就感。孩子是养成了储蓄的习惯，但是她却不知道所谓的钱这个东西是用来做什么用的。

镜头四：女儿小的时候，我从来不让她自己单独消费，需要什么我都帮她买好。直到我发现孩子每次跟我上街，买什么东西时都要说一句："太贵了！"就连一根五毛钱的笔芯，她都会说："太贵了！"我才明白孩子只对讨价还价感兴趣，根本就没有消费观念，也没有价格概念和买卖公平概念。

专家解析 ZHUANJIAJIEXI

给孩子鱼，不如先教他如何钓鱼。孩子小的时候，一直是家长帮助他们花钱。等到孩子长大一点儿了，开始懂事了，有能力认识到钱的可爱之处的时候，家长就会给孩子零花钱。从这个时刻开始，"钱"便不再是一个概念性的东西了，开始真实地进入了孩子的世界。而在是否让孩子独立支配零花钱这个问题上，不同的家长持不同的看法。有些家长认为，孩子可以自己支配零用钱，因为这样可以锻炼孩子的理财能力；但是有的家长认为，孩子还小，不能独立支配零花钱，这些钱要由他们替孩子支配。对于这两种不同的态度，笔者认为后者是不对的，不利于孩子树立正确的金钱观念和理财能力。

专家研究证明，从未有过自主支配金钱经验的孩子，面对金钱时很可能会出现缺乏自制力，或者束手无策依赖家长等情况。父母对孩子有求必应，严格约束孩子用钱，可能教育出一个性情拘谨、行为保守、缺

乏独立能力的孩子。

所以家长要让孩子自由支配零用钱，这样可以培养孩子正确的金钱观念，孩子长大后，不管在事业方面还是生活方面，都能合理地运用资源。而且，孩子从小经历了理财的实践教育，做任何事情都会更有计划性、目的性，并且能够培养出延迟满足自己需求的好习惯。

有人把零用钱比喻为“孩子学习消费的学费”。的确，合理花钱不是件简单的事，在当今竞争激烈的社会里，如果孩子不能从小学会理财，长大后就不能掌握理财之道，不能适当地处理投资事务，导致和社会脱节。所以家长要培养孩子从小自主支配金钱的能力，从零花钱开始，树立正确的金钱观和消费理财的观念。给不给孩子零用钱不是主要的，重要的是让孩子亲自体会用钱消费的过程，达到培养合理支配金钱的决策能力。

1. 让孩子为自己买单

对于孩子必需的东西，家长要无条件地给予付款。但是如果是孩子想要得到的东西，尝试让其自己去衡量买回来是否有价值，让孩子用自己的零用钱为自己付款。

2. 家长帮助孩子树立正确的金钱观念

家长要培养孩子正确的金钱观念，既不能把孩子培养得过于吝啬，也不能让孩子成为一个拜金主义者。让孩子在自主支配零用钱的过程中学会如何正确对待和运用金钱。

3. 带孩子一起上街购物

家长在周末或者平时去商场、超市购物的时候，要带上孩子一起去，让孩子亲身体会到消费的过程，让孩子明白金钱的价值。

96. 任凭孩子大把花钱

“如今经济发展越来越快，生活条件越来越优越，不能让孩子再像自己当年那样苦了。”许多家长在这种爱子心理的驱使下，尽量给孩子创造优越、舒适的生活环境和学习环境，对孩子的需求更是有求必应。家长无形之中纵容孩子高消费，这种做法势必给孩子的健康发展带来很多不利影响。

情景案例 QINGJINGANLI

镜头一：双休日，天坛广场附近的一家麦当劳餐厅里，一个三口之家成了主角，孩子手里拿着高档的电动遥控汽车，身着名牌服装，用的甚至是成人化的高档化妆品。这一家三口是机关工作人员小李夫妇和9岁的儿子，他说：“因为今年的‘儿童节’没赶上双休日，所以就趁着周末，给儿子提前过节了，孩子喜欢吃麦当劳，我们夫妻俩就带他来快餐店吃顿饭，然后再买些礼物送给他。几天前，儿子就开始说班里一个同学的父母要送给他们什么节日礼物，有百十元的衣服，也有数千元的新款手提电脑，儿子就钟情于一双溜冰鞋，我们夫妇思来想去，决定送给儿子一双438元的新款滚轴溜冰鞋。”李先生表示，虽然溜冰鞋有点贵，但考虑到就这么一个儿子，也就买了。试想下次过节孩子将会开口向父母要什么礼物呢？

镜头二：一个周末晚上七点，万源路一家火锅店灯火通明，大厅内的一桌少男少女格外引人注目，从一阵阵的欢声笑语中不难判断这是一场“生日宴”，主角是一位名叫孙某的初二学生。他故意把生日提前到星期六，就是想利用双休日邀请好朋友聚会。为了这次过生日，他的父母提前为他预订了酒店，还给了他600元“活动经费”。前来赴宴

的十多个朋友，个个都带来了生日“贺礼”——游戏卡、遥控电动车、MP4，还有他喜欢的歌星最新CD碟，看着各式各样的生日礼物让他兴奋得就知道乐了！他说：“吃过饭，我就带这些朋友再找地方唱歌，大概要500多块钱，同学都这样过生日，在过生日的时候收不到礼物很没面子，我爸爸妈妈也支持我这样做。”

镜头三：2008年，我在一所大学作完讲座后，一位五十多岁的老人找到我，向我倾诉了自己内心的苦闷。

“老师，我现在简直没法活了！”乍听此话，我颇为吃惊，心想，今天这么好的生活水平，这么好的社会，怎么说“没法活了”呢？我问老人家：“您一个月退休金是多少？”老人告诉我说，他老俩口一个月退休金一万元。我大吃一惊，暗想在这样一个小地方，如此高的收入也称得上是金领阶层了！这么高的收入居然还说没法活，真是不可思议。然而，老人接下来的倾诉却让我觉得他真的是“没法活了”！

他们年轻时为了支援山区建设，来到了这个穷乡僻壤，留下两个儿子在老家，没有人照顾。为弥补对孩子的愧疚，夫妻俩省吃俭用尽可能多给孩子寄钱。

久而久之，两个孩子养成了高消费的习惯，高中没有毕业就辍学，来到父母这里“混”日子，结果“混”得一事无成。现在两个儿子全靠老人供养。自然，儿子没有本事，娶的两个媳妇也好不到哪里！也跟着儿子整天不工作，成为“食老族”和“抢老族”。6个人一个月花近万元钱，本应该绰绰有余。但是儿子高消费习惯了，看见什么好的就一定要买。由此一来，日子捉襟见肘，越过越艰难，现在到了几乎“没法活”的地步了。

专家解析 ZHUANJIAJIEXI

父母是孩子的第一任老师，不应该对孩子百依百顺，纵容孩子消费要有个度，权衡利弊，要让孩子知道如何理智地花钱。

如果家长纵容孩子高消费，必然给孩子带来攀比心理，刺激孩子虚荣心和对物质的极大需求。通常在这种情况下孩子往往过于重视物质的、表面的东西，忽视精神的、深层次的东西，变得只追求生活的享受，而把学习知识、道德品质等丢到脑后。

纵容孩子高消费，会让孩子在意识上产生金钱来得很容易，导致孩子不懂得珍惜金钱，养成大手大脚、奢侈浪费的习惯。

纵容孩子高消费，孩子会形成对物质生活极大的需求，他的要求就会越来越多，越来越没有节制。一旦父母的经济力量无法满足他的要求，孩子可能不择手段甚至走上邪路。

家长对待此问题可以从以下几点着手。

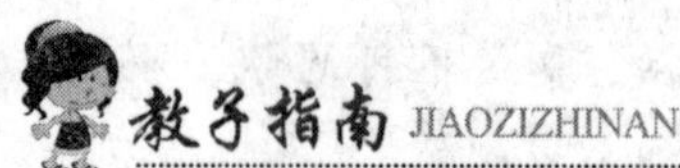

教子指南 JIAOZIZHINAN

1. 家长首先要摆正心态，树立正确的消费观

孩子价值观的形成，很大程度上是受父母的影响。如果父母有着平和乐观的生活态度、正确的消费观念，那么孩子也会不骄不躁，摒弃浅薄的计较，珍惜金钱；如果父母本身就高消费，那么孩子也将盲目效仿。所以家长要树立正确的消费观念。

2. 让孩子学会记账

家长让孩子学会记账，是让他们记清楚自己的支出情况。如果孩子能长期坚持下来，不仅不会随便乱花钱，长大后会变得心细而有条理。

3. 教孩子把零花钱装进储蓄罐

当孩子多余零花钱的时候，引导孩子把钱放进储蓄罐里，久而久之，当有一天孩子意外地发现存钱罐里的钱远远超过自己的想象时，他会很惊喜。这时家长要告诉他，这些存款可以帮他实现一个心愿，这样更容易帮他建立起储蓄抗风险的理财观念。

4. 和孩子一起筹划家庭的金钱计划

假设孩子要过生日，和孩子一起商量怎么在有限的时间内安排，该买哪些东西，该花多少钱，怎样购买。并让孩子自己设计一张预算清单，从中引导他如何有计划有节制地开支，养成良好的消费习惯。

97. 对孩子的压岁钱放手不管

长辈给晚辈压岁钱是我国一个传统的习俗，就是在春节这一天，长辈要带着祝福给孩子压岁钱作为孩子的护身符，保佑孩子在新的一年里平平安安。所以在春节这一天，几乎每个孩子都会收到数目不等的压岁钱。有些家长对孩子的压岁钱不闻不问，家长的做法给孩子带来了很大的负面影响。

情景案例 QINGJINGANLI

镜头一：刚满8岁的小丽的妈妈和记者的一段对话：

记者：您孩子今年一共收到多少压岁钱?

家长：大概有七千块左右，具体我也不太清楚。

记者：你不帮孩子保管这些压岁钱吗?

家长：不会，这是孩子自己的钱，我认为应该由孩子自己支配比较好。

记者：那么，您知道孩子的这些压岁钱都花在什么地方了吗?

家长：具体我不清楚，但是大概一部分应该是用来买玩具，一部分在零用钱不够的时候花掉了，还会经常在同学过生日的时候，买些礼物送给同学。

记者：您不怕孩子染上乱花钱的坏习惯吗？

家长：这个倒没想过。

记者：您认为对孩子的压岁钱不闻不问，对孩子有好处吗？

家长：我认为对孩子有好处。首先，孩子可以学会自己花钱，学会自己管理金钱。其次，孩子可以和同学更好地交往，互相赠送礼物，增进感情。

记者：那您认为对孩子的压岁钱不闻不问有坏处吗？

家长：这个问题我没想过……

专家解析 ZHUANJIAJIEXI

上述实例中的家长的观点应该引起家长们的深思。家长对孩子压岁钱不闻不问的一个主要原因是，家长认为让孩子自由支配压岁钱可以提高孩子的理财能力，但是家长有没有想过，压岁钱并不是一个小数目，不是平时给孩子的零花钱。下面的调查可以说明这个问题：

某城镇中学的一个班级有 40 名同学，每个孩子收到的压岁钱不等。其中，10% 的孩子压岁钱在 2000 元以内，30% 在 2000 到 5000 元之间，50% 在 5000 到 8000 元之间，10% 在 8000 到 10000 元之间，甚至 10000 以上。人均 7000 千元左右。

由此可以看出，这是一个相当庞大的数字，相当于普通农民家庭的年收入。一些家长放心地让世界观和人生观还不健全的孩子独立支配这笔钱的做法是错误的，将会给孩子带来不良影响。

由于孩子年龄小，没有理财观念，会产生一种“有了钱就想花”的心理，巨额的压岁钱促成了孩子的畸形消费。大部分孩子是把钱花在购买零食和玩具上，什么新、什么贵都买来吃，买来玩。遇上某同学过生日聚会，那更是大吃大喝。有的玩游戏机，看录像，有的甚至买名牌烟酒。孩子在家里由被动消费者很快就被家长培养成主动消费者，他们讲名牌，

讲排场，攀比摆阔，消费欲望愈发膨胀。

由此我们可以看出，家长对孩子的压岁钱不闻不问对孩子造成的负面影响，但是也有很多家长的做法值得我们借鉴，下面请看镜头二，一位家长的自述：

我儿子今年 8 岁了，是个在福堆里长大的孩子。我不是很娇惯孩子，可由于我们夫妻工作忙，他基本是跟着爷爷、奶奶长大的。直到上小学才跟我们一起住，是个典型的“小皇帝”。

在我父母那里儿子是要风得风，要雨得雨，十分任性。有时，看到他要这要那乱花钱，我想管，可母亲总拿眼睛狠狠地瞪我。一次，我忍无可忍，打了儿子一巴掌，儿子顿时大哭起来，躺在地上打滚。老父亲闻声赶到：“你个浑小子，没本事就会打孩子，孩子这么小，亏你下得了手。”一边骂我一边哄他的宝贝孙子。我怕父亲生气只好罢手。

从此以后，儿子更肆无忌惮了，今天要模型小飞机，明天要大头娃娃，一个月下来少说也得三五百块钱。我是从事教育工作的，我知道再不想办法，后果将不堪设想。

一天，儿子竟缠着我父亲给他买电脑，说跟他玩的妮妮家就有，妮妮还会用电脑画画呢！我刚要冲孩子发火，转念一想，何不将计就计，我马上喜笑颜开。

晚上，我来到儿子的房间。“呵呵，你不是要买电脑吗，爸爸支持你。”“真的？”儿子瞪着一双怀疑的眼睛问我。我郑重地点了一下头。儿子高兴地叫起来。“不过，爸爸有个建议，我们要‘合资’买电脑，就是你出一半钱，我出一半钱。”儿子的眼光立马黯淡下去，“可我没钱。”“可以攒呀，你少吃零食，少买玩具再加上你的压岁钱，不就解决了吗？”儿子点了点头。

自此以后，儿子照常以这样那样的由头向我们要钱。今年春节，儿子收到 800 多元压岁钱都不乱花了，自己放在一个小储蓄罐里存起来，我看在眼里喜在心里。有一天，儿子把我拉到他的房间，高兴地

对我说："爸爸，你看这些钱够了吗？"我面前是一小堆钱，有百元大钞，拾元纸币，更多的是毛票和钢镚儿。我数了数，一共是1135.6元。我遗憾地告诉儿子还差得远，儿子噘着小嘴不高兴了。"不过，爸爸可以先帮你垫上一部分钱，给你买一台电脑，以后你再攒钱还爸爸，好吗？""拉钩！"儿子乐坏了。当然，儿子得给我一张借条，我们父子公事公办。

买了电脑以后，儿子知道爱惜钱了。我不禁为自己的"阴谋"得逞窃喜。

读完了这个家长的自述，对比上面的实例，您会有什么想法吗？毫无疑问，家长要指导孩子怎样支配压岁钱。下面给出几点建议给家长做参考。

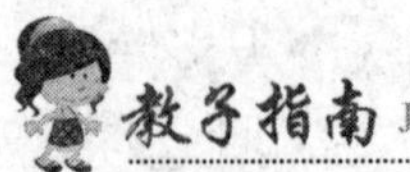

教子指南 JIAOZIZHINAN

1. 让孩子明白压岁钱对于家长来说意味着什么

孩子只知道收压岁钱，但却不知道压岁钱是怎么来的。因此家长们不妨让孩子了解父母艰辛工作的经历，明白父母节俭生活存钱的原因，让孩子明白"压岁钱"是父母的辛勤挣来的。

2. 引导孩子使用压岁钱

和孩子沟通讨论如何更有意义地使用压岁钱，可以适当地买一些学习用品，也可以交给父母补贴家用，而不是乱花或买没有价值的玩具或零食。

3. 帮孩子存起来

实在很难抗拒数量较多的红包时，就鼓励孩子储蓄起来，培养孩子的储蓄意识。

98. 对孩子隐瞒家庭经济状况

俗话说："不当家不知柴米贵。"现实生活中，有很多家长怕影响孩子学习，给孩子造成心理负担，所以不让孩子知道家里的实际经济状况，只是尽自己最大的努力一味地给予，目的只是想让孩子把精力全部放在最主要的任务——学习上，这往往使孩子因不知"柴米贵"而养成大手大脚、虚荣等不良习惯。

情景案例 QINGJINGANLI

吃过晚饭，小建又向妈妈提起电脑的事情："妈，您就给我买一台新款手提电脑吧，我们班好多同学都有。电脑本来就可以帮助我学习，你怎么就不能考虑考虑呢？"妈妈有些为难地说："小建，妈妈跟你说过好几遍了，电脑太贵了，要七八千呢。要学习妈妈给你买个电子词典吧，也能帮助你学习，比电脑便宜多了。行不行？"小建不高兴了："你们就会说贵，拿这个当借口，有钱也不给我花，留着干嘛用呀？"

正在这时，爸爸从房间里走出来了，眼睛一瞪，接着小建刚才的话说："你说留着钱干嘛？你父母不是富翁、不是大款，每天起早贪黑地上班，挣钱容易吗？要交房费、电费、水费，冬天还要交取暖费，每天的吃喝拉撒都要用钱，还要给你交学费，还得攒钱供你上大学，哪儿还有钱让你和别人比阔气啊？别人有的东西多了，人家有你就得有吗？别人还学习好呢，你怎么不学呢？明确告诉你，不能买！还不回屋做作业去！"小建显然有点怕爸爸，只是撇撇嘴，没敢再说什么，但回到自己房间，"嘭"的一声关上了门，带出一肚子的不满。

客厅里，爸爸还在生气，对妈妈说："瞧！这都是你惯出来的臭毛病。一会儿我就把咱俩的工资条拿给他看看，让他当回家，自己算算家里的

财政收支，别总以为家里有钱，我们是在骗他，让他看看能不能由着性儿去和其他同学攀比。”说完，就准备到抽屉里去翻。妈妈一把抓住爸爸的胳膊：“别，千万别把这些事告诉小建。”使劲把爸爸按回沙发上，妈妈又说：“他还小，有些事情不懂。再怎么说他也还是个孩子，现在的主要精力就应该用在学习上，让孩子老早地就去关心钱的事情，多不好。再说了，要是让他知道我们挣多少钱，知道家里的经济状况，肯定会有心理负担，会分心，影响学习。”见爸爸没说话，妈妈犹犹豫豫地说：“就算我们再苦，也不能苦孩子，要不还是给他买了吧，省得孩子在同学面前没面子。”

专家解析 ZHUANJIAJIEXI

由上述案例可以看出，很多家长就是因为家庭经济状况不好，怕孩子知道以后产生心理负担，也怕孩子在同学面前没面子产生自卑，所以总是不愿意让孩子了解家里的实际经济情况，不让孩子早当家。父母不管自己过得多苦多累，也要想方设法满足孩子的需求。

受中国两千多年的传统观念的影响，很多家长怕孩子从小接触钱，沾染上“铜臭气”，而把当前最重要的学习忽视了，所以家长通常尽量让孩子回避钱的问题，更不会让孩子知道家里的财政收支情况。

那么，家长的这种做法对孩子的成长产生了哪些不良影响呢？

首先，当孩子长大了，希望了解父母的收入和家庭经济支出状况，但家长对孩子心里的问题只是一味地回避。这会让孩子觉得父母不信任、不重视他，根本不把他当作家庭中的一员来看待，而对父母有意见，严重情况下可能产生分歧。

其次，如果一个孩子从没有接受任何的理财教育，也不了解父母的收入和家庭经济状况，他就不会知道钱是来之不易的，容易养成花钱大

手大脚、和别人比吃比穿、丝毫不懂得珍惜钱物的坏毛病。

第三，如上述案例中所述，家长认为经济状况不好，让孩子知道，孩子会有负担，感觉在同学面前抬不起头、没面子。这种做法往往影响孩子，使孩子变得虚荣、毫无节制。

第四，如果家长不让孩子早当家，不让孩子知道家里的收支，不顾家庭经济条件满足孩子的过高要求，就相当于对孩子攀比斗富、虚荣心理的一种纵容，使孩子在成长过程中很容易受到金钱的诱惑而走上犯罪之路。

不让孩子早当家所导致的严重后果，各位家长要引以为戒。下面给出几点具体建议。

教子指南 JIAOZIZHINAN

1. 找适当的机会告诉孩子家里的经济收支状况。

2. 对家庭重要支出，可以征求和接纳孩子的意见。

3. 和孩子一起制作家里的支出账簿。

99. 无视孩子的攀比行为

受社会不良风气的影响，攀比斗富心理已经侵蚀了青少年的心灵。艰苦奋斗被相当一部分人认为已经没有现实意义了。人们追求的是金钱和名利，“贫穷”被视为“无能”和“卑下”。有些有钱人公开说：“只要你有钱，别人就羡慕你；只要你有钱，别人就不会小看你。你若为穷光蛋，别人躲得远，跑得快。”在这种社会不良风气的影响下，孩子也学会了攀比斗富，美好的心灵因此扭曲。

镜头一：周折应邀和几个同学一起到小胖家玩。回到家，妈妈问周折玩得好吗，小胖的家里怎么样。周折说："嗨，小胖家的房子又小又破旧，我们去了那么多同学都快没有地方坐了，最后只好在那里看电视和小胖画的画，没意思。芳芳还对小胖说，你们家这么小，还好意思请我们来？说得小胖都不好意思了。我估计，以后她再也不敢请同学去家里玩了。"

爸爸听到了，对周折和妈妈说："你看看，让同学笑话了多没有面子。"周折接着对爸爸说："我们班好多同学家里都买了又大又漂亮的房子，上学还有专车接送。还有几个同学有最新的游戏机和手机，大部分同学穿名牌衣服……"爸爸一听，马上说："别以为他们怎么样，咱家也不差。以后你想要什么只管跟爸爸说，别弄得好像我们买不起似的，也让人家笑话咱。回头，爸爸有空的时候，也开车接送你上学，别让他们小看了你。"听到爸爸的许诺，周折可高兴了，搂着爸爸的脖子说："爸爸真好！"然后，跟着提出了新的要求："我快过生日了，我要请同学吃饭。上次我们班林林的生日会可让大家嫉妒了！"爸爸痛快地答应了儿子，回头对妈妈说："让儿子说说同学的生日会是什么样的，我们不能比他的差！"

周折乐得合不拢嘴，好像看到了自己隆重的生日会上同学们羡慕的眼光。

镜头二：有一位老板，由于公司忙，只有假日里才能开车带全家人出去玩，平日总是让孩子妈妈开着 QQ 车送儿子上学。一日，孩子死活不肯上妈妈的车，说什么也不肯去上学了。父母不知道是怎么回事，就耐心地询问孩子，孩子经不住家长刨根问底，就向父母说了实话。原来是班里的同学笑话他每天坐着 QQ 车来上学。这时爸爸看着儿子哭得鼻涕一把、泪一把的，十分心疼儿子。满怀关切地对儿子说："从今天

开始爸爸开奔驰送你上学，看谁还敢笑话你。”孩子用手抹了一下眼泪，露出了笑容……

镜头三：13 岁的小胡与 12 岁的小李是初中一年级的同班同学，二人家庭经济都较困难，但是平时喜欢妄自称大，喜欢和人攀比，同时又很羡慕有钱的同学穿名牌。一天，一个低年级学生穿了一双耐克鞋向小胡和小李炫耀，还一脚把一块石头踢到小胡的身上，小胡和小李很生气，二人上去一下把他按在地上，小胡往他屁股上踹了一脚，小同学只好把耐克鞋给了小胡。小同学回家说了事情的经过，家长报了案。

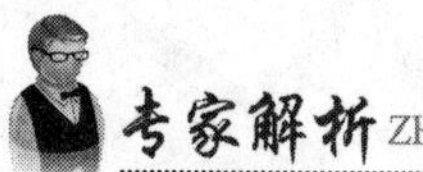

专家解析 ZHUANJIAJIEXI

当今社会存在的现象是，经济条件好的家长，对孩子的攀比熟视无睹，甚至鼓励孩子攀比斗富；经济条件不宽裕的家长为了顾及颜面，怕自己的孩子花钱不如别人“大方”而被同学瞧不起，因而节衣缩食、想方设法也要满足孩子的需求，对孩子的盲目攀比也置若罔闻。这种做法带来了以下不良后果。

首先，家长的这种做法让孩子过于重视表面的、物质的东西，忽视了精神上的东西。盲目攀比也腐蚀着孩子幼小的心灵。于是，造成了许多孩子有这样的一些想法：别人有的，我就要有；别人没有的，我也要有，就感到特别自豪。这样不仅影响了孩子的学习，也会让孩子把道德品质丢到脑后。

其次，家长对孩子的攀比斗富熟视无睹，还会让孩子产生享乐主义，追求时髦的心理。孩子内心深处无意识地滋生了拜金主义，追求名利等腐朽思想。渐渐地，孩子将会沦为金钱的奴隶，欲望的工具，甚至会走上歧途。

综上所述，我们可以看出，家长对孩子的攀比斗富，熟视无睹，将给孩子成长带来的不良影响。对此问题笔者给出几点具体建议。

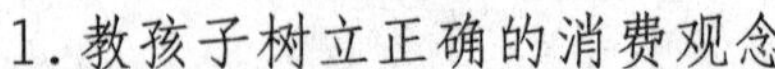

1. 教孩子树立正确的消费观念

孩子正常需要的东西，家长要毫不犹豫地给孩子买，对于孩子攀比斗富，家长绝对不能熟视无睹，要帮助孩子树立正确的消费观。这样孩子才能知道金钱的来之不易，改掉不良的习惯。

2. 让孩子担当小主人

在日常生活中，家长可以让孩子担当家庭的小主人，让孩子独立安排家庭的支出情况，例如让孩子安排日常的买菜、坐车、出游等开支。让孩子在“实战”过程中学会怎样花钱。

3. 让孩子了解挣钱的方式

家长如果有机会，可以带孩子到你工作的地方参观体验一下，让他知道挣钱是多么辛苦、多么不容易。假如父母是自己开公司的，应该让孩子跟着你忙几天，让他看看，经营企业是多么辛苦的一件事，让他明白，金钱来之不易。

100. 对孩子打工赚钱持否定态度

“自古雄才多磨难，从来纨绔少伟男。”纵观古今，横览中外，有多少成大器的人都是少年时家境贫寒，凭借自己的毅力，走上了打工创业之路的！在这个过程中，他们经历了无数的艰难坎坷，亲身体会到生活的艰辛，懂得珍惜金钱，明白金钱的来之不易。所以，家长要引导孩子自己学会打工赚钱。否则，孩子将会一直依靠父母，失去自立能力。

成绩好使小米顺利地考上了名牌大学。大学四年，她亲眼目睹了来自全国各地贫困家庭的学生，为了学费和生活费利用课余时间和假期去打工、做家教的现实。这对从小衣食无忧的小米来说是个很大的触动。习惯了衣来伸手、饭来张口的她不知道打工是什么滋味，不知道挣钱的辛苦，也从未体会到拿到工资那一刻的喜悦。于是她决定在暑假期间做家教，不仅是为了体验一下打工的经历，也为了填补她社会阅历的空白。

暑假即将来临之际，她一遍遍地在脑海中思量怎样写打工启事，想自己挣来的第一份工资会给她带来的喜悦。终于等到放假了，她急急忙忙将早已拟定好的打工启事写到了一张大白纸上。面对自己的第一份打工“杰作”，她越想越开心，越想越得意，激动得心跳加速。自我欣赏后，她便把它卷好并塞进口袋里藏好。这毕竟是她第一次自己做主的事情，在她的成长过程中不能不说是一件“惊天动地”的大事。

终于从清晨盼到了黄昏，再等到天全黑了，碰巧又赶上停电，整个学校除了点点烛光外，都沉没在一片黑暗之中。她得意地拿上自己的“杰作”，直奔宿舍区大门口，来到早已物色好的一处显眼的地方，急忙往纸上涂满胶水。“你在干什么？”寂静中突如其来的一声让小米吓了一跳，回头一看，原来是她的爸爸。她假装冷静地对爸爸说：“我在贴打工启事。”老爸感觉非常奇怪，“啪”地打开随身携带的打火机，仔细地看了纸上的内容，然后开口道：“做家教，女孩子不安全，你现在还把电话号码留在这儿，以后不怕有不三不四的人打骚扰电话？”听着爸爸滔滔不绝的利害分析，她既扫兴又恐惧，嘴里嘀咕了几句以示反抗，可还是拿回了她的“杰作”。

第二天清早小米看见桌上有一张字条，是爸爸妈妈留给她的，上面除了些说教，最后写道：“我们家现在不缺钱，不需要你出去打工。如果实在想干活，假期你可以在家做做家务，我付给你报酬，或者集体出

去游玩也行，这比家教安全。”

顿时她觉得，这么多年来过得太安全了，安全得她只有在自己的小天地里才敢放声语、大声哭！在这个竞争日趋激烈的社会里，她想到了自己迟早会为这样的超级安全付出代价。

专家解析 ZHUANJIAJIEXI

现实生活中家长为什么会出现“没必要让孩子打工挣钱”这种心理呢？首先，因为经济飞速发展，生活水平提高，家长的收入足够支付孩子的花销，根本不需要孩子出去打工挣钱。他们希望孩子“两耳不闻窗外事，一心只读圣贤书”。只要孩子成绩好，家长愿意付出一切代价。

其次，现在大多是独生子女家庭，孩子是家里的“小皇帝”、“小公主”。家长都恨不得把孩子当“祖宗”供起来，哪里舍得让孩子出去打工挣钱呢？即使自己再苦再累，也不舍得自己的“命根子”吃一点儿苦，更舍不得他们出去打工挣钱。

家长的这种做法对孩子的成长是非常不利的。上述案例中的小米就是一个典型的例子，明明孩子很想自己出去打工挣钱，体会生活的艰辛，但是家长执意不许，导致孩子失去了锻炼的机会。现实生活中这样的例子比比皆是，家长的这种做法会给孩子带来以下不良后果：

1. 孩子走向社会时，眼高手低

孩子一味地在学校里学习一些空泛的理论知识，不参加社会实践，就会失去动手能力，等孩子走向社会的时候，会产生眼高手低的现象，无法适应社会发展。

2. 不知道金钱来之不易，不懂得珍惜金钱

不让孩子打工挣钱，孩子就不知道家长的钱来之不易，养成该花的花、不该花的也花的习惯，根本不懂得节约。

3. 依赖父母，难以在社会上立足

一直在父母的呵护下成长，从来没有社会阅历的孩子，当走向社会的时候，很难找到一份满意的工作，不满意的又不想干，到最后只能依赖父母，难以在社会上立足。

由此可见，家长的这种没必要让孩子打工的思想是错误的。为了避免上述后果的产生，下面给出几点建议。

教子指南 JIAOZIZHINAN

1. 鼓励孩子假期外出打工赚钱

孩子的寒暑假有很长时间，在这个时间里鼓励孩子走出家门，靠自己打工赚钱买自己需要的东西。在工作中孩子不仅能赚到钱，而且会从中获得非常宝贵的经验，这些经验是父母花钱买不到的。这些经验也将为孩子走向社会工作打下基础。

2. 家长主动为孩子提供工作

如果孩子比较小，家长应该帮助孩子策划可以做哪些工作，也可以提供一些服务，如帮邻居照顾孩子、修剪花草、洗碗、洗衣服等等。使孩子做事获得一定的报酬，这样孩子就会珍惜这来之不易的劳动成果，养成不浪费金钱的好习惯。

101. 对孩子花钱不加节制

很多家长认为，在孩子小的时候，只要尽可能多地在孩子身上投入金钱，孩子在心里就会深深地记住父母为他的投入，长大以后，孩子也就必然心存感激，很好地孝敬父母、回报父母。现在越来越多的父母喜

欢用钱表达自己对孩子的爱，于是家长和孩子之间就形成了“没钱就要，要钱就给”的不良现象，家长的这种做法，给孩子带来了一系列不良影响。

情景案例 QINGJINGANLI

镜头一：小新是独生子，从小到大备受父母宠爱，要什么给什么，要多少钱就给多少钱。父母从来不问儿子钱用在什么地方。两年前，小新开始上初中了，向父母要钱的数目越来越大。开始父母并不在意，直到老师找到了他们，告诉他们小新整天沉浸在网络游戏里，经常不来学校上课，学习成绩陡然下降，父母才开始担心儿子整天沉迷于网吧。小新的妈妈让他照看家里的台球桌，小新偷偷地把看台球桌挣的钱拿去上网。后来父母见儿子屡教不改，就实行“经济封锁”策略，不再提供上网的钱，小新就想到了偷。一次，小新偷了妈妈1000多元在学校附近某网吧呆了一个星期。父亲的一顿打骂对小新来说已经起不到任何作用。几天后，上网的欲望又像毒品一样吞噬着他的心。此时，他想起爸爸月初给奶奶生活费时说的一番话，于是就想去偷奶奶的钱。某天晚上，趁着爷爷奶奶已经熟睡了，小新偷偷溜进去了，响声惊动了睡梦中奶奶，他怕自己的行为暴露，不顾一切地将菜刀砍向了奶奶，奶奶倒在了血泊中。小新翻箱倒柜也没有找到爸爸给奶奶的那4000元钱，只在奶奶兜里找到了两元钱，那是奶奶为他准备的早点钱。小新捏着两元钱在村口的一个洞里躲了起来……

镜头二：彤彤出生在一个干部之家，家庭条件十分优越。从小到大，衣食无忧，父母从来不限制孩子的零用钱，总是要多少给多少，就连她上的大学都是父母用钱买来的。这样一晃20年过去了，彤彤养成了花钱大手大脚的习惯，即使已经大学毕业了，她却除了花钱什么都没学会。现在还在父母的庇护下生存，过着养尊处优的日子，成为一个名副其实

的“啃老族”。父母此时才明白现在孩子不仅养成了大手大脚的花钱习惯，而且完全丧失了生存能力。

镜头三：一个小学四年级孩子周末的生活记录：

早上九点钟起床，匆匆忙忙吃过早餐，就赶去和已经约好的几个同学去附近的网吧玩，中午肚子饿了，几个同学一商量就决定去肯德基解决，这个孩子点了158元的快餐食品和伙伴们一起享用。吃过午饭，几个孩子又去逛商场，看上了一套法国队队服，不假思索地付了400多块钱，实际上他已经有两套了，又给自己买了两双38元的袜子。接着又到饮吧去喝冷饮，消费88元。逛到下午三点多的时候累了就各自打车回家了。

专家解析 ZHUANJIAJIEXI

从上述几则案例中我们可以看出，家长对孩子要钱就给的行为给孩子造成的严重影响。家长“再穷也要富孩子”、孩子要钱就给的做法，不仅会让孩子养成花钱大手大脚的习惯，还会诱使他们任意挥霍，去歌厅、舞厅、游戏厅等不良场所，甚至让孩子养成抽烟、喝酒等恶习。金钱不仅严重腐蚀了孩子纯真的灵魂，而且等到孩子长大后，不知道如何赚钱，就会成为“啃老族”。

家长不合理地给孩子零用钱，一味地满足孩子对金钱的渴望，还会让他们不懂得挣钱的辛苦，失去节俭意识，最终孩子会失去责任心和自理能力。许多未成年人走上犯罪道路的事实证明，他们从小就不知道节俭，认为自己从父母身上所得的一切是应该的。这些孩子经常说的一句最没有志气的话是：父母既然生了我，就要养我——父母一旦满足不了他们的需求，孩子就会埋怨父母，甚至怨恨父母没本事，让自己受罪了。面对这样“不懂事、没良心”的孩子，父母会感到多年的辛苦付诸东流，一定对孩子不满意，于是，与孩子的矛盾必然尖锐化。

所以家长应当反思一下，为什么会走到了今天这一步？其结论不言而喻：家长一味地满足孩子对金钱的欲望，而没有培养孩子勤劳简朴的意识，没有教会孩子生存的本领。孩子走向社会后没有谋生的能力导致无法生存，必然导致孩子怨恨父母，甚至仇恨社会。

鉴于这种做法带来的严重后果，家长千万要记住以上的教训，避免犯同类的错误。下面针对此问题给出几点建议以供参考。

教子指南 JIAOZIZHINAN

1.教孩子计划消费

培养孩子计划消费习惯，让孩子知道每个月有多少钱，如何利用这些钱。家长给孩子限定一个使用零花钱的范围，定期检查孩子的花费方向。

2.培养孩子的节俭意识

家长要时时刻刻教育孩子，艰苦朴素是中华民族的传统美德，以培养孩子的节俭意识，让他们知道什么地方该花钱，什么地方该省钱。这样孩子将会健康文明消费，把零花钱用在合理之处，同时也学会了节俭。

3.为孩子建立自己的“小银行”

为孩子自己开个存储账户，这样孩子就会对理财产生兴趣。为了让自己“小银行”里的存款越来越多，他们会精打细算，远离大手大脚的坏习惯。

4.定期定额给孩子零用钱

家长给孩子零用钱，首先要考虑到孩子的实际需要数额，根据家庭自身经济水平统筹考虑，不宜多给，也不宜少给。定期发放，可以培养孩子的理财能力。